Patrick Alf Hinderer

Insolvenzstrafrecht und EU-Niederlassungsfreiheit am Beispiel der englischen private company limited by shares

AF125533

Studien zum Wirtschaftsstrafrecht

herausgegeben von
Klaus Tiedemann / Bernd Schünemann

Band 34

Patrick Alf Hinderer

Insolvenzstrafrecht und EU-Niederlassungsfreiheit am Beispiel der englischen private company limited by shares

Centaurus Verlag & Media UG 2010

Zum Autor:

Patrick Alf Hinderer absolvierte das Studium der Rechtswissenschaft von 2002 bis 2007 an der Eberhard-Karls-Universität in Tübingen. Ab 2003 war er als studentische Hilfskraft am Lehrstuhl für Strafrecht, Strafprozessrecht und Rechtsphilosophie an der Universität Tübingen von Prof. Dr. Dr. Dr. h.c. Kristian Kühl tätig. Seit 2007 arbeitet er dort als Akademischer Mitarbeiter. Den Juristischen Vorbereitungsdienst absolviert er seit 2010 am Landgericht Tübingen.

Bibliografische Informationen der Deutschen Nationalbibliothek

Die Deutsche Nationalbibliothek verzeichnet diese Publikation in der Deutschen Nationalbibliografie; detaillierte bibliografische Daten sind im Internet über http://dnb.d-nb.de abrufbar.

D 21

ISBN 978-3-86226-033-1   ISBN 978-3-86226-418-6 (eBook)
DOI 10.1007/978-3-86226-418-6

ISSN 0938-9512

Umschlaggestaltung: Antje Walter, Titisee-Neustadt

Satz: Vorlage des Autors

Für meine Eltern
und Mandy

Vorwort

Die vorliegende Arbeit wurde von der Juristischen Fakultät der Eberhard-Karls-Universität Tübingen im Sommersemester 2010 als Dissertation angenommen.

Mein besonderer Dank gilt meinem Doktorvater Herrn Prof. Dr. Dr. Dr. h.c. Kristian Kühl für die Förderung und Betreuung der Arbeit sowie für die Zeit, in der ich – zunächst als studentische Hilfskraft, später als Akademischer Mitarbeiter – an seinem Lehrstuhl tätig sein durfte. Herrn Prof. Dr. Joachim Vogel danke ich für die zügige Erstellung des Zweitgutachtens, ebenso Herrn Prof. Dr. Dr. h.c. mult. Klaus Tiedemann und Herrn Prof. Dr. Dr. h.c. mult. Bernd Schünemann für die Aufnahme in die von ihnen herausgegebene Schriftenreihe.

Bei meinem Kollegen und Freund PD Dr. Edward Schramm bedanke ich mich für seine umfassende Hilfestellung – er hat mich stets unterstützt und motiviert. Unschätzbare Hilfe haben mir außerdem meine beiden Kollegen und Freunde Anna-Maria Brutscher und Nicolas Kneba erwiesen. Danken möchte ich auch dem restlichen Lehrstuhl-Team.

Herzlicher Dank gebührt meinem Vater Alfred Hinderer und meiner Mutter Christine Hinderer, meiner gesamten Familie und schließlich im Besonderen meiner Partnerin Mandy Hengst für ihre uneingeschränkte Unterstützung.

Tübingen, im Herbst 2010
Patrick Alf Hinderer

Inhaltsverzeichnis

IV

Abkürzungsverzeichnis

AEUV	Vertrag über die Arbeitsweise der Europäischen Union
AG	Die Aktiengesellschaft
AktG	Aktiengesetz
Alt.	Alternative
Art.	Artikel
Artt.	Artikel (plural)
AT	Allgemeiner Teil
BB	Betriebsberater
Beschl.	Beschluss
BGB	Bürgerliches Gesetzbuch
BGBl.	Bundesgesetzblatt
BGH	Bundesgerichtshof
BGHSt	Entscheidungen des Bundesgerichtshofs in Strafsachen
BGHZ	Entscheidungen des Bundesgerichtshofs in Zivilsachen
BMJ	Bundesministerium der Justiz
BverfG	Bundesverfassungsgericht
BverfGE	Entscheidung des Bundesverfassungsgerichts
CA	Companies Act
COMI	centre of main interest
DB	Der Betrieb
DStR	Deutsches Steuerrecht
EG	Europäische Gemeinschaft
EGV	Vertrag zur Gründung der Europäischen Gemeinschaft
Einl.	Einleitung
Entw.	Entwurf
EuGH	Gerichtshof der Europäischen Gemeinschaften
EuGHE	Entscheidungen des EuGH
EuInsVO	Verordnung (EG) Nr. 44/2001 des Rates über Insolvenzverfahren
FA	Fraud Act
Fn.	Fußnote
FS	Festschrift
GA	Generalanwalt; Goltdamer's Archiv für Strafrecht
GG	Grundgesetz der Bundesrepublik Deutschland

GmbH	Gesellschaft mit begrenzter Haftung
GmbHG	Gesetz betreffend die GmbH
GmbHR	GmbH-Rundschau
GS	Gedächtnisschrift
HGB	Handelsgesetzbuch
HRRS	Onlinezeitschrift für Höchstrichterliche Rechtsprechung zum Strafrecht
IA	Insolvency Act
i.e.S.	im engeren Sinn
InsO	Insolvenzordnung
IntGesR	Internationales Gesellschaftsrecht
IPR	Internationales Privatrecht
i.w.S.	im weiteren Sinn
JR	Juristische Rundschau
JZ	Juristenzeitung
KG	Kommanditgesellschaft
LG	Landgericht
LK	Leipziger Kommentar
MDR	Monatsschrift für Deutsches Recht
MiZi	Anordnung über Mitteilungen in Zivilsachen
MK	Münchener Kommentar
MoMiG	Gesetz zur Modernisierung des GmbH-Rechts und zur Bekämpfung von Missbräuchen
m.w.N.	mit weiteren Nachweisen
m.W.v.	mit Wirkung vom
NJW	Neue Juristische Wochenschrift
NK	Nomos Kommentar
NStZ	Neue Zeitschrift für Strafrecht
NZG	Neue Zeitschrift für Gesellschaftsrecht
NZI	Neue Zeitschrift für das Recht der Insolvenz und Sanierung
OHG	offene Handelsgesellschaft
OLG	Oberlandesgericht
OwiG	Gesetz über Ordnungswidrigkeiten
Plc.	public company limited by shares
RG	Reichsgericht
RGSt	Entscheidungen des Reichsgerichts in Strafsachen
RIW	Recht der internationalen Wirtschaft

Rn.	Randnummer/-n
Rspr.	Rechtsprechung
Sec.	Section
SK	Systematischer Kommentar
StGB	Strafgesetzbuch
Stopp	Strafprozessordnung
str.	streitig
Urt.	Urteil
Var.	Variante
VO	Verordnung
WiKG	Gesetz zur Bekämpfung der Wirtschaftskriminalität
wistra	Zeitschrift für Wirtschafts- und Steuerstrafrecht
ZaöRV	Zeitschrift für ausländisches öffentliches Recht und Völkerrecht
ZGR	Zeitschrift für Unternehmens- und Wirtschaftsrecht
ZHR	Zeitschrift für das gesamte Handels- und Wirtschaftsrecht
ZJS	Zeitschrift für das Juristische Studium
ZInsO	Zeitschrift für das gesamte Insolvenzrecht
ZIP	Zeitschrift für Wirtschaftsrecht
ZIS	Zeitschrift für Internationale Strafrechtsdogmatik
ZPO	Zivilprozessordnung
ZStW	Zeitschrift für die gesamte Strafrechtswissenschaft
ZVI	Zeitschrift für Verbraucher und Privat-Insolvenzrecht

Einleitung

Die vorliegende Arbeit geht der Frage nach, inwiefern das deutsche Insolvenzstrafrecht auf Geschäftsleiter von Gesellschaften, die ihren faktischen Sitz in Deutschland haben, aber nach dem Recht eines anderen EU-Mitgliedstaats wirksam gegründet worden sind (sog. EU-Auslandsgesellschaften), Anwendung finden kann. Am Beispiel der englischen Form der Gesellschaft mit begrenzter Haftung, der hierzulande weit verbreiteten *private company limited by shares*, soll dargestellt werden, ob sich deren Geschäftsleiter bei faktischem Sitz der Gesellschaft in Deutschland nach hiesigem Recht strafbar machen kann. Hinsichtlich der Anwendbarkeit des deutschen Insolvenzstrafrechts steht man dabei neben einer „strafrechtlichen" noch vor einer „verfassungsrechtlichen" sowie vor einer „europarechtlichen" Frage.[1]

Die erste, die „strafrechtliche" Frage ergibt sich aus der Struktur der meisten Straftatbestände des Insolvenzstrafrechts. Diese enthalten regelmäßig Tatbestandsmerkmale, die „akzessorischer Natur" sind, d.h. deren inhaltliche Konkretisierung von Normen und Wertungen außerhalb des Strafrechts abhängig ist. Zu klären ist hierbei im Fall der *private company limited by shares* insbesondere, ob auf deutsches Gesellschafts- bzw. Insolvenzrecht oder etwa auf englisches Gesellschafts- bzw. Insolvenzrecht abzustellen ist.

Die zweite, die „verfassungsrechtliche" Frage der Anwendbarkeit des Insolvenzstrafrechts auf den Geschäftsleiter einer EU-Auslandsgesellschaft mit faktischem Sitz in Deutschland betrifft nur Teile der in Betracht kommenden Straftatbestände. Sollte ermittelt werden, dass die akzessorischen Tatbestandsmerkmale durch das Recht des Herkunftsstaates der Gesellschaft, im Fall der *private company limited by shares* also durch englisches Recht, auszufüllen sind, ergeben sich Bedenken im Hinblick auf die Vereinbarkeit mit dem Gesetzlichkeitsprinzip des Art. 103 Abs. 2 GG bzw. des § 1 StGB. Zweifel drängen sich dabei hinsichtlich der gesetzlichen Bestimmtheit einer Ausfüllung

---

[1] Grundlegend *Rönnau*, ZGR 2005, 832 ff.; so bereits zutreffend erkannt von *Radtke*, GmbHR 2008, 729, 730 f. zur „Untreue (§ 266 StGB) zu Lasten von ausländischen Gesellschaften mit faktischem Sitz in Deutschland".

eines Straftatbestands durch ausländisches Recht ebenso auf wie hinsichtlich des Parlamentsvorbehalts.

Schließlich stellt sich drittens aus europarechtlicher Sicht die Frage, ob eine Anwendung des nationalen Strafrechts auf Geschäftsleiter von EU-Auslandsgesellschaften nicht möglicherweise die durch Artt. 49, 54 AEUV europarechtlich garantierte Niederlassungsfreiheit in unzulässiger Weise beschränkt. Insbesondere aus den Entscheidungen des EuGH in den Rechtssachen „Centros", „Überseering" und „Inspire Art" zur Niederlassungsfreiheit wurde gefolgert, dass sich die „Rechtsverhältnisse" einer EU-Auslandsgesellschaft grundsätzlich nach dem Recht des Gründungsstaates richten und jede „unzulässige Beschränkung" ihrer Niederlassungsfreiheit durch das Recht der Mitgliedstaaten ausgeschlossen sei. Ob die Normen des Insolvenzstrafrechts nun solche „Rechtsverhältnisse" darstellen und in ihrer Anwendung eine unzulässige Beschränkung der Niederlassungsfreiheit zu sehen ist, muss deswegen im Folgenden untersucht werden. Ins Zentrum der Arbeit rückt damit insbesondere die Frage, wie sich die Niederlassungsfreiheit der Artt. 49, 54 AEUV von EU-Auslandsgesellschaften *sub specie* der EuGH-Rechtsprechung auf das deutsche Strafrecht – respektive auf das deutsche Insolvenzstrafrecht – auswirkt.[2]

In der Literatur wurde bereits im Jahr 2005 erkannt, dass die „juristische Binsenweisheit", wonach die im Inland handelnden Geschäftsleiter einer Auslandsgesellschaft ebenso wenig gegen Strafvorschriften verstoßen dürfen wie sonst hierzulande agierende Personen,[3] keine pauschale Geltung mehr beanspruchen kann. Dass „weder die ausländische Unternehmensform noch die Niederlassungsfreiheit [...] ein rechtliches Hindernis für strafrechtliche Maßnahmen bilden, wenn der Verdacht auf Betrug oder sonstige Straftaten besteht",[4] ist deshalb nicht mehr als gesicherte Erkenntnis zu sehen.

---

2 Mit treffender, allgemeiner gefasster Fragestellung Sandrock/Wetzler/*Hoffmann*, S. 227 ff.: „Reichweite der Niederlassungsfreiheit: bis in das Strafrecht?".

3 So noch *Goette*, DStR 2005, 197, 199: „Dass im Inland agierende »EU-GmbH« die allgemeinen Verhaltensregeln achten müssen, ihre Organe also u.a. nicht gegen Strafvorschriften verstoßen dürfen, ist eine nicht näher zu belegende juristische Binsenweisheit". Dies – soweit ersichtlich als Erster – in Frage stellend *Rönnau*, ZGR 2005, 832 ff.: „Schaut man genauer hin, ergeben sich jedoch rasch Zweifel, ob das Vertreterhandeln dieses Personenkreises wirklich uneingeschränkt vom deutschen Strafrecht erfasst wird".

4 Vgl. noch in der 3. Aufl. im Jahr 2000 bei M-G/B/*Müller-Gugenberger*, § 23 Rn. 90.

Gang der Arbeit

Zunächst soll im Rahmen des 1. Kapitels „Grundlagen" überblicksartig die englische Gesellschaftsform der *private company limited by shares* und ihre Bedeutung im deutschen Wirtschaftsleben dargestellt werden. Sodann soll der europarechtliche Hintergrund der hier zu untersuchenden Problematik aufgezeigt werden. Dazu werden einige der wichtigsten Entscheidungen des EuGH und ihre bisherigen Auswirkungen auf die deutsche Rechtsprechung im Zivil- sowie Strafrecht vorgestellt. Es schließt sich ein kurzer Überblick über die staatsanwaltschaftliche Praxis im Umgang mit im Raum stehenden Insolvenzdelikten an.

Untersucht wird dann im 2. Kapitel „Insolvenzstraftaten" das sog. Insolvenzstrafrecht[5] im engeren Sinn. Dieses Insolvenzstrafrecht im engeren Sinn meint die Straftaten nach §§ 283-283d StGB, die nach ganz herrschender Meinung (zumindest auch) die Vermögensinteressen der Gläubiger an einer Befriedigung ihrer geldwerten Ansprüche gegen den Schuldner schützen sollen,[6] und damit einen mit dem Insolvenzrecht identischen Schutzzweck verfolgen.[7] Aufgrund der vom BGH entwickelten – und von diesem „noch" nicht endgültig aufgegebenen[8] – „Interessentheorie" wird in einem weiteren 3. Kapitel auch die Untreue gemäß § 266 StGB erfasst, die als Auffangtatbestand fungiert, sofern der Geschäftsleiter eine Handlung i.S. der §§ 283 ff. StGB nicht im Interesse

---

5   Seit dem Inkrafttreten des neuen Insolvenzrechts am 1.1.1999 als solches zu bezeichnen. Davor „Konkursstrafrecht"; vgl. auch die jetzige Überschrift des 24. Abschnitts des Besonderen Teils des StGB.

6   Vgl. nur BGHSt 28, 371, 373; BGH NJW 2001, 1874, 1875 m. Anm. *Krause*, NStZ 2002, 42 und *Krüger*, wistra 2002, 52; vgl. *Fischer*, Vor § 283 Rn. 3 („Schutz der potentiellen Insolvenzmasse"); Bittmann/*Ganz*, § 27 Rn. 68; SK-StGB/*Hoyer*, Vor § 283 Rn. 3; NK-StGB/*Kindhäuser*, Vor § 283 Rn. 1; *Lackner/Kühl*, § 283 Rn. 1; MK-StGB/*Radtke*, Vor § 283 Rn. 1, 8 ff.; *Schramm*, wistra 2002, 55; S/S/*Stree/Heine*, Vor § 283 Rn. 2; LK-StGB/*Tiedemann*, Vor § 283 Rn. 45.

7   LK-StGB/*Tiedemann*, Vor § 283 Rn. 2.

8   BGH NJW 2009, 2225 m. Anm. *Schwarz*, HRRS 2009, 341 ff. Der 3. Strafsenat des BGH neigt dazu, von der bisherigen Rechtsprechung des Bundesgerichtshofs zur Strafbarkeit eines Vertreters wegen Bankrotts abzuweichen und die Abgrenzung zwischen den Insolvenzdelikten der §§ 283 ff. StGB und insbesondere der Untreue nach § 266 StGB nicht mehr nach der „Interessenformel" vorzunehmen. So nunmehr wohl auch der 1. Strafsenat des BGH in NStZ-RR 2009, 373.

der Gesellschaft vornimmt und deshalb eine Überwälzung des Schuldnermerkmals nach § 14 StGB nicht in Betracht kommt. Ferner handelt es sich bei
dem mit dem MoMiG[9] im Jahr 2009 eingeführten 15a Abs. 4 InsO um Insolvenzstrafrecht i.e.S. (dazu 4. Kapitel).

Typischerweise werden im Kontext von Insolvenzstraftaten weitere Straftaten begangen,[10] auf deren Darstellung hier verzichtet werden soll, da dies den
Rahmen der Arbeit sprengen würde. Zu denken ist u.a. an die falsche Versicherung an Eides statt nach § 156 StGB, die Unterschlagung gemäß § 246 StGB,
den Kreditbetrug gemäß §§ 263, 265b StGB,[11] den Wechsel- und Scheckbetrug
gemäß § 263 StGB, den Subventions- und Kapitalanlagebetrug nach §§ 263,
264, 264a StGB,[12] den Versicherungsbetrug gemäß §§ 263, 265 StGB, das
Nichtabführen von Arbeitnehmerbeiträgen zur Sozialversicherung gemäß
§ 266a StGB,[13] sowie das Vereiteln der Zwangsvollstreckung gemäß § 288
StGB.[14] Ferner kommt es regelmäßig zur Steuerhinterziehung gemäß § 370 AO
oder auch zur Pflichtverletzung bei Verlust, Überschuldung oder Zahlungsunfähigkeit nach § 401 AktG sowie zu Verletzungen der Verlustanzeigepflicht
gemäß § 84 GmbHG, § 148 GenG.

Mit einer Zusammenfassung der ermittelten Ergebnisse schließt die Arbeit.
Die zu den einzelnen Delikten (§§ 283-283d StGB, § 266 StGB und § 15a
Abs. 4 InsO) gefundenen Ergebnisse werden noch einmal überblicksartig dar-
gestellt.

---

9 Vorschrift eingefügt durch das Gesetz zur Modernisierung des GmbH-Rechts und zur Bekämpfung von Missbräuchen (MoMiG) vom 23.10.2008 (BGBl. I S. 2026) m.W.v.
   1.11.2008.
10 Auflistungen finden sich bei Wabnitz/Janovsky/*Köhler*, Kap. 7 Rn. 260; Vgl. LK-
   StGB/*Tiedemann*, Vor § 283 Rn. 2, 27 ff.
11 Vgl. dazu *Worm*, S. 119, 120.
12 *Worm*, S. 120, 121 („Einer Anwendbarkeit […] steht […] nichts entgegen").
13 *Worm*, S. 117, 198 ff. („Anwendung […] der § 266 I, II, III i.V.m. § 14 StGB […] keine
   Beschränkung der Niederlassungsfreiheit").
14 *Worm*, S. 118, 201 ff., 225 („aufgrund zwingender Gründe des Allgemeininteresses gerechtfertigt").

1. Kapitel: Grundlagen

A. Die private company limited by shares in Deutschland

Im deutschen Wirtschaftsleben hat sich die englische Form der Gesellschaft mit begrenzter Haftung – *private company limited by shares*, kurz: Limited, noch kürzer: Ltd. – als Alternative zur GmbH mittlerweile etabliert. Nach Schätzungen ist davon auszugehen, dass im Jahr 2007 in Deutschland etwa 40.000 Auslands-Kapitalgesellschaften tätig waren und die Tendenz auch nach dem MoMiG steigend ist,[15] wobei es sich rechtstechnisch bei der Mehrzahl dieser Auslands-Kapitalgesellschaften mit faktischem Sitz in Deutschland, sog. *centre of main interest* (im Folgenden: COMI), um nach englischem Recht gegründete *private companies limited by shares* handeln dürfte.[16]

Im Internet bewerben unzählige Anbieter diese „kostengünstige und unbürokratische" Alternative zur GmbH. Versprochen wird *de facto* insbesondere, die Anforderungen umgehen zu können, die an eine natürliche Person gestellt werden, welche als deutsche juristische Person am Rechtsverkehr teilnehmen will.[17] Die „1-Euro-Gesellschaft", die teilweise auch als „Billig-GmbH"[18] bezeichnet wird – tatsächlich sollen die Gesamtkosten für eine Limited-Gründung weniger als 250 £ betragen –[19] ohne lästige Pflichten und ohne erforderliches Stammkapital, aber mit dem Privileg der Haftungsbeschränkung, schnell und einfach gegründet, mutet zunächst attraktiv an. Zu bedenken geben gleichzeitig aber andere Stimmen zu Recht u.a. die Besonderheiten des englischen Gesellschaftsrechts, die den Geschäftsleitern ähnlich- wie auch andersgeartete Pflich-

---

15 *Radtke*, GmbHR 2008, 729 m.w.N.; zur Verbreitung der Limited *Westhoff*, GmbHR 2007, 474 ff.

16 Zu den gesamten rechtlichen Verhältnissen dieser Gesellschaftsform ausführlich *Heinz*, Die englische Limited; *Just*, Die englische Limited in der Praxis; vgl. Eidenmüller/*Rehm*, § 10.

17 So findet sich auf einschlägigen Internetseiten u.a. das Versprechen: „In Deutschland benötigen Sie neben hohen Gründungskosten bei einer GmbH ein Stammkapital von EUR 25.000 Euro oder EUR 50.000 bei einer kleinen AG. Eine Limited gründen Sie dabei schon mit einem Stammkapital von £ 1 (EUR 1,40) und schließen sogar Ihre private Haftung aus".

18 *Altmeppen*, NJW 2004, 97 f.

19 *Radtke*, GmbHR 2008, 729; *Maul/Schmidt*, BB 2003, 2297, 2298; *Borges*, ZIP 2004, 733, 734.

ten auferlegen und ähnlich- wie auch andersgeartete Folgen an die Verletzung einer solchen Pflicht knüpfen.

Tatsächlich kann eine Limited neu gegründet werden, indem die notwendigen Dokumente bei dem zuständigen Gesellschaftsregister, dem *Companies House* in Cardiff, eingereicht werden (*company incorporation*). Erforderlich ist die Einreichung der sog. *registration documents* i.S. von Sec. 9 ff. CA 2006. Dazu gehören neben dem sog. *memorandum of association* (Sec. 8 CA 2006) ein Registrierungsantrag sowie der Gesellschaftsvertrag, der nach dem Companies Act 2006 nur noch aus den *articles of association* (Sec. 18 ff. CA 2006) besteht, außerdem eine Erklärung hinsichtlich des Kapitals (Sec. 10 CA 2006) und der ersten Kapitalanteile sowie eine Erklärung bzgl. der Einhaltung der gesetzlichen Anforderungen (Sec. 11 ff. CA 2006). Die Registrierungsgebühren betragen derzeit grundsätzlich 20 £, zu deren Deckung ein Scheck beizufügen ist.[20] Vor allem vermitteln und übernehmen die vielzähligen Internet-Anbieter die Gründung einer Limited gegen Entgelt. Die Preise reichen von 180 € bis 700 €, wobei auch teurere sog. „Blitzgründungen" innerhalb von 24 Stunden angeboten werden.

I. Organisationsverfassung der Limited

Nach heutigem Verständnis ist die Limited eine rechtlich eigenständige Einheit (*body corporate*), die von den Gesellschaftern streng zu trennen ist.[21] Diese Vorstellung setzte sich aber erst Ende des 19. Jahrhunderts mit dem „Salomon"-Urteil durch.[22]

In der dafür grundlegenden Rechtssache *Salomon v. Salomon & Co. Limited (1897) A.C. 22 (H.L.)* hatte *Aaron Salomon* sein Leder- und Schuhgeschäft in eine *private company limited by shares* nach dem Companies Act 1862 umgewandelt. Das Nominalkapital betrug 40.000 £. Fünf seiner Kinder sowie seine Frau hielten jeweils einen Anteil zu 1 £. Die restlichen Anteile hielt *Salomon* selber. Als die *limited* liquidiert werden musste, forderte *Salomon* die vorrangige Befriedigung seines gesicherten Kredits i.H.v. 10.000 £. Dies hätte die Mas-

---

20 Zum Gründungsvorgang in der Praxis *Just*, Rn. 29, 31.
21 Vgl. *Hilpert*, S. 64; *Sealy/Worthington*, S. 20.
22 *MacIntyre*, S. 475 f.; vgl. auch *Hilpert*, S. 65 Fn. 352.

se vollständig aufgebraucht. Der *company liquidator* forderte, dass *Salomon* für alle Verbindlichkeiten der *limited* persönlich zu haften habe. Das Gericht entschied: „*the company is a different person altogether from the subscribers to the memorandum; and, though it maybe that after incorporation the business is precisely the same as it was before, and the same persons are managers, and the same hand receive the profits, the company is not in law the agent of the subscribers or trustee for them. Nor are the subscribers as members liable, in any shape or form, except to the extent an in the manner provided by the Act.*"

Die *company* schiebt sich durch die *incorporation* gemäß der sog. Salomon-Doktrin als eigenständiges Rechtssubjekt zwischen die *members* und das Gesellschaftsvermögen. Die Gesellschafter sind damit durch den sog. Schleier der Rechtspersönlichkeit (*veil of incorporation*) geschützt.[23]

Die beiden wichtigsten Gesellschaftsformen im Companies Act 2006 sind die *public company limited by shares* und die *private company limited by shares*. Die in der Praxis am häufigsten gewählte Gesellschaftsform ist die *private company limited by shares*, von der im Jahr 2008 ca. 2,6 Millionen in England und Wales registriert waren.[24] Sofern die Gesellschaft nicht ausdrücklich als *public company* registriert werden soll, ist sie eine *private company*, Sec. 4 (1) CA 2006. Die praktisch wichtigsten Unterschiede zwischen *private* und *public company* sind die, dass die Geschäftsanteile an einer *private company* nicht zum öffentlichen Handel an der *London Stock Exchange* oder dem *Alternative Investment Market* (AIM) zugelassen werden können[25] und dass nur die *public company* ein festgeschriebenes Kapital von 50.000 £ aufweisen muss, Sec. 763 (1) CA 2006. Im Folgenden beschränkt sich die Darstellung auf *die private company limited by shares*. Sie stellt die Gesellschaftsform dar, die als Äquivalent zur deutschen GmbH[26] bezeichnet wird und im Rechtsverkehr mittlerweile eine herausragende Stellung eingenommen hat.

Die *private company* ist – wie die GmbH – eine juristische Person, die auch nach englischem Verständnis erst durch ihre Vertreter, die im Rechtsverkehr für sie handeln, handlungsfähig wird.[27] Für die Limited erfüllen diese Aufgabe

---

23   *Salomon v. Salomon & Co. Ltd. (1897) A.C. 22 (H.L.)*; vgl. auch *Jones v. Lipman (1962) 1 All ER 442*; *Adams v. Cape Industries Plc. (1990) Ch.344; (1990) 2 WLR 657, Companies Act.*; vgl. *Hilpert*, S. 65; *Just*, Rn. 91; *Neuling*, S. 66.
24   *Just*, Rn. 13.
25   Vgl. Sec. 74 Financial Services and Markets Act 2000.
26   *Just*, Rn. 14.
27   Vgl. *Heinz*, § 6 Rn. 1; *Just*, Rn. 137; *Sealy/Worthington*, S. 241.

der Director bzw. die Directors, der Schriftführer (*secretary*) und die Gesamtheit der Gesellschafter (*members*). Dem Geschäftsführer einer deutschen GmbH vergleichbar ist der Director einer Limited, der die wirtschaftlichen Entscheidungen der Gesellschaft trifft und Verträge für die Gesellschaft abschließt. Jede *private company* muss gemäß Sec. 154 (1) CA 2006 wenigstens einen Director haben.

Limiteds, die im Vereinigten Königreich nur ihren statutarischen Sitz haben, ihre geschäftliche Tätigkeit aber ausschließlich im deutschen Inland entfalten und hier ihren effektiven Verwaltungssitz haben, unterfallen dem noch zu erläuternden Begriff der EU-Scheinauslandsgesellschaft.

II. Finanzverfassung der Limited

Bei der *private company limited by shares* ist die Haftung der Gesellschafter auf die Gesellschaftereinlage beschränkt. Es haftet nur die juristische Person. Auf das Privatvermögen der Gesellschafter findet grundsätzlich kein Zugriff statt.[28] Dabei ist ein gesetzlich vorgeschriebenes Mindest- oder Höchstkapital bei der Limited nicht vorgesehen. Haftungsgrundlage einer Gesellschaft ist vielmehr nur das tatsächlich gezeichnete Kapital (*issued share capital*), das aber nicht einmal eingezahlt sein muss. Für die tatsächliche Haftung der Gesellschafter kommt es damit nur auf die Höhe der jeweils auch tatsächlich erbrachten Einlage an.

Gesellschaften mit einem Stammkapital von 2 £ sind deswegen verbreitet, wobei das Stammkapital bei Einmanngesellschaften selbst 1 Penny betragen kann.[29] Damit erhöht sich natürlich die Gefahr für ungesicherte Gläubiger einer Limited, ihre Forderungen gar nicht mehr bzw. nur noch zu einem geringen Anteil gegen die Gesellschaft im Insolvenzfall realisieren zu können.[30]

---

28 *Heinz*, § 10 Rn. 1; *Just*, Rn. 91 ff.
29 *Ebert/Levedag*, GmbHR 2003, 1337, 1340; Eidenmüller/*Rehm*, § 10 Rn. 35.
30 Vgl. nur M-G/B/*Bieneck*, § 84 Rn. 1.

III. Das gesellschaftsrechtliche Haftungsprivileg im deutschen Strafrecht

Dass also die Risiken des Geschäftslebens bei der *private company*, wie bei der GmbH, nur das Gesellschaftsvermögen der juristischen Person treffen, das private Vermögen der Gesellschafter hingegen grundsätzlich „abgeschirmt" bleibt, hat zur hohen Attraktivität und der hohen Verbreitung der Limited geführt. Die Limited gewährt damit – wie die GmbH – ein sog. Haftungsprivileg. Gerade in der neueren Wirtschaftsentwicklung ist es allzu verständlich, das persönliche Risiko unternehmerischer Tätigkeit zu beschränken.[31]

Gewährt man den Vorteil der Haftungsbeschränkung, so bedarf es auf der anderen Seite jedoch der Schutzvorkehrungen zugunsten des Rechtsverkehrs um das Interessengleichgewicht aufrecht zu erhalten.[32] Die Gefahren für Dritte, sowohl für Personen, die sich an der Gesellschaft beteiligen wollen, als auch für Gesellschaftsgläubiger müssen begrenzt werden.

Das deutsche Strafrecht hat auf das Haftungsprivileg bei der deutschen GmbH mit dem sog. „GmbH-Strafrecht"[33] reagiert. Darunter zu verstehen sind zum einen die Strafvorschrift des § 15a Abs. 4 InsO (früher § 84 GmbHG a.F.) sowie die Straftatbestände im StGB, die bestimmte Verhaltensweisen erfassen sollen, die regelmäßig im Zusammenhang mit einer Gesellschaft mit begrenzter Haftung stehen.

Der Grund für diese Reaktion liegt in dem erheblichen Insolvenzrisiko, mit dem die deutsche GmbH offensichtlich behaftet ist. Den Hauptfall des deutschen Insolvenzrechts stellt immerhin die Insolvenz der GmbH dar,[34] da v.a. die eigenkapitalschwachen Gesellschaften ein hohes Risiko baldiger Insolvenz trifft. Die Quote der mangels Masse abgewiesenen Verfahren betrug auch nach Inkrafttreten der InsO[35] im Jahr 1994 immer noch ca. 37 % im Jahre 2008.[36]

Dabei gilt als sicher, dass auch die Wirtschaftskriminalität im Zusammenhang mit der beginnenden Krise des Unternehmens in erheblichem Umfang zunimmt.[37] Zunächst gibt die Polizeiliche Kriminalstatistik einen gewissen

---

31 Roth/Altmeppen/*Altmeppen*, Einl. Rn. 13.
32 Roth/Altmeppen/*Altmeppen*, Einl. Rn. 19.
33 Vgl. zu diesem Ausdruck Scholz/*Tiedemann*, §§ 82-85.
34 Roth/Altmeppen/*Altmeppen*, Vor § 64 Rn. 4 („geradezu katastrophale Insolvenzstatistik der GmbH"); ausführlich Wabnitz/Janovsky/*Beck*, Kap. 6 Rn. 54.
35 Insolvenzordnung vom 5. Oktober 1994 (BGBl. I S. 2866).
36 Statistisches Bundesamt, Statistisches Jahrbuch 2009, S. 503.
37 Wabnitz/Janovsky/*Beck*, Kap. 6 Rn. 53.

Aufschluss über die Wirtschaftskriminalität im Zusammenhang mit der Insolvenz. Bei 149489 im Jahr 2007 und 140979 im Jahr 2008 vom Statistischen Bundesamt gezählten Insolvenzen,[38] sind laut Polizeilicher Kriminalstatistik 12561 Fälle von Insolvenzstraftaten im Jahr 2007 und 11 186 Fälle im Jahr 2008 bekannt.[39] Zu beachten ist aber, dass bei der Wirtschaftskriminalität von einem großen Dunkelfeld auszugehen ist. In den Zahlen der Polizeilichen Kriminalstatistik fehlen außerdem die Wirtschaftsstraftaten, die von Schwerpunkt-staatsanwaltschaften oder von den Finanzbehörden unmittelbar ohne Beteiligung der Polizei verfolgt wurden.[40] Die Häufigkeit von Wirtschaftsstraftaten i.R. der Insolvenz wird daher auf bis zu 80 %, teilweise sogar 80 % bis 90 %,[41] geschätzt.[42] *Beck* stellt fest: „Jeder Insolvenzpraktiker weiß, dass es kaum ein Insolvenzverfahren gibt, das nicht von strafrechtlich relevantem Verhalten begleitet wird. Erfahrungsgemäß wächst die Kriminalitätsanfälligkeit zugleich mit der Nähe zur Insolvenz."[43] Als (Haupt-)Ursachen für diese Konzentration der Kriminalität werden die Haftungsbegrenzung auf das Gesellschaftsvermögen i.V.m. der Anonymität der Gesellschafter und dem Fehlen von hinreichenden Kontrollen gesehen.[44] Mit dem zivilrechtlichen Effekt der Schaffung eines Sicherheitsnetzes und der damit einhergehenden Steigerung der Attraktivität der wirtschaftlichen Betätigung für den Unternehmer wird also rechtstatsächlich ein strafrechtlicher Nebeneffekt erzielt, der auf Missbrauch gerichtet ist.

Vor dem Hintergrund dieser in Deutschland gemachten rechtstatsächlichen Erfahrungen liegt für Kapitalgesellschaften wie die Limited, die mit einem Stammkapital von 1 Penny gegründet werden können, die weitere Steigerung der Insolvenzgefahr und die damit – wie gezeigt – einhergehende gesteigerte Kriminalitätsanfälligkeit auf der Hand.

---

38   Statistisches Bundesamt, Statistisches Jahrbuch 2009, S. 503, www.destatis.de.
39   Bundeskriminalamt, Polizeiliche Kriminalstatistik Berichtsjahr 2008, S. 232, www.bka.de.
40   Bundeskriminalamt, Polizeiliche Kriminalstatistik Berichtsjahr 2008, S. 232.
41   Müller/Wabnitz/Janovsky/*Janovsky*, Kap. 6 Rn. 8.
42   *Weyand/Diversy*, S. 5 m.w.N.
43   Wabnitz/Janovsky/*Beck*, Kap. 6 Rn. 53 m.w.N.
44   Scholz/*Tiedemann*, Vor §§ 82 ff. Rn. 3.

B. Die Niederlassungsfreiheit von EU-Gesellschaften

I. Judikate des EuGH – „Segers" bis „Cartesio"

Eine umfassende Vorstellung und Analyse der Judikate des EuGH zur europarechtlich garantierten Niederlassungsfreiheit von Gesellschaften i.S. der Artt. 49, 54 AEUV ist i.R. dieser Arbeit nicht möglich. Jedoch sollen im Folgenden sechs der meistbeachteten EuGH-Urteile vorgestellt und kurz analysiert werden, die die Grundlage für das Verständnis der Niederlassungsfreiheit von EU-Gesellschaften bilden und auf die im weiteren Verlauf der Arbeit noch regelmäßig rekurriert werden soll und muss, um auch die für die EU-Mitgliedstaaten geltenden Ge- und Verbote bei der Behandlung von sog. EU-Scheinauslandsgesellschaften ermitteln zu können.

1. „Segers"[45]

In der Rechtssache „Segers" hatte ein niederländischer Staatsangehöriger sein einzelkaufmännisches Handelsunternehmen mit Sitz in den Niederlanden in eine juristische Person „umgewandelt". Dazu hatte er eine *private limited company* mit Sitz in England gegründet und sein niederländisches Unternehmen trotz ausschließlicher wirtschaftlicher Tätigkeit in den Niederlanden zu deren Zweigniederlassung erklärt. Das oberste niederländische Gericht legte dem EuGH u.a. die Frage nach der Auslegung der Niederlassungsfreiheit gemäß Artt. 52 und 58 a.F. EWGV (jetzt Artt. 49, 54 AEUV) zur Vorabentscheidung vor. Es sollte geklärt werden, ob eine Anwendung des niederländischen Gesetzes über das allgemeine Krankenversicherungssystem mit diesen Bestimmungen vereinbar ist, die dazu führt, dass die Geschäftsführer einer Gesellschaft in Bezug auf den Anschluss an dieses System unterschiedlich behandelt werden, je nachdem, ob es sich um eine Gesellschaft niederländischen Rechts handelt oder nicht.

Der EuGH qualifizierte die faktische „Umwandlung" des niederländischen Einzelhandelsunternehmens in eine Zweigniederlassung der englischen Limited als Ausübung der sog. sekundären Niederlassungsfreiheit. Die Artt. 52 und 58 a.F. EWGV (jetzt Artt. 49, 54 AEUV) seien dahin auszulegen, dass sie es nicht

---

45 EuGH NJW 1987, 571 („Segers").

zulassen, dass die zuständigen Stellen eines Mitgliedstaats dem Geschäftsführer einer Gesellschaft eine Leistung aufgrund einer nationalen Krankenversicherungsregelung nur aus dem Grund verweigern, weil die Gesellschaft nach den Rechtsvorschriften eines anderen Mitgliedstaats, in dem sie auch ihren Sitz hat, gegründet wurde, auch wenn sie dort keine Geschäftstätigkeiten entfaltet.

2. „Daily Mail"[46]

1984 beantragte die Holding- und Investitionsgesellschaft *Daily Mail and General Trust PLC* die Zustimmung der britischen Finanzbehörden, die zur angestrebten Verlegung des Sitzes ihrer Geschäftsleitung in die Niederlande erforderlich war. Hauptziel der *Daily Mail and General Trust PLC* war es, nach Errichtung des steuerlichen Sitzes in den Niederlanden einen erheblichen Teil der Papiere ihres Betriebsvermögens zu verkaufen und aus dem Erlös eigene Aktien zurückkaufen zu können, ohne hierfür die Steuern entrichten zu müssen, die nach britischem Steuerrecht zu zahlen gewesen wären. Die *Daily Mail and General Trust PLC* machte u.a. geltend, die Art. 52 und 58 a.F. EWGV (jetzt Artt. 49, 54 AEUV) gäben ihr das Recht, den Sitz ihrer Geschäftsleitung ohne vorherige Zustimmung in einen anderen Mitgliedstaat zu übertragen oder eine solche Zustimmung ohne Bedingung zu erhalten. Der EuGH hat diese vom *High Court of Justice* eingereichte Vorlagefrage dahingehend beantwortet, dass weder Art. 52, 58 EWGV (jetzt Artt. 49, 54 AEUV) noch die EG-Richtlinie 73/148 vom 21.05.1973 einer Gesellschaft, die nach dem Recht eines Mitgliedstaats gegründet ist und in diesem ihren satzungsmäßigen Sitz hat, das Recht verleihen, den Sitz ihrer Geschäftsleitung in einen anderen Mitgliedstaat zu verlegen.

Dieses Urteil war nach überwiegender Ansicht der Literatur auch für das internationale Gesellschaftsrecht maßgeblich,[47] da die entscheidenden Aussagen des Urteils sich nicht auf Aussagen zur Zulässigkeit steuerlicher Wegzugsschranken beschränkten, sondern vielmehr umfassender formuliert waren. Der „Daily Mail"-Entscheidung sollte daher zu entnehmen sein, dass der EuGH nach dem damaligen „Stand des Gemeinschaftsrechts" die Sitztheorie bzw. die

---

46 EuGH NJW 1989, 2186 („Daily Mail").
47 Vgl. nur *Sandrock/Austmann*, RIW 1989, 249; *Großfeld/König*, RIW 1992, 433, 434.

sich aus der Sitztheorie ergebenden Rechtsfolgen mit der Niederlassungsfreiheit für vereinbar hielt.[48]

3. „Centros"[49]

Die erneute Frage nach der Auslegung der Niederlassungsfreiheit stellte sich im Rahmen eines Rechtsstreits zwischen der *Centros Ltd.*, einer 1992 in England und Wales eingetragenen *private limited company* und der dänischen Zentralverwaltung für Handel und Gesellschaften. Im Sommer 1992 wurde bei der Zentralverwaltung die Eintragung einer Zweigniederlassung von *Centros Ltd.* in Dänemark beantragt. Diese wurde u.a. mit der Begründung abgelehnt, die *Centros Ltd.*, die seit ihrer Errichtung keine Geschäftstätigkeit im Vereinigten Königreich entfaltet habe, beabsichtige in Dänemark nicht eine Zweigniederlassung, sondern tatsächlich einen Hauptsitz zu errichten und wolle dabei die nationalen Vorschriften – respektive über die Einzahlung eines Mindestgesellschaftskapitals – umgehen. Die *Centros Ltd.* machte hingegen geltend, dass sie mit ihrer rechtmäßigen Errichtung im Vereinigten Königreich die Voraussetzungen erfülle, die das dänische GmbH-Gesetz an die Eintragung der Zweigniederlassung einer ausländischen Gesellschaft stelle und damit nach Art. 52 i.V.m. Art. 58 EGWV (jetzt Artt. 49, 54 AEUV) das Recht habe, eine Zweigniederlassung in Dänemark zu eröffnen.

In seiner Entscheidung wertete der EuGH die Versagung der Eintragung der Zweigniederlassung als Verstoß gegen die Niederlassungsfreiheit. Das Recht, eine Gesellschaft nach dem Recht eines Mitgliedstaats zu errichten und in anderen Mitgliedstaaten Zweigniederlassungen zu gründen, folge im Binnenmarkt unmittelbar aus der Niederlassungsfreiheit.[50] Im Leitsatz der „Centros"-Entscheidung heißt es: „Ein Mitgliedstaat, der die Eintragung der Zweigniederlassung einer Gesellschaft verweigert, die in einem anderen Mitgliedstaat, in dem sie ihren Sitz hat, rechtmäßig errichtet worden ist, aber keine Geschäftstätigkeit entfaltet, verstößt gegen die Art. 52 und 58 EGV." Dies gilt nach der Aussage des EuGH (selbst dann), „wenn die Zweigniederlassung es der Gesellschaft ermöglichen soll, ihre gesamte Geschäftstätigkeit in dem Staat auszu-

---

48 Vgl. *Großfeld/König*, RIW 1992, 433, 434 f.; Sp/W/*Spahlinger*, Rn. 146.
49 EuGH NJW 1999, 2027 („Centros").
50 EuGH NJW 1999, 2027, 2028 Rn. 26 f. („Centros").

üben, in dem diese Zweigniederlassung errichtet wird, ohne dort eine Gesellschaft zu errichten und damit das dortige Recht über die Errichtung von Gesellschaften zu umgehen, das höhere Anforderungen an die Einzahlung des Mindestgesellschaftskapitals stellt."

4. „Überseering"[51]

Die niederländische Gesellschaft *Überseering BV* war in den Niederlanden wirksam gegründet worden. Sie verklagte in Deutschland ein Bauunternehmen auf die Beseitigung von Baumängeln. Die Klage wurde abgewiesen, da *Überseering BV* ihren Sitz nach Deutschland verlegt habe und deshalb nach der in Deutschland geltenden Sitztheorie nicht rechts- und parteifähig sei. Auf Vorlage des BGH entschied der EuGH, dass hierin ein Verstoß gegen die Niederlassungsfreiheit lag.

Nach Ansicht des EuGH verstieß es gegen die Artt. 43 und 48 EGV (jetzt Artt. 49, 54 AEUV), dass einer wirksam gegründeten EU-Scheinauslandsgesellschaft[52] die Rechtsfähigkeit und damit die Parteifähigkeit vor den nationalen Gerichten eines Zuzugsstaates abgesprochen wird, so dass diese nicht mehr in der Lage ist, Ansprüche aus einem Vertrag mit einer im Zuzugsstaat ansässigen Gesellschaft geltend zu machen.[53] Das Erfordernis, dieselbe Gesellschaft in Deutschland neu zu gründen, bewertete der Gerichtshof als Negierung der Niederlassungsfreiheit.[54] Jeder Mitgliedstaat sei nach den Artt. 43 und 48 EGV (jetzt Artt. 49, 54 AEUV) verpflichtet, die nach dem Recht des Gründungsstaates erlangte Rechts- und Parteifähigkeit zu achten, sofern eine Gesellschaft in einem anderen Mitgliedstaat von ihrer Niederlassungsfreiheit Gebrauch mache.

5. „Inspire Art"[55]

Die *Inspire Art Ltd.* war eine Gesellschaft englischen Rechts mit Zweigniederlassung in den Niederlanden. Der einzige Gesellschafter der *Inspire Art Ltd.* war in den Niederlanden wohnhaft. Die niederländische Handelskammer wollte

---

51   EuGH NJW 2002, 3614 („Überseering").
52   Vgl. dazu EuGH NJW 1999, 2027, 2028 Rn. 26 f. („Centros").
53   EuGH NJW 2002, 3614, 3616 Rn. 82 („Überseering").
54   EuGH NJW 2002, 3614, 3616 Rn. 81 („Überseering").
55   EuGH NJW 2003, 3331 („Inspire Art") m. Anm. *Leible/Hoffmann*, EuZW 2003, 677 ff.

14

die niederländische Zweigniederlassung der *Inspire Art Ltd.* verpflichten, unter anderem die Bezeichnung „formal ausländische Gesellschaft" zu führen, da sie ihre Geschäftstätigkeit nur in den Niederlanden ausübte. Außerdem hatte der niederländische Gesetzgeber für sog. „formal ausländische Gesellschaften" mit Niederlassung im niederländischen Inland ein besonderes Gesetz erlassen, das diesen Gesellschaften bestimmte Mindeststandards (Publizitätspflichten, Mindestkapital, persönliche Haftung der Geschäftsführer) auferlegte.

Der EuGH hielt zum einen die besonderen Publizitätspflichten für unvereinbar mit der Elften gesellschaftsrechtlichen Richtlinie 89/666/EWG über die Publizität von Zweigniederlassungen, weil der niederländische Gesetzgeber über die darin normierten Anforderungen nicht hinausgehen dürfe. Ferner verstießen auch die Anforderungen an ein Mindestkapital und die Haftung der Geschäftsführer, die an sich nur eine Angleichung an inländische Gesellschaften bezwecken und insofern ausländische Gesellschaften nicht diskriminieren, gegen Art. 43 und 48 EGV (jetzt Artt. 49, 54 AEUV).

In weiten Teilen der Literatur wurde die Entscheidung im Fall „Inspire Art" dahingehend gewertet, dass es nicht schon genüge, dass der Zuzugsstaat grundsätzlich die Rechts- und Parteifähigkeit der aus einem anderen Mitgliedstaat zuziehenden Gesellschaft anerkennt. Vielmehr dürfe der Zuzugsstaat der zuziehenden Gesellschaft keine irgendwie gearteten rechtlichen Erschwernisse auferlegen, wenn er deren Anwendung auf die zuziehende Gesellschaft nicht durch zwingende Gründe des Allgemeininteresses oder im Einzelfall durch einen konkreten, nachgewiesenen Missbrauch rechtfertigen kann.

Ob dies allerdings aus dem Urteil folgt, ist im weiteren Verlauf insbesondere im Hinblick auf das Strafrecht zu untersuchen, da die Entscheidung sich keinesfalls zu allen „irgendwie gearteten rechtlichen Erschwernissen" äußert. Vielmehr schließt die Entscheidung mit der Aussage: „Die Art. 43 und 48 EG stehen einer Regelung eines Mitgliedstaats wie der WFBV entgegen, die die Ausübung der Freiheit zur Errichtung einer Zweigniederlassung in diesem Staat durch eine nach dem Recht eines anderen Mitgliedstaats gegründete Gesellschaft von bestimmten Voraussetzungen abhängig macht, die im innerstaatlichen Recht für die Gründung von Gesellschaften bezüglich des Mindestkapitals und der Haftung der Geschäftsführer vorgesehen sind. Die Gründe, aus denen die Gesellschaft in dem anderen Mitgliedstaat errichtet wurde, sowie der Umstand, dass sie ihre Tätigkeit ausschließlich oder nahezu ausschließlich im Mitgliedstaat der Niederlassung ausübt, nehmen ihr nicht das Recht, sich auf die durch den EG-Vertrag garantierte Niederlassungsfreiheit zu berufen, es sei denn, im konkreten Fall wird ein Missbrauch nachgewiesen."

6. „Cartesio"[56]

Nur der Vollständigkeit wegen muss in dieser Reihe auch das „Cartesio"-Urteil aus dem Jahre 2008 genannt werden. Dabei ging es um die Möglichkeit der Beschränkung des Wegzugs einer EU-Gesellschaft durch den Gründungsstaat. Die ungarische Kommanditgesellschaft *Cartesio* wollte ihren Geschäftssitz von Ungarn nach Italien verlegen, dabei jedoch weiterhin im ungarischen Handelsregister eingetragen bleiben und in ihrem Rechtsstatus weiterhin dem ungarischen Recht unterliegen. Das zuständige Registergericht in Ungarn verweigerte jedoch die Eintragung des neuen Geschäftssitzes in das ungarische Handelsregister mit der Begründung, dass nach ungarischem Recht eine Sitzverlegung ins Ausland nicht möglich sei, die Gesellschaft vielmehr in Ungarn abgewickelt und im Ausland neu gegründet werden müsse. Der EuGH entschied, dass die Artt. 43, 48 EGV (jetzt Artt. 49, 54 AEUV) Rechtsvorschriften eines Mitgliedstaats nicht entgegenstehen, die es einer nach dem nationalen Recht dieses Mitgliedstaats gegründeten Gesellschaft verwehren, ihren Sitz in einen anderen Mitgliedstaat zu verlegen und dabei ihre Eigenschaft als Gesellschaft des nationalen Rechts des Mitgliedstaats, nach dessen Recht sie gegründet wurde, zu behalten.

II. Die „EU-Scheinauslandsgesellschaft"

Der Begriff der EU-Scheinauslandsgesellschaft wurde vom EuGH in seinen Entscheidungen zwar nicht geprägt, doch geht es in den vorgestellten Urteilen hauptsächlich um diese nunmehr im EU-Binnenmarkt anzuerkennende Form der gesellschaftlichen wirtschaftlichen Betätigung.

In seinem „Inspire Art"-Urteil hat der EuGH noch einmal unter Verweis auf seine Ausführungen im „Centros"-Urteil[57] festgestellt, dass Staatsangehörige eines Mitgliedstaats, die eine Gesellschaft gründen möchten, diese wegen der durch den Vertrag garantierten Niederlassungsfreiheit im EU-Binnenmarkt in dem Mitgliedstaat, dessen gesellschaftsrechtliche Vorschriften ihnen die größten Freiheiten lassen, errichten und anschließend in anderen Mitgliedstaaten

---

56 EuGH NJW 2009, 569 („Cartesio") m. Anm. *Grohmann*, EuZW 2008, 463 ff. und *Wilhelmi*, DB 2008, 1611 ff.
57 EuGH NJW 1999, 2027, 2028 Rn. 27 („Centros").

Zweigniederlassungen gründen dürfen.[58] Die Rechts- und Parteifähigkeit dieser Gesellschaften sind im Zuzugsstaat anzuerkennen, auch wenn dort strengere Voraussetzungen an die Erlangung der Rechts- und Parteifähigkeit gestellt werden sollten.

Darüber hinaus stellt der EuGH fest, dass der Umstand, dass eine Gesellschaft in dem Mitgliedstaat, in dem sie ihren Sitz hat, keine Tätigkeit entfaltet und ihre Tätigkeit ausschließlich oder hauptsächlich im Mitgliedstaat ihrer Zweigniederlassung ausübt, noch kein missbräuchliches und betrügerisches Verhalten darstellt, das es dem Zuzugs-Mitgliedstaat erlauben würde, auf die betreffende Gesellschaft die Gemeinschaftsvorschriften über das Niederlassungsrecht nicht anzuwenden.[59]

III. Konsequenz der EuGH-Judikate für die deutsche Rechtsprechung

Die Beurteilung der Rechtsfähigkeit einer Gesellschaft erfolgte bis *dato* in Deutschland traditionell gemäß der sog. Sitztheorie, also nach dem Recht des Staates, in dem die Gesellschaft ihren tatsächlichen Verwaltungssitz hatte. Da der Ort, an dem die Gesellschaft die grundlegenden Entscheidungen wirklich in laufende Geschäftsführungsakte umsetzte, regelmäßig die BRD war, wurde die Rechtsfähigkeit der Gesellschaft nach deutschem Recht bestimmt. Die Gründungsanforderungen, die das deutsche Recht an eine Kapitalgesellschaft stellt, erfüllte die ausländische Gesellschaft nicht, und damit wurde ihr nicht die Rechtsfähigkeit zuerkannt. Als Konsequenz ergab sich daraus z.B. für eine englische *private company limited by shares*, dass die Gründer einer Gesellschaft mit auf die *shares* begrenzter Haftung in Deutschland als Personen(handels-)gesellschaft betrachtet wurden, was u.a. eine persönliche Haftung nach sich zog.

Die von der deutschen Rechtsprechung seit jeher verfolgte Sitztheorie bei der Behandlung von Auslands-Gesellschaften[60] musste sie im Fall der EU-Auslandsgesellschaften *sub specie* der seit 1999 ergangenen EuGH-Urteile zur

---

58 EuGH NJW 2003, 3331, 3334 Rn. 138 („Inspire Art").
59 EuGH NJW 1987, 571 Rn. 16 („Segers"), NJW 1999, 2027 Rn. 29 („Centros"), NJW 2003, 3331, 3334, Rn. 139 („Inspire Art").
60 Das RG folgte der Sitztheorie seit Beginn dieses Jahrhunderts; RG JW 1904, 231; 1934, 28, 45; RGZ 77, 19, 22; 83, 367, 369 f.; 92, 73, 76; 117, 215, 217; 159, 33, 42, 46.

Niederlassungsfreiheit[61] aufgeben. Angewendet wird gegenüber EU-Auslands-gesellschaften nunmehr die Gründungstheorie.[62] Die frühere Praxis im Umgang mit ausländischen EU-Kapitalgesellschaften ist durch die Judikate des EuGH zur Niederlassungsfreiheit der Artt. 49, 54 AEUV obsolet geworden. Damit drängt sich die Frage auf, ob jeder deutsche Staatsbürger eine eigene englische Limited unter den Voraussetzungen des englischen Rechts gründen kann und mit seiner Gesellschaft auch dann ausschließlich dem englischen Recht unterliegt, selbst wenn er nur in Deutschland tätig werden will.

1. Auswirkungen auf das deutsche Zivilrecht?

Den ersten Fall hatte der BGH vor diesem Hintergrund im Jahr 2005 zu ent-scheiden.[63] Der Kläger wollte den Geschäftsführer und Mitgesellschafter einer englischen *limited liability company* aus offenen Rechnungen in Anspruch nehmen, nachdem der Insolvenzantrag über das Vermögen der Limited man-gels Masse abgelehnt worden war. Bei der fraglichen Limited handelte es sich um eine sog. Scheinauslandsgesellschaft mit ausschließlicher Geschäftstätig-keit an ihrem tatsächlichen Verwaltungssitz in Deutschland, bei der eine Ein-tragung in ein deutsches Handelsregister nicht erfolgt war.

War das LG Hagen noch der Auffassung gewesen, der Geschäftsführer hafte wegen Fehlens der Eintragung der Limited in einem deutschen Handelsregister als handelnder Gesellschafter-Geschäftsführer analog § 11 Abs. 2 GmbHG persönlich für die Kaufpreis- und Mietzinsverbindlichkeiten der Limited, stellte demgegenüber der BGH fest, dass es mit der Niederlassungsfreiheit der Artt. 43, 48 EGV (jetzt Artt. 49, 54 AEUV) unvereinbar sei, die wirksam gegründete und damit nach englischem Recht rechtsfähige Limited mangels Eintragung in einem deutschen Handelsregister mit einer nicht als GmbH existierenden Ge-sellschaft (vgl. § 11 Abs. 1 GmbHG) gleichzusetzen und daraus eine persönli-che Handelndenhaftung des Geschäftsführers analog § 11 Abs. 2 GmbHG abzuleiten.

Die in einem Vertragsstaat nach dessen Vorschriften wirksam gegründeten Gesellschaften seien nach der EuGH-Rechtsprechung in der Sache „Übersee-

---

61 MK-BGB/*Kindler*, IntGesR, Rn. 96 ff.
62 MK-BGB/*Kindler*, IntGesR, Rn. 5.
63 BGH NZG 2005, 508 m. Anm. *Lieder*, DZWIR 2005, 399 ff.

ring" in einem anderen Vertragsstaat unabhängig von dem Ort ihres tatsächlichen Verwaltungssitzes in der Rechtsform anzuerkennen, in der sie gegründet wurden. Aus der Anerkennung der Rechtsfähigkeit einer solchen Gesellschaft folge zugleich, dass deren Personalstatut auch in Bezug auf die Haftung für in ihrem Namen begründete rechtsgeschäftliche Verbindlichkeiten einschließlich der Frage nach einer etwaigen diesbezüglichen persönlichen Haftung ihrer Gesellschafter oder Geschäftsführer maßgeblich sei. Eine Haftung des beklagten Geschäftsführers analog § 11 Abs. 2 GmbHG für namens der Limited rechtsgeschäftlich begründete Verbindlichkeiten scheide insofern aus, da nach dem maßgeblichen englischen Recht der Geschäftsführer als Leitungsorgan – wie im deutschen GmbH-Recht – grundsätzlich nicht persönlich für solche Geschäftsverbindlichkeiten hafte.

Dagegen hat das LG Kiel im Jahr 2006 in einer Entscheidung erstmals die persönliche Haftung des Gründers einer *private limited company* bejaht.[64] Das AG Segeberg hatte in dieser Sache mit Urteil vom 24.3.2005 noch entschieden, dass sich Ansprüche von Gläubigern einer englischen Limited wegen existenzvernichtenden Eingriffs gemäß §§ 823, 826 BGB, Unterkapitalisierung und Insolvenzverschleppung gemäß §§ 13, 64 GmbHG a.F. bei Geschäftstätigkeit in Deutschland nach dem Recht des Gesellschaftsstatuts – hier also nach englischem Recht – richten würde und dies unmittelbar für Ansprüche aus existenzvernichtendem Eingriff und Unterkapitalisierung gelte, die aus diesem Grunde scheitern müssten. Das nationale Recht des sog. Zuzugsstaates sei nur ausnahmsweise bei einem Missbrauch der Niederlassungsfreiheit anwendbar.[65]

Das LG Kiel hingegen hielt den Tatbestand der Insolvenzverschleppung für anwendbar und nahm eine persönliche Haftung des Limited-Directors gegenüber den Gläubigern der Limited an. Die Insolvenzverschleppungshaftung sei von ihrem Zweck her darauf gerichtet, die Teilnahme masseloser Gesellschaften am Rechtsverkehr zu verhindern und ihre systematische Stellung im GmbHG sei lediglich historisch bedingt.[66] Auch liege keine Beeinträchtigung der gemeinschaftsrechtlichen Niederlassungsfreiheit durch die Insolvenzverschleppungshaftung vor, da Geschäftsführer von Gesellschaften nach ausländi-

---

64   LG Kiel DZWIR 2006, 390 ff.
65   AG Segeberg DZWIR 2005, 436 ff.
66   Durch die Verschiebung der Insolvenzverschleppungshaftung i.R. des MoMiG in die InsO (§ 15a InsO) wird diese Auffassung bestärkt.

schem Recht hierdurch nicht schlechter gestellt würden als Geschäftsführer einer GmbH.[67]

Schon die zivilrechtlichen Entscheidungen zeigen, dass Vorsicht geboten ist bei der Beantwortung der Frage, welchem Recht die EU-Scheinauslandsgesellschaft in Form der Limited unterliegt. So ist im vorgestellten BGH-Urteil zu erkennen, dass durch die analoge Anwendung des § 11 Abs. 1 GmbHG auf die Limited deren wirksame Gründung in ihrem Herkunftsstaat nicht anerkannt wird. Dass jedoch auch deutsche zivilrechtliche Haftungsinstitute die Limited treffen können, zeigt das Urteil des LG Kiel. Damit kann für das deutsche Zivilrecht festgestellt werden, dass die Niederlassungsfreiheit der EU-Gesellschaften nicht dazu führt, dass diese ihr gesamtes Herkunftsrecht in den Zuzugsstaat mitbringen. Die Niederlassungsfreiheit umfasst vielmehr ganz i.S. des Art. 49 Abs. 2 AEUV die Aufnahme und Ausübung selbstständiger Erwerbstätigkeiten sowie die Gründung und Leitung von Unternehmen, insbesondere von Gesellschaften, nach den Bestimmungen des Aufnahmestaats für seine eigenen Angehörigen.

2. Auswirkungen auf das deutsche Strafrecht?

Als erstes urteilendes Strafgericht hat das Amtsgericht Stuttgart[68] Ende 2007 ohne Ausführungen zur Niederlassungsfreiheit zum einen festgestellt, dass (auch) der (faktische) Geschäftsführer einer Limited nach englischem Recht tauglicher Täter eines Bankrottdelikts nach § 283 StGB ist und (auch) juristische Personen nach ausländischem Recht in den Anwendungsbereich der Vorschrift fallen. Zum zweiten, dass eine juristische Person ausländischen Rechts, die ihre faktische Hauptniederlassung (ihren Verwaltungssitz) in Deutschland hat, zur Erstellung von Bilanzen verpflichtet ist, und ihre strafrechtlich Verantwortlichen i.S.d. § 14 StGB sich bei vorsätzlichem oder fahrlässigem Verstoß gegen diese Pflicht nach § 283 Abs. 1 Nr. 7 StGB strafbar machen, wenn die übrigen Voraussetzungen der Norm gegeben sind.

Mit dem Urteil des BGH vom 13.4.2010[69] hat die Limited – allerdings in einer „exotischeren" Form, als die Entscheidung keine englische Limited betrifft,

---

67 LG Kiel DZWIR 2006, 390, 392.
68 AG Stuttgart wistra 2008, 226 mit zust. Anm. *Schumann*, 229 ff.
69 BGH ZIP 2010, 1233 mit Anm. *Schramm/Hinderer*, ZIS 2010, 494 ff.; vgl auch *Bittmann*, wistra 2010, 303 ff. und *Beckemper*, ZJS 2010, 554 ff; zu § 266 StGB näher unten 3. Kapitel.

sondern vielmehr eine solche, die auf den Britischen Jungferninseln (englisch: British Virgin Islands [BVI]) gegründet wurde – auch die höchstrichterliche Rechtsprechung erreicht. Zu beschäftigen hatte sich der BGH mit der Frage, ob grundsätzlich eine Untreue gemäß § 266 StGB zum Nachteil einer Limited vorstellbar ist und, falls dies zu bejahen ist, unter welchen Voraussetzungen dies der Fall sein kann. Der 5. Strafsenat hat hierzu in seinem Urteil zentrale Aussagen getroffen, die überwiegend Zustimmung verdienen, teilweise aber auch diskussionswürdig sind.[70] U.a. hat er die Rechtsfähigkeit auch der BVI-Limited anerkannt und desweiteren entschieden, dass auf die gesellschaftrechtlichen Regelungen des Herkunftsstaates abzustellen ist. Eine Strafbarkeit des Limited-Directors wegen § 266 StGB hat er als grundsätzlich möglich angesehen.

Nicht eingegangen ist der BGH auch hier auf die Möglichkeit, dass eine sog. (echte) Kollision[71] zwischen dem deutschen Strafrecht und dem Gemeinschaftsrecht der Artt. 49, 54 AEUV vorliegen könnte. Aufgrund des Neutralisierungsprinzips, welches sich aus dem Vorrang des Gemeinschaftsrechts ergibt, würde eine solche Kollision faktisch den Anwendungsbereich der Strafnorm bereits auf der Tatbestandsebene einschränken.[72]

Als nicht abschließend beantwortet und damit als weiterhin interessant und praktisch relevant für Geschäftsleiter solcher Ltds. wie auch für Strafrichter dürfte damit die Frage nach der strafrechtlichen Haftung der Geschäftsleiter von EU-Scheinauslandsgesellschaften gelten.

Haften die Geschäftsleiter nur nach dem Strafrecht des Gründungsstaates, oder auch nach dem Strafrecht des Zuzugsstaates? Nach beiden oder mehreren Strafrechtssystemen oder gar nach keinem?

Anders formuliert: Insbesondere für den Bereich des Strafrechts stellen sich die Fragen:

---

70 Vgl. *Schramm/Hinderer*, ZIS 2010, 494, 495 ff.
71 Grundlegend EuGHE, 1979, 646 (669) („Cassis de Dijon"); vgl. nur *Hecker*, § 9 Rn. 10 („Vorrangregel").m.w.N. und *Satzger*, S. 478 ff. („Neutralisierung deutscher Strafvorschriften").
72 Dazu eingehend unten 2. Kapitel C. II.

Gilt die Gründungstheorie auch für das Strafrecht, d.h. bringen ausländische EU-Gesellschaften ihr gesamtes im Gründungsrecht geltendes Strafrecht bzw. dessen Schutzniveau i.s. eines Maximums mit in den Zuzugsstaat? Bringen sie zumindest das gesellschaftsrechtsakzessorische Strafrecht i.s. eines Maximums mit in den Zuzugsstaat? Oder trifft sie vielmehr ohne Rücksicht auf das Strafrecht des Herkunftsstaates das gesamte im Zuzugsstaat geltende Strafrecht?

C. Staatsanwaltschaftliche Praxis bei Insolvenzstraftaten

Stehen insolvenzrechtliche Straftaten wie § 15a Abs. 4 InsO und §§ 283 ff. StGB bzw. § 266 StGB im Raum, kommt es regelmäßig aus zweierlei Gründen zur Einleitung eines staatsanwaltschaftlichen Ermittlungsverfahrens.[73] Dabei setzt jedes Einschreiten gemäß § 152 Abs. 2 StPO einen sog. Anfangsverdacht, also Anhaltspunkte für eine Straftat, voraus.[74] Zum einen dürften sich solche Anhaltspunkte aus einer Strafanzeige gemäß § 158 Abs. 1 StPO von Gläubigern (Lieferanten, Abnehmern oder sonstigen Vertragspartnern) der Limited ergeben.[75] Zum anderen kann die im Fall der Ablehnung des Eröffnungsantrags mangels Masse (§ 45 VAG, §§ 26 Abs. 1 Satz 1, 31 InsO, § 13 Abs. 1 Nr. 4 EGGVG) gemäß 3. Abschnitt IX 2 MiZi[76] erfolgende Mitteilung an die örtlich zuständige Staatsanwaltschaft Anlass zum Einschreiten geben. Allein daraus folgt zwar noch kein Anfangsverdacht für ein Insolvenzdelikt, regelmäßig wird sich die Staatsanwaltschaft nach einer solchen Mitteilung jedoch im Rahmen des in der StPO nicht gesetzlich geregelten Vorermittlungsverfahrens[77] die Insolvenzakten zusenden lassen,[78] die u.a. das insolvenzrechtliche Eröffnungsgutachten enthalten werden, aus dem sich weitere tatsächliche Hinweise auf strafbares Verhalten in der Unternehmenskrise ergeben können. Dass hingegen (bisher) *de lege lata* weder eine Mitteilungspflicht an die Staatsanwaltschaft im

---

73 Bittmann/*Bittmann*, § 1 Rn. 2 ff.; *Kienle*, GmbHR 2007, 696.
74 *Meyer-Goßner*, § 158 Rn. 4; *Volk*, § 8 Rn. 6.
75 Vgl. Wabnitz/Janovsky/*Köhler*, Kap. 7 Rn. 344; KK-StPO/*Schoreit*, § 152 Rn. 29; *Volk*, § 8 Rn. 7.
76 Anordnung über Mitteilungen in Zivilsachen (MiZi), Neufassung vom 1. Juni 1998.
77 Vgl. BGHSt 38, 227; LG Offenburg NStZ 1993, 506; Wabnitz/Janovsky/*Köhler*, Kap. 7 Rn. 346 ff.; *Meyer-Goßner*, § 163 Rn. 9; KK-StPO/*Griesbaum*, § 158 Rn. 1 und § 160 Rn. 11 („Überprüfungsverfahren").
78 Wabnitz/Janovsky/*Gürtler*, Kap. 23 Rn. 100.

Fall der Limited besteht, wenn die Abgabe einer eidesstattlichen Versicherung nach § 807 ZPO (vgl. 3. Abschnitt VI 2 Abs. 1 Nr. 1 MiZi) erfolgt ist, noch hinsichtlich des Erlasses eines Haftbefehls nach § 901 ZPO (vgl. 3. Abschnitt VI 2 Abs. 1 Nr. 2 MiZi), sondern 3. Abschnitt VI 2 Abs. 1 MiZi dem Wortlaut nach die Mitteilungspflicht vielmehr auf die AG, KGaA, GmbH und GmbH & Co. KG beschränkt, wird zu Recht von Einzelstimmen[79] kritisiert. Zustimmung verdient die Ansicht, nach der *de lege ferenda* eine Erstreckung der Mitteilungspflicht auch auf ausländische Kapitalgesellschaften erwogen werden sollte. Dringende Notwendigkeit besteht hierzu aber nicht, zumal die Auskunft darüber im Rahmen eines etwaigen Vorermittlungsverfahrens hinsichtlich einer Limited von der zuständigen Staatsanwaltschaft verlangt werden kann. Zumindest jedoch sollten die EU-Kapitalgesellschaften in den 3. Abschnitt VI 2 Abs. 1 MiZi mit aufgenommen werden, sofern nach der EuInsVO deutsche Gerichte zur Durchführung des Insolvenzverfahrens unter Anwendung des deutschen Rechts berufen sind.

Eine dritte Möglichkeit der Staatsanwaltschaft im Rahmen des Vorermittlungsverfahrens weitere tatsächliche Hinweise auf strafbares Verhalten und Informationen über englische Gesellschaften zu erlangen, stellt die Online-Abfrage[80] beim englischen *Companies House* dar. Dies ist die staatliche Behörde mit Zuständigkeit für die Inkorporierung und Auflösung von Firmen in Schottland, England und Wales, sowie für die Führung eines entsprechenden Handelsregisters. Über den sog. *WebCHeck Service* kann jedermann dort kostenlosen Zugang zu grundlegenden Angaben über mehr als 2 Mio. britischer Firmen erhalten. Detailliertere Auskünfte über bestimmte Unternehmen können außerdem gegen Gebühr angefordert werden. Im Rahmen des Ermittlungsverfahrens oder nach einer Anzeige steht der Staatsanwaltschaft als erste Informationsquelle das beim zuständigen Amtsgericht geführte Handelsregister zur Verfügung.[81] Das Einholen von Informationen bei einer ausländischen staatlichen Behörde, wie hier beim englischen *Companies House*, begegnet dabei keinen Bedenken in prozessrechtlicher Hinsicht.[82]

---

79   Vgl. *Kienle*, GmbHR 2007, 696, 697; Gesetzesinitiativen hierzu sind aber nicht ersichtlich.
80   Die Internetadresse lautet: www.companies-house.gov.uk.
81   Wabnitz/Janovsky/*Köhler*, Kap. 7 Rn. 353.
82   *Kienle*, GmbHR 2007, 696, 697; vgl. auch *Richter*, FS-Tiedemann, S. 1023 ff. speziell zu „Scheinauslandsgesellschaften" in der deutschen Strafverfolgungspraxis.

2. Kapitel: Insolvenzstraftaten (§§ 283-283d StGB)

Die Bankrottdelikte gemäß §§ 283 ff. StGB bewehren bestimmte wirtschaftlich verantwortungslose bzw. konkursträchtige und damit pflichtwidrige Verhaltensweisen in einer wirtschaftlichen Krisensituation, in die ein am Wirtschaftsverkehr Beteiligter geraten ist, sowie die Herbeiführung einer solchen Krisensituation durch pflichtwidriges Verhalten mit Strafe.[83] Über § 283 Abs. 6 StGB wird die Strafbarkeit sämtlicher Bankrotthandlungen zweifach eingeschränkt. Zum einen wird der mögliche Täterkreis festgelegt.[84] Täter des Bankrotts gemäß § 283 StGB können wegen des Absatzes 6 nur Schuldner sein – wer seine Zahlungen eingestellt hat oder gegen wen sich die Insolvenzeröffnung bzw. der abgewiesene Eröffnungsantrag richtet. Zum anderen enthält § 283 Abs. 6 StGB objektive Bedingungen der Strafbarkeit[85] als zusätzliche Voraussetzungen – diese sind namentlich entweder die Zahlungseinstellung, die Eröffnung eines Konkursverfahrens oder aber die Abweisung des Eröffnungsantrags mangels Masse.[86] § 283b Abs. 3 StGB und § 283c Abs. 3 StGB bestimmen die entsprechende Anwendung des § 283 Abs. 6 StGB. Die Schuldnerbegünstigung i.S. des § 283d StGB stellt kein Sonderdelikt dar und soll hier ausgeklammert werden.

Bei Sachverhalten, die einen Auslandsbezug aufweisen, muss im Vorfeld zunächst geprüft werden, ob nicht eine tatbestandsimmanente Beschränkung auf einen rein inländischen Rechtsgüterschutz vorliegt. Die Strafbarkeit nach einer deutschen Strafvorschrift hat grundsätzlich ferner drei weitere Voraussetzungen. Das deutsche Strafrecht muss anwendbar sein, was sich nach dem internationalen Strafrecht gemäß §§ 3 ff. StGB bestimmt. Sodann müssen die Voraussetzungen des jeweiligen Tatbestands erfüllt sein. Im Rahmen der §§ 283 ff. StGB werden dazu zunächst die für alle Tatbestandsvarianten geltenden Tatbestandsmerkmale – namentlich die Fragen, ob der Limited-Director tauglicher

---

83 S/S/*Stree/Heine*, Vor §§ 283 ff. Rn. 1.
84 S/S/*Heine*, § 283 Rn. 65; *Lackner/Kühl*, § 283 Rn. 2; MK-StGB/*Radtke*, Vor §§ 283 ff. Rn. 36.
85 So der erklärte gesetzgeberische Wille: BT-Dr. 7/3441, S. 33.
86 Vgl. *Lackner/Kühl*, § 283 Rn. 26; S/S/*Heine*, § 283 Rn. 59; MK-StGB/*Radtke*, Vor §§ 283 ff. Rn. 91.

Täter sein kann und wonach sich die Merkmale der wirtschaftlichen Krisensituation i.S. des § 283 Abs. 1 StGB sowie die objektiven Strafbarkeitsbedingungen i.S. des § 283 Abs. 6 StGB im Fall der Limited bestimmen – untersucht.

Die Bankrotthandlungen des § 283 Abs. 1 StGB sollen im vorliegenden Kontext unterteilt werden in die Nummern 1-4 und die Nummern 5-7.

Bei den einzelnen Handlungsvarianten der Vorschriften des § 283 Abs. 1 Nr. 1-4 StGB wird zunächst untersucht, ob der Director einer englischen Limited mit COMI in Deutschland den Tatbestand erfüllen kann. Da kein ungerechtfertigter Verstoß gegen das übergeordnete Verfassungs- und Europarecht vorliegen darf, schließt sich an die etwaige Feststellung einer Einschränkung der wegen des gesellschaftsrechtlichen Bezugs im Raum stehenden europarechtlich garantierten Niederlassungsfreiheit gemäß Artt. 49, 54 AEUV jeweils die Untersuchung der etwaigen Rechtfertigung dieser Einschränkung an. Dazu erfolgt insbesondere ein Vergleich der deutschen Vorschriften mit den vergleichbaren englischen Vorschriften.

Neben dem insolvenzrechtsakzessorischen „Einschlag" hinsichtlich der Tatsituation durch die Legaldefinitionen der Überschuldung oder drohender bzw. eingetretener Zahlungsunfähigkeit in der InsO, sowie hinsichtlich der objektiven Strafbarkeitsbedingungen, der Zahlungseinstellung bzw. der Eröffnung des Insolvenzverfahrens oder dessen Abweisung mangels Masse, fordern die Handlungen der Nummern 5-7 des § 283 StGB daneben zusätzlich noch eine gesetzliche Verpflichtung, Handelsbücher zu führen (Nr. 5 und Nr. 6), oder stellen ein Verhalten (aktives Tun i.S. von Nr. 7a und Unterlassen i.S. von Nr. 7 b) entgegen Handelsrecht unter Strafe. Damit ergibt sich ein weiterer außerstrafrechtlicher Bezug – hier der Verweis auf das Handelsrecht. Die Nummern 5-7 des § 283 Abs. 1 StGB werden deshalb gesondert in einem weiteren Schritt untersucht, woraufhin sich die Arbeit dem Auffangtatbestand des § 283 Abs. 1 Nr. 8 StGB zuwendet.

A. Anwendbarkeit des deutschen Strafrechts

I. Tatbestandsimmanente Beschränkung (rein inländischer Rechtsgüterschutz)

Die schutzbereichsbezogene Frage bei Sachverhalten mit Auslandsbezug, ob der einschlägige deutsche Straftatbestand eine tatbestandsimmanente Beschränkung auf einen rein inländischen Rechtgüterschutz aufweist,[87] hat logischen Vorrang vor der Frage, ob die Voraussetzungen des Tatbestandes gegeben sind und ebenso vor der Frage nach der Anwendung der §§ 3 ff. StGB.[88] Falls nämlich der Tatbestand nur den Schutz eines Rechtsgutes, welches dem inländischen Schutzbereich angehört, im Blick hat, findet er auf Taten, die nicht in diesen speziellen Schutzbereich eingreifen, selbst dann keine Anwendung, wenn im übrigen die Voraussetzungen des Tatbestands und ein Anknüpfungspunkt i.S. der §§ 3 ff. StGB gegeben wären.[89]

Für Individualrechtsgüter (Leben, Freiheit, Vermögen und Ehre) ist die Unterscheidung zwischen sog. „inländischen" Rechtsgütern, die dem betreffenden Tatbestand ohne Rücksicht auf den Tatort oder die Nationalität des Verletzten unterfallen, und sog. „ausländischen" Rechtsgütern,[90] die im Regelfall schon tatbestandlich nicht erfasst werden und daher bereits auf dieser Ebene aus dem Schutzbereich des deutschen Strafrechts herausfallen, jedoch ohne Bedeutung.[91] Diese Rechtsgüter werden unabhängig von der Staatsangehörigkeit des Rechtsgutsträgers und der Belegenheit des Rechtsguts geschützt. Die Bankrottstraftaten sind im Kern Vermögensdelikte.[92] Mitgeschützt ist neben dem Indi-

---

87 Vgl. LK-StGB/*Bubnoff*, Vor § 110 Rn. 7; *Hecker*, § 2 Rn. 5.

88 S/S/*Eser*, Vor §§ 3-7 Rn. 13; *Hecker*, § 2 Rn. 6; NK-StGB/*Lemke*, Vor §§ 3-7 Rn. 27; *Nowakowski*, JZ 1971, 634; *Oehler*, JR 1978, 382; *Schröder*, JZ 1968, 244; anders SK-StGB/*Hoyer*, Vor § 3 Rn. 31; *Schroeder*, NJW 1990, 1406; SSW-StGB/*Satzger*, Vor §§ 3-7 Rn. 7 („logisch nachgeordnet"); offen gelassen von MK-StGB/*Ambos*, Vor §§ 3-7 Rn. 89 f.

89 Vgl. BGHSt 21, 280; 29, 88; 40, 81, m. Anm. *Rengier*, JR 1996, 34.

90 Vgl. dazu SSW-StGB/*Satzger*, Vor §§ 3-7 Rn. 8; LK-StGB/*Werle/Jeßberger*, Vor §§ 3-7 Rn. 271 und 274 m.w.N.

91 BGHSt 20, 45, 51 f.; 21, 277, 281; 22, 282, 285; 29, 85, 88; MK-StGB/*Ambos*, Vor §§ 3-7 Rn. 86; *Fischer*, Vor §§ 3-7 Rn. 5; LK-StGB/*Werle/Jeßberger*, Vor §§ 3-7 Rn. 276.

92 BGH NJW 2001, 1874 m. Anm. *Krause*, NStZ 2002, 42; OLG Karlsruhe NStZ 1985, 317; M-G/B/*Bieneck*, § 77 Rn. 1 („in erster Linie"); *Krüger*, wistra 2002, S. 52; SK-StGB/*Hoyer*, Vor § 283 Rn. 3; *Lackner/Kühl*, § 283 Rn. 1; MK-StGB/*Radtke*, Vor §§ 283 ff. Rn. 8; S/S/*Stree/Heine*, Vor § 283 Rn. 2.

vidualrechtsgut „Vermögen" auch die (deutsche) Gesamtwirtschaft, die in der Regel durch Insolvenzstraftaten mitbetroffen ist.[93]

Da keine tatbestandsimmanente Beschränkung der Insolvenzstraftaten auf einen rein inländischen Rechtsgüterschutz vorliegt, ist die Anwendung der Insolvenzstraftaten bei Auslandsbezügen nicht schon von vornherein grundsätzlich ausgeschlossen.

II. Anwendbarkeit gemäß §§ 3 ff. StGB

Dass deutsche Strafvorschriften generell nicht zur Anwendung auf Geschäftsleiter von in Deutschland ansässigen Limiteds gelangen sollten, lässt sich nicht ersehen. Ob auf einen Lebenssachverhalt mit Auslandsbezug das deutsche Strafrecht Anwendung findet oder nicht, ergibt sich aus den §§ 3-7 StGB. Diese stellen innerstaatliches Strafanwendungs-, Strafgewalts- bzw. Geltungsbereichsrecht dar. Sie sind einseitige Kollisionsnormen, da sie nicht die Anwendung ausländischen Strafrechts vorsehen, sondern nur den Umfang der innerstaatlichen Strafgewalt dadurch festlegen,[94] dass sie den Anwendungsbereich deutschen Strafrechts für Taten, die Beziehungen zum Ausland aufweisen, begrenzen.[95]

Sollte die Tathandlung im Inland begangen worden sein, folgt die Anwendung des deutschen Strafrechts bereits aus § 3 StGB. Dieser verwirklicht den sog. Gebietsgrundsatz (auch Territorialgrundsatz genannt) als Hauptprinzip des internationalen Strafrechts.[96] Er beschränkt die Geltung des Strafrechts auf das Staatsgebiet und damit auf solche Taten, die innerhalb des Raumes begangen werden, der staatlicher Souveränität unterliegt.

Wo die Tat begangen ist, bestimmt sich nach § 9 StGB. Der Tätigkeitsort (Abs. 1 Alt. 1) ist überall dort gegeben, wo der Täter gehandelt, d.h. wo er eine Tätigkeit vorgenommen hat, die auf die Tatbestandsverwirklichung gerichtet

---

93 H.M. zum bisherigen Recht; Bittmann/*Bittmann*, § 12 Rn. 25; S/S/*Stree/Heine*, Vor § 283 Rn. 2; a.M. SK-StGB/*Hoyer*, Vor § 283 Rn. 6; LK-StGB/*Tiedemann*, Vor § 283 Rn. 54.
94 *Jescheck/Weigend*, AT, S. 163; a.M. NK-StGB/*Lemke*, Vor §§ 3-7 Rn. 1, der die §§ 3-9 StGB als deutsches Recht i.S. eines konstitutiven Teils der primären Strafrechtsnorm sieht.
95 *Lackner/Kühl*, Vor §§ 3-7 Rn. 1; *Makarov*, Kern-FS, S. 253, 257; SSW-StGB/*Satzger*, Vor §§ 3-7 Rn. 1.
96 H.M.; *Lackner/Kühl*, § 3 Rn. 1; SSW-StGB/*Satzger*, § 3 Rn. 1; zusf. vgl. nur *Walter*, JuS 2006, 870, 871.

ist,[97] und dort, wo sich der Erfolg dieser Handlung realisiert.[98] Tatort ist also ferner der Erfolgsort (Abs. 1 Var. 3). Das Gesetz hebt dafür auf den „zum Tatbestand gehörenden Erfolg" ab, womit grundsätzlich nur der im Tatbestand vorausgesetzte Erfolg gemeint ist.[99]

In der hier interessierenden Konstellation der Scheinauslandsgesellschaft, also der Gründung einer Limited und dem Tätigwerden einer solchen englischen Gesellschaft über eine Zweigniederlassung in Deutschland, die tatsächlich als faktischer Verwaltungssitz fungiert, dürfte der Tatort der Handlungsvarianten des § 283 Abs. 1 Nr. 1-4 StGB regelmäßig in Deutschland liegen, was eine grundsätzliche Anwendbarkeit der deutschen Strafrechtsnormen nach sich zöge. Schwierigkeiten dürften sich allenfalls dann ergeben, wenn die Limited ihre Geschäftstätigkeit ohne Lokalisierung im deutschen Inland vom Ausland her über Telefon oder Internet betreibt. Diese in der Praxis bedeutsame Möglichkeit für den Geschäftsverkehr von *real-foreign companies* dürfte jedoch im Falle der Scheinauslandsgesellschaften, der *pseudo-foreign companies* keine Rolle spielen. Denn dass der deutsche Staatsbürger eine englische Limited gründet und dann konsequent nur aus England Geschäfte mit Deutschen abschließt, dürfte praktisch kaum realisierbar sein und deshalb auch nicht die gängige Praxis widerspiegeln. Für diese Konstellationen ist darauf abzustellen, in welchen Fällen eine Anwendung des deutschen Strafrechts überhaupt erforderlich und geboten scheint. Das kann nur die Fälle betreffen in denen deutsche Gläubiger geschädigt werden könnten. Dann aber wäre wiederum der Erfolgsort Deutschland und eine Anwendbarkeit des deutschen Strafrechts würde sich daraus ergeben.

Auch beim Verstoß gegen das Handelsrecht i.S. der §§ 283 Abs. 1 Nr. 5-7, 283b Abs. 1 Nr. 1-3 StGB ergeben sich keine Schwierigkeiten hinsichtlich der Anwendbarkeit des deutschen Strafrechts. Insbesondere beim Verstoß gegen das Handelsrecht durch Unterlassen ist i.S. des § 9 Abs. 1 Var. 2 StGB der Ort als Handlungsort zu sehen, an dem der Täter „hätte handeln müssen", womit sämtliche Orte erfasst wären, an denen sich der Unterlassungstäter während der Dauer seiner Handlungs- oder Erfolgsabwendungspflicht aufhält – der „Aufenthaltsort" ist für den Director einer Scheinauslandsgesellschaft in Form der

---

97   In diesem streng „naturalistischen" Sinn *Heinrich*, FS-Weber, S. 101, 108.
98   S/S/*Eser*, § 9 Rn. 4.
99   BGHSt 44, 52; NJW 2006, 1984 mit zust. Bespr. *Marxen/Taschner*, EWiR 2006, 509; AG Bremen NStZ-RR 2005, 87; *Hilgendorf*, ZStW 113 (2001), 650, 661, 669.

28

Limited mit COMI in Deutschland das deutsche Inland – und an denen er die gebotene Handlung hätte vornehmen können und müssen – den „Vornahmeort" stellt England dar.[100]

B. Allgemeine Tatbestandsvoraussetzungen der §§ 283 ff. StGB

I. Taugliche Täter

Aus § 283 Abs. 6 StGB ergibt sich, dass als Täter des Bankrotts nur Schuldner in Betracht kommen („wer seine Zahlungen eingestellt hat oder gegen den sich die Insolvenzeröffnung bzw. der abgewiesene Eröffnungsantrag richtet"). Es handelt sich bei § 283 StGB damit um ein echtes Sonderdelikt.[101] Schuldner sind Personen, die einem anderen, gleich aus welchem Rechtsgrund, zu einer vermögenswerten Leistung oder zur Duldung einer Zwangsvollstreckung ver-pflichtet sind,[102] die also in einer rechtlichen Forderungsbeziehung[103] zum Gläubiger eines Anspruchs i.S. des § 194 BGB stehen, § 241 Abs. 1 BGB.[104] Schuldner in der hier zu betrachtenden Konstellation ist zunächst die Limited als inkorporierte Gesellschaft, die mit ihrem Vermögen für ihre Verbindlichkei-ten haftet.

Die Gesellschafter, die sog. *members*, der Limited haften bei einer entspre-chenden Erklärung grundsätzlich nur beschränkt auf ihre Einlage und sind damit in der Regel keine persönlichen Schuldner für die Verbindlichkeiten der Gesellschaft. Das bisherige *memorandum* sah Angaben zur Firma, zum Sitz, zum Unternehmensgegenstand, zur Haftungsbeschränkung und zur Kapital-klausel vor. Seit dem 1. Oktober 2009 werden diese Angaben Teil der *articles* der Limited und damit Bestandteil der *constitution* i.S. der Sec. 17 ff. CA 2006,

---

100 Vgl. dazu MK-StGB/*Ambos/Ruegenberg*, § 9 Rn. 14 und SSW-StGB/*Satzger*, § 9 Rn. 3; beide m.w.N.

101 *Lackner/Kühl*, § 283 Rn. 2 und Vor § 13 Rn. 33; vgl. auch SSW-StGB/*Bosch*, § 283 Rn. 41; M-G/B/*Bieneck*, § 77 Rn. 1; S/S/*Heine*, § 283 Rn. 65.

102 SK-StGB/*Hoyer*, Vor § 283 Rn. 7; LK-StGB/*Tiedemann*, Vor § 283 Rn. 60, beide m.w.N.

103 „Juris vinculum" i.S. der römischrechtlichen Definition: „*obligatio est iuris vinculum, quo necessitate adstringimur alicuius solvendae rei secundum nostrae civitatis iura.*"; übersetzt: Die Forderung ist ein rechtliches Band, durch welches wir unter Zwang verpflichtet werden, etwas zu leisten gemäß den Rechtsregeln unseres Gemeinwesens.

104 MK-BGB/*Kramer*, § 241 Rn. 13.

die nunmehr bereits im Antragsformular (*registration documents*) enthalten sind, Sec. 9 (2) (c) CA 2006.[105] Mit Erteilung des *certificate of incorporation* beschränkt sich die Haftung auf die Einlage. Die *members* sind damit durch den oben erläuterten sog. Schleier der Rechtspersönlichkeit, *veil of incorporation*, geschützt.

Auch der Director einer Limited haftet grundsätzlich nicht für deren Verbindlichkeiten und ist damit ebensowenig Schuldner wie z.B. der Geschäftsführer einer GmbH, § 13 Abs. 1 und Abs. 2 GmbHG. Damit würde auch der Director nicht als tauglicher Täter eines Bankrottdelikts in Betracht kommen.

In strafrechtlicher Hinsicht scheidet jedoch ebenfalls die juristische Person Limited als Täter aus, weil die Strafdrohungen des deutschen Kriminalrechts sich allgemein nicht gegen sie richten.[106] Das wurde insbesondere auf dem 40. Deutschen Juristentag 1953 diskutiert, der zum Ergebnis der Großen Strafrechtskommission und des Sonderausschusses für die Strafrechtsreform führte, dass juristischen Personen sowohl Handlungs-, Schuld- als auch Straffähigkeit fehlen.[107] Auch trifft die juristische Person nach deutschem Recht keine strafrechtliche Verantwortlichkeit für Handlungen ihrer Organe bzw. Vertreter.[108] Täter und Teilnehmer einer Straftat können nur natürliche Personen sein, deren Strafbarkeit grundsätzlich davon abhängt, ob sie in ihrer Person die gesetzlichen Voraussetzungen erfüllen.

Begeht der Director als Vertreter der juristischen Person Limited eine i.S. des § 283 Abs. 1 StGB tatbestandsmäßige Handlung, so könnte nach bisher Gesagtem also weder er noch die vertretene Limited nach dem deutschem Straftatbestand zur Verantwortung gezogen werden: der Director nicht, weil er nicht die erforderliche Schuldner-Qualifikation besitzt, die Limited nicht, weil sie nicht gehandelt hat bzw. ihr (auch) die Schuld- sowie Straffähigkeit fehlt.

Da die Schuldnereigenschaft jedoch ein besonderes persönliches Merkmal nach § 14 StGB ist,[109] können auch diejenigen, die „für einen anderen han-

---

105 Vgl. dazu *Just*, Rn. 91 ff.
106 RGZ 16, 121, 132; 34, 373, 377 ff.; vgl. Sandrock/Wetzler/*Hoffmann*, S. 248; *Lackner/Kühl*, § 14 Rn. 1a; S/S/*Perron*, § 14 Rn. 1; MK-StGB/*Radtke*, § 14 Rn. 124; *Schmidt*, S. 281; *Worm*, S. 60.
107 Vgl. *Jescheck/Weigend*, S. 225, 227 ff. m.w.N.
108 Vgl. zur Diskussion über eine Verbands-(Unternehmens-)Haftung in der Literatur die Nachweise bei *Lackner/Kühl*, § 14 Rn. 1a, sowie MK-StGB/*Radtke*, § 14 Rn. 124-136.
109 Vgl. *Bruns*, GA 1982, 1, 13; SK-StGB/*Hoyer*, § 14 Rn. 27; NK-StGB/*Marxen*, § 14 Rn. 24; S/S/*Perron*, § 14 Rn. 8; MK-StGB/*Radtke*, § 14 Rn. 49.

deln", nach den Maßgaben des § 14 StGB Täter sein.[110] § 14 StGB soll insoweit eine „lückenschließende" Funktion haben und wird auch als „Tatbestandsergänzungsvorschrift" gesehen.[111] Für die sog. Unternehmenskriminalität hat sich wegen der ansonsten entstehenden Strafbarkeitslücken die Vorschrift des § 14 StGB als absolut notwendig und unabdingbar erwiesen. Für die Strafbarkeit des Directors einer Limited müsste sich demnach das Merkmal der Schuldnereigenschaft auf diesen gemäß § 14 StGB überwälzen lassen.

Der Großteil der Literatur[112] und auch die bisherige Rechtsprechung[113] hat bei der Frage nach der Überwälzung der Schuldnereigenschaft auf § 14 Abs. 1 Nr. 1 StGB abgestellt, also auf die sog. „echte" Organhaftung, welche in § 14 Abs. 1 Nr. 1 StGB für die echten Sonderdelikte geregelt wird. Die Vorschrift erstreckt den Anwendungsbereich solcher Tatbestände, die sich an bestimmte Normadressaten richten, auch auf bestimmte Vertreter, soweit der eigentliche Normadressat seine Aufgaben und Pflichten nicht selbst wahrnimmt oder wahrnehmen kann und deshalb andere stellvertretend für ihn handeln.[114] Nach § 14 Abs. 1 Nr. 1 StGB ist ein Gesetz, nach dem besondere persönliche Eigenschaften, Verhältnisse oder Umstände die Strafbarkeit begründen, auch auf den Vertreter anzuwenden, wenn diese Merkmale zwar nicht bei ihm, aber bei dem Vertretenen vorliegen, sofern der Vertreter als vertretungsberechtigtes Organ einer juristischen Person oder als Mitglied eines solchen Organs handelt. Wäre also der Director vertretungsberechtigtes Organ der Limited, käme er grundsätzlich als Täter der §§ 283 ff. StGB in Betracht, auch wenn Schuldner nur die Limited ist. Die Anwendung des § 14 Abs. 1 Nr. 1 StGB auf den Director einer Limited begegnet jedoch nicht unerheblichen Bedenken.

Bereits an dieser Stelle ist jedoch festzuhalten, dass die Beantwortung der Frage nach der Anwendbarkeit des § 14 Abs. 1 Nr. 1 StGB nur eine geringe praktische Auswirkung hat. Denn wer die Anwendung des § 14 Abs. 1 Nr. 1 StGB ablehnt, kann jedenfalls auf die „Vertreterhaftung" gemäß § 14 Abs. 2 Nr. 1 StGB zurückgreifen.

---

110 *Lackner/Kühl*, § 14 Rn. 2-15.
111 *Bruns*, GA 1982, 1, 8 ff.; vgl. aber auch SK-StGB/*Hoyer*, § 14 Rn. 4 ff.; NK-StGB/*Marxen*, § 14 Rn. 6; MK-StGB/*Radtke*, § 14 Rn. 1, 11 ff.; KK-OWiG/*Rogall*, § 9 Rn. 7 ff.
112 *Gross/Schork*, NZI 2006, 10, 15; *Rönnau*, ZGR 2005, 832, 842; *Worm*, S. 61; krit. schon Sandrock/Wetzler/*Hoffmann*, 227, 249; ungenau jedoch *Spindler/Berner*, RIW 2004, 7, 15.
113 Soweit ersichtlich bisher nur das AG Stuttgart wistra 2008, 226 m. zust. Anm. *Schumann*.
114 *Lackner/Kühl*, § 14 Rn. 1; S/S/*Perron*, § 14 Rn. 1.

§ 14 Abs. 2 StGB erweitert den Kreis der Normadressaten auf bestimmte Vertreter in Betrieben (S. 1) und Unternehmen (S. 2), die entweder beauftragt worden sind, den Betrieb ganz oder zum Teil zu leiten, oder in eigener Verantwortung Aufgaben wahrzunehmen, die dem Inhaber des Betriebs obliegen. Liegt das besondere persönliche Merkmal nun zwar bei dem Betriebs- bzw. Unternehmensinhaber, nicht aber bei dem Vertreter vor, kann über § 14 Abs. 2 S. 1, 2 StGB eine Überwälzung des entsprechenden Merkmals erfolgen. Mit der Betriebsleitung beauftragt i.S. des § 14 Abs. 2 S. 1 Nr. 1 StGB ist, wem die Geschäftsführung so übertragen wurde, dass er selbständig und verantwortlich für den Betriebsinhaber handelt. Unter teilweiser Leitung ist die Leitung eines räumlich selbständigen Betriebsteils, wie z.B. einer Zweigniederlassung zu verstehen.[115] Eine selbständige Wahrnehmung des Aufgabenbereichs in eigener Verantwortung setzt mindestens eine Entscheidungsbefugnis mit einem gewissen Bewegungsspielraum voraus. Auch § 14 Abs. 2 StGB setzt eine rechtswirksame Begründung des Vertretungs- bzw. Auftragsverhältnisses voraus.[116]

1. Organ- oder Vertreterhaftung, § 14 StGB

Vor dem Hintergrund des Art. 103 Abs. 2 GG stellt sich die Frage, ob der Director einer Limited nun als Organ derselben bezeichnet und so behandelt werden darf, oder ob dies nicht einen Verstoß gegen das Analogieverbot darstellt. Es muss geklärt werden, ob hinter dem Begriff „Organ" i.S. des § 14 Abs. 1 Nr. 1 StGB der Organbegriff des Gesellschaftsrechts steht, oder ob „Organ" vielmehr losgelöst vom Gesellschaftsrecht als Person zu verstehen ist, die „hinter der juristischen Person steht".[117]

Die Unzulässigkeit der *analogia in malam partem* ist unbestritten. Problematisch ist aber, wie weit die Auslegung einer Regelung bzw. eines Begriffs gehen darf. Die Auslegung einer Regelung bzw. eines Begriffs, auch die extensive,[118] wird vom Analogieverbot nicht berührt, selbst wenn sie sich zum Nachteil des Täters auswirkt.[119] Ihre Grenze findet jedoch auch die extensive Auslegung, wegen des Grundsatzes *nullum crimen sine lege scripta*, an der sog.

---

115 BGH MDR 1990, 41; *Lackner/Kühl*, § 13 Rn. 3; S/S/*Perron*, § 14 Rn. 32; jeweils m.w.N.
116 S/S/*Perron*, § 14 Rn. 27.
117 Vgl. *Worm*, S. 63.
118 BVerfG wistra 2004, 99: „gerade bei eindeutigem Normzweck".
119 BVerfG NJW 1982, 1512; BGHSt 6, 131.

Wortlautschranke, die durch den äußerst möglichen umgangssprachlichen Wortsinn gebildet wird.[120] Die Reichweite der möglichen Auslegung begrenzt danach also die Reichweite des Analogieverbots. Unstreitig sind die Grenzen zwischen erlaubter Auslegung und verbotener Analogie schwer zu bestimmen.[121] Die Rechtswissenschaft bedient sich verschiedenster Methoden und Hilfsmittel, um den Bedeutungsumfang eines Begriffs, der im Gesetz verwendet wird, einzuengen bzw. auszuweiten. Die Frage nach der Methode der Auslegung ist somit vor der Frage, ob eine unzulässige Analogie vorliegt, zu beantworten. Dabei soll und kann eine umfassende Erörterung der juristischen Methodenlehre hier nicht geleistet werden. Stattdessen ist auf die vornehmlich verwendeten Auslegungsmethoden, die sog. grammatische Auslegung, die auf den Wortlaut abstellt, die sog. systematische Auslegung, die auf die Gesetzes- bzw. Rechtssystematik abstellt, ferner die sog. historische Auslegung sowie die sog. objektiv-teleologische Auslegung einzugehen. Im Internationalen Privatrecht ist außerdem für Sachverhalte mit Auslandsbezug die Figur der sog. Substitution entwickelt worden.

Jede Auslegung beginnt beim Wortlaut.[122] Dieser wird anhand des Sprachgebrauchs ermittelt. Die Grenze einer jeden Auslegung soll sich nach allgemeiner Meinung jedoch auch wieder beim Wortlaut finden.[123] Der noch mögliche Wortsinn bildet also die Grenze der Auslegung.[124] Dabei spielt sowohl die Alltags- als auch die jeweilige Fachsprache eine Rolle. In der Praxis haben die Gerichte bisher – oft unter Hinweis auf die *ratio legis* – den „noch möglichen" Wortsinn recht weit gefasst.

---

120 H.M.; vgl u.a. BVerfGE 71, 108, 114; 75, 329; 87, 209, 224; 92, 1, 12; 105, 135, 157; NJW 1995, 2776; 2003, 1030; 2005, 2140, 2141; 2006, 2684, 2685 und 3050; BGHSt 4, 144, 148; 43, 237; NJW 1996, 2663; 2006, 1890, 1891; aus der Lit.: *Krey*, ZStW 101 (1989), 838, 842; *Roxin*, AT I § 5 Rn. 26-44; anders *Herzberg*, GA 1997, 251, 252; krit. *Kudlich/Christensen*, JA 2004, 74, 81; vgl. auch NK-StGB/*Hassemer/Kargl*, § 1 Rn. 82.

121 *Lackner/Kühl*, § 1 Rn. 7; S/S/*Eser*, § 1 Rn. 55.

122 BGHSt 3, 262; 14, 118; 18, 152; 19, 307; *Jescheck/Weigend*, S. 159 f.; S/S/*Eser*, § 1 Rn. 37; *Zippelius*, 17, 1976, 151.

123 Richtigerweise stellt *Weber* in *Baumann/Weber/Mitsch*, § 9 Rn. 84 Fn. 111 fest, dass die Feststellung des Wortlauts wiederum analog erfolgt, da sich die mögliche Wortbedeutung nicht im Wege einer rein philologischen Erkenntnis gewinnen lässt, sondern zur Feststellung des Regelungsrahmens, d.h. der Grenzen der Auslegung, auf die Natur der zu regelnden Sache sowie auf den Zusammenhang der Vorschrift im jeweils betroffenen Rechtssystem abzustellen sei.

124 Vgl. BVerfGE 92, 1, 12; S/S/*Eser*, § 1 Rn. 7; *Baumann/Weber/Mitsch*, § 9 Rn. 84.

Die Frage, ob sich nun der Director als Organ verstehen lassen kann, kann man zunächst mit dem (gesellschafts-)rechtlich besetzten Wortlaut zu beantworten versuchen, oder auf das allgemeinsprachliche, weitere Verständnis des Begriffs des „Organs" abstellen. Für ein solches weites Verständnis könnte zunächst die Überschrift des § 14 StGB („Handeln für einen anderen") sowie der Wortlaut des § 14 Abs. 1 StGB sprechen. Den Begriff „Vertreter" könnte man als Oberbegriff für die drei Untergruppen Nr. 1-3 verstehen ([…] auch auf den Vertreter anzuwenden, wenn diese Merkmale zwar nicht bei ihm, aber bei dem Vertretenen vorliegen). Erfasst von § 14 Abs. 1 Nr. 1 StGB könnte man somit nicht nur die im AktG und im GmbHG verankerten Institutionen bei körperschaftlich strukturierten juristischen Personen sehen, sondern allgemeiner alle Personen auf der Leitungsebene von Betrieben und Unternehmen.[125]

Diesem Wortlaut-Argument ist jedoch entgegenzuhalten, dass § 14 Abs. 1 StGB mit den Nummern 1-3 abschließenden Charakter hat. Die Nummern 1-3 sind nicht als Beispiele für den „Vertreter" zu sehen, so wie dies im Bereich des Besonderen Teils des StGB eine häufig zu findende Regelungstechnik ist.[126] Damit kann nicht „nur" auf den Begriff des Vertreters in § 14 Abs. 1 StGB abgestellt und damit ausgeblendet werden, dass die Vorschrift vom Vertreter spricht, der Organ einer juristischen Person oder Mitglied eines solchen Organs, Gesellschafter einer rechtsfähigen Personengesellschaft oder gesetzlicher Vertreter eines anderen ist. Der Begriff „vertretungsberechtigt" hat damit hier lediglich die Klarstellungsfunktion, dass die Organe gemeint sind, die zur Führung der Geschäfte der juristischen Person nach außen und innen bestellt sind. Nicht gemeint sind die anderen nicht „vertretungsberechtigten" Organe der juristischen Person, wie z.B. für die GmbH die Mitgliederversammlung oder der Aufsichtsrat einer AG.[127]

Zuzugeben ist, dass der Director einer Limited sowohl im allgemeinen deutschen Sprachgebrauch als auch in der juristischen deutschen – mittlerweile findet sich der Begriff des *Organs* auch in der englischen –[128] Fachliteratur

---

125 MK-StGB/*Radtke*, § 14 Rn. 3; *Worm*, S. 64.
126 Zu denken ist etwa an die Vorschrift § 224 I Nr. 2 StGB, bei der die Waffe ein Beispiel des gefährlichen Werkzeugs darstellt. Auch die niedrigen Beweggründe in § 211 StGB werden gesetzestechnisch so geregelt.
127 S/S/*Perron*, § 14 Rn. 16, 17.
128 Vgl. nur *Sealy/Worthington*, S. 241.

häufig als Organ bezeichnet wird.[129] Dasselbe gilt für einen Teil der (bisher nur zivilrechtlichen) Rechtsprechung, in welcher der Director als Organ bezeichnet und als ein solches (in zivilrechtlicher Hinsicht) behandelt wird.[130]

Nach der in Deutschland herrschenden „Organtheorie" folgt aus der Rechtsfähigkeit des Verbandes, dass der Verband wie eine natürliche Person durch willkürlich ausgewählte Bevollmächtigte, Besitzdiener und Gehilfen für sich handeln lassen kann. Darüber hinaus muss er aber auch (durch seine Organe) in der Lage sein, selbst verantwortlich zu sein, um die Frage der Eigenzurechnung zu beantworten, auf die jeder Drittzurechnungsfall zurückführt.[131] Das Zurechnungsverhältnis zwischen den vertretenden Organen und dem Verband unterscheidet sich qualitativ vom Zurechnungsverhältnis zwischen Vertretern ohne Organstellung und dem Verband.[132] Das spiegelt den umfassenden rechtsdogmatischen Streit zwischen „Organtheorie" auf der einen Seite und „Vertretertheorie" auf der anderen Seite wider, welcher das „organisationsrechtliche Spiegelbild" des grundsätzlichen Streits des 19. Jahrhunderts um die Theorie der juristischen Person darstellt.[133] Nach der „Vertretertheorie", welche auf *Friedrich Carl von Savigny* zurückgeht, fehlt der juristischen Person die Fähigkeit zum Wollen und Handeln. Nach *Savigny* setzen „Handlungen [...] ein denkendes und wollendes Wesen, einen einzelnen Menschen voraus...".[134] Dagegen gehen die Vertreter der „Organtheorie" – resultierend aus der Forderung nach der Haftung der juristischen Person für unerlaubte Handlungen ihrer verfassungsmäßigen Vertreter – davon aus, dass der Verband selbst über seine Organe Willens- und Handlungsträger ist.[135] Die Basis für diese Zurechnungslehre wurde durch die sog. „Genossenschaftslehre" geschaffen.[136] Als deren Hauptrepräsentant vertrat *Otto von Gierke* in seinem Werk „Die Genossenschaftstheorie und die deutsche Rechtsprechung" aus dem Jahr 1887 die Auffassung, dass die Willens- und Handlungsfähigkeit der Körperschaft „eine in

---

129 Statt aller, die den Director als Organ bezeichnen: *Gross/Schorck*, NZI 2006, 10, 15; *Heinz*, § 6 Rn. 1; *Eidenmüller/Rehm*, § 10 Rn. 52; *Rönnau*, ZGR 2005, 832, 844; alle m.w.N.
130 BGH NJW 2005, 1648, 1649 („Leitungsorgan"); OLG München NJW-RR 2006, 1042, 1043 („Organ").
131 Vgl. mit Beispielen hierfür *Schmidt*, S. 247 f.
132 Vgl. *Schmidt*, S. 248.
133 Vgl. *Schmidt*, S. 250; vgl. auch LK-StGB/*Schünemann*, § 14 Rn. 2 Fn. 7.
134 *Savigny*, § 90 S. 282.
135 *Hilpert*, S. 78; *Schmidt*, S. 250.
136 Dazu ausführlich *Schmidt*, S. 187 ff. m.w.N.

und mit ihrer Persönlichkeit gegebene Wirklichkeit" sei. Die Organe handelten danach nicht als Dritte für die juristische Person, sondern vielmehr sei ihr Wollen und Handeln dasjenige der juristischen Person. Nach heute herrschender Meinung ist die deutsche GmbH als Willens- und Wirkungseinheit in dem Umfang fähig, Rechte und Pflichten zu begründen, in dem sie diese tragen kann,[137] so dass das Handeln der Verbandsorgane dem Verband als Eigenhandeln zuzurechnen ist, ohne dass er dabei aber rechtsethisch verantwortlich im natürlichen Sinn handeln würde.[138]

Die Directors sind als *agents* beauftragt, den Betrieb ganz oder zum Teil zu leiten. Das ergibt sich aus CA 2006 Table A, article 70. Danach steht den Directors die Geschäftsleitung der Limited zu. Wie das Handeln der *agents* als Vertreter der zuordnungsrechtlich selbständigen Einheit Limited dogmatisch zu bewerten ist, ist fraglich. Eine dem deutschen Streit um die Theorie der juristischen Person vergleichbare Diskussion findet sich in England nicht. Daher muss die Frage anhand des praktischen Umgangs des englischen Rechts mit den Vertretern der Gesellschaft entschieden werden. Gänzlich fremd ist dem englischen Recht der Organbegriff. Zwar findet sich auch in der englischen Rechtssprache und in der englischen Fachliteratur der Begriff des *organs*, v.a. des Handelns eines sog. *primary organs*,[139] das englische Verständnis des gesellschaftlichen Eigenhandelns ist jedoch keineswegs von einer „Organtheorie" im Sinne einer dogmatischen Grundkonzeption geprägt.[140] Die zentrale Frage: „[…] *which people in which circumstances can be regarded as having acted as the company?*",[141] wird nicht anhand allgemeiner dogmatischer Konzeptionen gelöst, sondern nach den allgemeinen *agency*- oder *trust*-Grundsätzen sowie über die Heranziehung der Elemente der sog. Fiktionstheorie[142] zur Willens-, Wissens- und Handlungszurechnung. Im Sinne der sog. Mandatstheorie ist der Director Treuhänder (*trustee*), der das Vermögen der Gesellschaft kontrolliert und in deren Interesse er Befugnisse ausübt.[143] Der Director vertritt die Limited lediglich. Durch sein Handeln wird die Limited zwar wirksam verpflichtet bzw.

---

137 *Kübler/Assmann*, S. 29.
138 Vgl. *Schmidt*, S. 253 m.w.N.
139 *Hilpert*, S. 82; *Davies*, S. 129.
140 *Hilpert*, S. 83.
141 *Davies*, S. 174; *Hilpert*, S. 83.
142 Vgl. die Darstellung der Haupttheorien im 19. Jahrhundert bei MK-BGB/*Reuter*, Vorbem. Rn. 1.
143 *Just*, Rn. 161.

kann Rechte begründen, eine Zurechnung als Eigenhandeln der *company* sieht die englische Konzeption jedoch nicht vor. Damit wäre der Director in seiner *agent*-Funktion zwar als Vertreter der Limited, nicht aber als deren vertretungsberechtigtes und vertretendes Organ zu sehen.

Da es sich bei § 14 StGB um eine Vorschrift des Allgemeinen Teils des StGB handelt, könnte man jedoch unter Heranziehung einer systematischen Auslegungsmethode zu einer weiteren autonomen Auslegung der Vorschrift gelangen. Zunächst ist festzustellen, dass dem Strafrichter im Bereich des Allgemeinen Teils des StGB ein größerer Spielraum eröffnet sein muss als bei der Interpretation der Straftatbestände des Besonderen Teils des StGB, die jeweils die Beschreibung eines missbilligten Normwiderspruchs enthalten, gleichzeitig aber eine Rechtsfolge direkt anordnen. Das ist dem Umstand geschuldet, dass im Rahmen des Allgemeinen Teils des StGB viele Streitfragen vom Gesetzgeber bewusst der Klärung durch Lehre und Rechtsprechung überlassen worden sind, da eine abschließende Regelung nicht möglich ist. Dem ist aber entgegenzuhalten, dass das Analogieverbot nach h.M. für das gesamte materielle Strafrecht und damit auch für den Allgemeinen Teil des StGB gilt.[144] Für eine Abweichung von diesem Prinzip im Bereich des Allgemeinen Teils des StGB[145] ist indes kein überzeugender Grund ersichtlich.[146]

Als schlagendes Argument ist vielmehr anzuführen, dass sich der Organbegriff evident auch in der Gemeinschaft durchgesetzt hat und insofern weit zu interpretieren ist.[147]

Dabei darf freilich auch eine gemeinschaftsrechtskonforme bzw. EG-richtlinienkonforme Auslegung nicht gegen das Analogieverbot gemäß Art. 103 Abs. 2 GG, § 1 StGB verstoßen. Für den Bereich des Strafrechts stellt sich schon die Frage, ob das Institut der gemeinschaftsrechtskonformen Auslegung überhaupt Bedeutung erlangen kann, bzw. welche Grenzen durch die strafrechtlichen Besonderheiten gezogen werden müssen.[148] Eine sog. „strafbar-

---

144 BGHSt 42, 158, 161; LK-StGB/*Dannecker*, § 1 Rn. 254; NK-StGB/*Hassemer/Kargl*, § 1 Rn 72.
145 LK-StGB/*Tröndle*, 10. Aufl., § 1 Rn. 38; vgl. auch *Schmitt*, Jescheck-FS I, S. 231 f.: „Zulässigkeit der Gesetzesanalogie", wonach also auch für den Täter nachteilige Entscheidungen materiell-strafrechtlicher Art im Wege der Analogie getroffen werden könnten.
146 H.M.; expl. BGHSt 42, 158 und 235; aus der Lit.: S/S/*Eser*, § 1 Rn. 26; NK-StGB/*Hassemer/Kargl*, § 1 Rn. 72; *Lackner/Kühl*, § 1 Rn. 5; MK-StGB/*Schmitz*, § 1 Rn. 13.
147 *Weiß*, S. 158, 159; *Worm*, S. 65.
148 Vgl. nur *Ambos*, S. 42; *Hecker*, S. 344; *Satzger*, S. 538.

keitserweiternde" gemeinschaftsrechtskonforme Auslegung, bei der im Lichte des Gemeinschaftsrechts das Strafgesetz zu Ungunsten des Beschuldigten neu interpretiert wird, halten einige Stimmen in der Literatur[149] für grundsätzlich unzulässig. Zum einen könne darin ein Verstoß gegen das Bestimmtheitsgebot und gegen den Parlamentsvorbehalt gemäß Art. 103 Abs. 2 GG gesehen werden. Aber auch der allgemeine Rechtsgrundsatz der Rechtssicherheit werde missachtet, da das EU-Recht im Ergebnis faktisch unmittelbar zu Lasten des Einzelnen im Staat-Bürger-Verhältnis angewendet werde.[150]

Nach Ansicht des EuGH muss die gemeinschaftsrechtskonforme Auslegung ihre Grenzen in den allgemeinen Rechtsgrundsätzen des Gemeinschaftsrechts, d.h. insbesondere in den Grundsätzen der Rechtssicherheit und im Rückwirkungsverbot finden.[151] Diesbezüglich hat der EuGH bereits den eindeutigen Wortlaut des Gesetzes zur Grenze der Auslegung erklärt. Die nationalen Gerichte dürften Gesetze (jedoch) unter voller Ausschöpfung des Beurteilungsspielraums, den ihnen das nationale Recht einräumt, in Übereinstimmung mit den Anforderungen des Gemeinschaftsrechts auslegen und anwenden.[152] Der Wortlaut des Gesetzes, aber auch der erkennbar andere Wille des Gesetzgebers bilde im Strafrecht eine Grenze für die gemeinschaftsrechtskonforme Interpretation, die zu einer Ausweitung des Anwendungsbereichs einer Strafnorm führen würde.

Im vorliegenden Fall handelt es sich aber – wie eben gezeigt – gerade nicht um eine unzulässige Analogie, sondern vielmehr um eine vom Gemeinschaftsrecht gedeckte Auslegung. So findet sich der Begriff „Organ" in Art. 2 Abs. 1 Buchst. d der auch für die Limited geltenden Publizitätsrichtlinie.[153] Die Pflicht zur Offenlegung erstreckt sich danach auf Urkunden und Angaben, welche die Bestellung, das Ausscheiden und die Personalien derjenigen betreffen, die befugt sind, die Gesellschaft gerichtlich und außergerichtlich zu vertreten, und zwar als gesetzlich vorgeschriebenes Organ der Gesellschaft oder als Mitglied

---

149 *Brechmann*, S. 275; *Hugger*, NStZ 1993, 421, 423.
150 *Brechmann*, S. 275.
151 EuGH Slg. 1987, 3986 („Kolpinghuis Nijmegen BV"); vgl. dazu auch *Zuleeg*, JZ 1992, 761, 765.
152 EuGH Slg. 1984, 1909 („von Colson und Kamann"), Slg. 1984, 1942 („Harz").
153 Elfte Richtlinie 89/666/EWG des Rates vom 21. Dezember 1989 über die Offenlegung von Zweigniederlassungen, die in einem Mitgliedstaat von Gesellschaften bestimmter Rechtsformen errichtet wurden, die dem Recht eines anderen Staates unterliegen, Abl. Nr. L 395 vom 30.12.1989, S. 36 ff.

eines solchen Organs. In der englischen Version der Publizitätsrichtlinie wird „Organ der Gesellschaft" sogar als „*company organ*" übersetzt. Gestützt wird diese Ansicht durch den ausdrücklichen Vergleich der deutschen GmbH mit der englischen Limited in Art. 1 der Personengesellschaftsrichtlinie,[154] welche die Koordinierungsmaßnahmen für die Rechts- und Verwaltungsvorschriften der Mitgliedstaaten für vergleichbare Gesellschaftsformen anordnet und die Gesellschaft mit begrenzter Haftung für Deutschland und für das Vereinigte Königreich die *private company limited by shares or by guarantee* nennt. Im Wege einer gemeinschaftsrechtskonformen Auslegung erscheint es daher durchaus vertretbar, dass der Director i.R. einer publizitätsrichtlinienkonformen Auslegung unter den Organbegriff des § 14 Abs. 1 Nr. 1 StGB subsumierbar ist.

Nach heutigem Verständnis vor dem Hintergrund der genannten Publizitäts-richtlinie und der sich daraus ergebenden Möglichkeit der gemeinschafts-rechtskonform weiteren Auslegung des Organbegriffs, kann dies auch trotz einer Entscheidung des OLG Karlsruhe aus dem Jahr 1985 gelten, in der sich das Gericht in einem vergleichbaren Fall für die Vertreterhaftung entschieden und für den *Direktor* einer schweizerischen Aktiengesellschaft nicht Absatz 1, sondern Absatz 2 des § 14 StGB angewendet hat, da dessen Stellung nicht dem Vorstand einer deutschen AG entspräche.[155]

Desweiteren kann man sich am Zweck des gesamten § 14 StGB orientieren. Die Vorschrift will Personen erfassen, die zur Führung der Geschäfte einer juristischen Person nach außen und innen bestellt sind und damit Strafbarkeits-lücken schließen, die zwangsläufig aus der Deliktsunfähigkeit der Körperschaft resultieren. Dieses Dilemma besteht grundsätzlich auch im Verhältnis des Di-rectors zur Limited wie im Verhältnis von Geschäftsführer zur GmbH. Die GmbH wird durch die Geschäftsführer gerichtlich und außergerichtlich vertre-ten, § 35 GmbHG. Damit entscheiden die Geschäftsführer auch über die Art und Weise der Verfolgung des Gesellschaftszwecks.[156] Vielfach wird auch von Geschäftsleitung gesprochen.[157] Auch die Limited benötigt als juristische Per-

---

154 Zwölfte Richtlinie 89/667/EWG des Rates vom 21. Dezember 1989 auf dem Gebiet des Gesellschaftsrechts betreffend Gesellschaften mit beschränkter Haftung mit einem einzigen Gesellschafter, Abl. Nr. L 395 vom 30.12.1989, S. 40 ff.
155 OLG Karlsruhe NStZ 1985, 317 m. Anm. *Liebelt*, NStZ 1989, 182 ff.
156 Baumbach/Hueck/*Zöllner/Noack*, § 35 Rn. 4.
157 *Höhn*, Die Geschäftsleitung der GmbH, 2. Aufl 1995; *Baums*, Der Geschäftsleitervertrag, 1987; vgl. auch Baumbach/Hueck/*Zöllner/Noack*, § 35 Rn. 29.

son Vertreter, die für die Gesellschaft im Rechtsverkehr handeln. Diese Funktion übernehmen die Directors. Sie treffen die wirtschaftlichen Entscheidungen der Gesellschaft und schließen Verträge für die Gesellschaft ab. Den Directors steht also die Geschäftsleitung der Limited zu. Damit entspräche es auch dem Sinn und Zweck des § 14 Abs. 1 Nr. 1 StGB auch den Director der Limited zu erfassen.

Zur Beantwortung der Frage, ob bei Normen, die auf Inlandssachverhalte zugeschnitten sind – § 14 Abs. 1 StGB nennt in den Nummern 1-3 deutsche Rechtsinstitute – auch Auslandssachverhalte unter die Tatbestandsmerkmale subsumiert werden können, hat das Internationale Privatrecht die Methode der Substitution[158] entwickelt. Dabei geht es um die Frage, inwieweit im Hinblick auf die Internationalität des Sachverhalts in Sachnormen verwendete Rechtsinstitute oder Rechtsvorgänge durch solche einer anderen Rechtsordnung ersetzbar sind.

Es geht also auch hier um die Auslegung von Sachnormen,[159] und damit um das Problem der Äquivalenz fremder Rechtsinstitute und Rechtsverhältnisse.[160] Entscheidend ist dabei auch im Rahmen der Substitution, ob das Merkmal „vertretendes Organ" so ausgelegt werden kann, dass auch der Director der Limited darunter zu fassen ist. Die Substitution im Strafrecht ist als Auslegungsmethode bislang jedoch nicht anerkannt bzw. wird von einigen Stimmen ausdrücklich abgelehnt.[161] Jedenfalls kommt eine solche Substitution nicht in Betracht, wenn sie – anders jedoch als hier – einen Verstoß gegen das Analogieverbot gemäß Art. 103 Abs. 2 GG darstellen würde. Im vorliegenden Fall erscheint es indes nicht erforderlich, diese umstrittene Rechtsfigur zu bemühen.

2. Zwischenergebnis

Die Anwendung des § 14 Abs. 1 Nr. 1 StGB also der „echte" Organhaftung, auf den Director einer Limited erscheint nach dem hier Gesagten zwar nicht

---

158 Vgl. MK-BGB/*Sonnenberger*, IPR, Einl. Rn. 614 ff. m.w.N.
159 Vgl. *Kropholler*, § 33 I 1; *Hug*, S. 110 ff.
160 MK-BGB/*Sonnenberger*, IPR, Einl. Rn. 614 ff.
161 Ausdrücklich dagegen für das Gesellschaftsstrafrecht Sp/W/*Spahlinger/Wegen*, Rn. 779, da eine Substitution eine entsprechende Anwendung auf ausländische Gesellschaften sei, welcher das strafrechtliche Analogieverbot gemäß Art. 103 Abs. 2 GG, § 1 StGB entgegenstehe; so auch *Rönnau*, ZGR 2005, 832, 839; in diesem Sinne auch Sandrock/Wetzler/*Hoffmann*, S. 227, 248 ff.

unproblematisch, jedoch im Wege der vom Gemeinschaftsrecht gedeckten Auslegung des Organbegriffs möglich. Damit kann auf den Director über § 14 Abs. 1 Nr. 1 StGB die Schuldnereigenschaft übergewälzt werden, da er ein „vertretendes Organ" der Limited darstellt. Ferner kann jedoch zumindest anhand des § 14 Abs. 2 Nr. 1 StGB i.S. der Vertreterhaftung das Schuldnermerkmal auf den Director übergewälzt werden und dieser damit grundsätzlich tauglicher Täter der Bankrottdelikte sein.[162]

3. Verstoß gegen die Niederlassungsfreiheit der Artt. 49, 54 AEUV

Aufgrund des gesellschaftsrechtlichen Bezugs durch § 14 StGB ist nicht ohne weiteres auszuschließen, dass bereits die Anwendung der Regelung des § 14 StGB auf den Director einer Limited als Verstoß gegen die Niederlassungsfreiheit gemäß Artt. 49, 54 AEUV zu bewerten ist.[163] Das Vertretungsrecht einer Gesellschaft könnte nach dem grundsätzlich anzuerkennenden Gesellschaftsrecht des EU-Mitgliedstaats zu bestimmen sein und die Anwendung einer darin eingreifenden, verschärfenden Regelung des Zuzugsstaates müsste als Beschränkung der Niederlassungsfreiheit zumindest nach gemeinschaftsrechtlichen Maßstäben gerechtfertigt werden.[164]

Der EuGH misst der Niederlassungsfreiheit gemäß Artt. 49, 54 AEUV die entscheidende Rolle als rechtliche Grundlage der Tätigkeit von Auslandsgesellschaften und damit eine zentrale Bedeutung im Gemeinschaftsrecht zu.[165] Nach Art. 49 Abs. 1 AEUV sind Beschränkungen der freien Niederlassung von Staatsangehörigen eines Mitgliedstaates im Hoheitsgebiet eines anderen Mitgliedstaats nach Maßgabe der Artt. 49 ff. AEUV verboten. Die Niederlassungsfreiheit „umfasst" gemäß Art. 49 Abs. 2 AEUV „die Aufnahme und Ausübung selbständiger Erwerbstätigkeiten sowie die Gründung und Leitung von Unternehmen, insbesondere von Gesellschaften im Sinne des Artikels 54 Abs. 2 AEUV, nach den Bestimmungen des Aufnahmestaates für seine eigenen Ange-

---

162 Statt vieler *Rönnau*, ZGR 2005, 832, 842 m.w.N.
163 Diese Frage wurde soweit ersichtlich als erstes von *Spindler/Berner*, RIW 2004, 7, 15 aufgeworfen. Vgl. auch Sandrock/Wetzler/*Hoffmann*, S. 227, 253; *Schanze/Jüttner*, AG 2003, 661, 668.
164 Eidenmüller/*Eidenmüller*, § 4 Rn. 13 m.w.N.; noch strenger: *Schanze/Jüttner*, AG 2003, 661, 668, 669: „[...] gemeinschaftsrechtlich nicht zu rechtfertigen".
165 Vgl. zur Bedeutung des Art. 43 EGV (jetzt Art. 49 AEUV) statt aller Callies/Ruffert/*Bröhmer*, Art. 43 EGV Rn. 1 ff.

hörigen". Sinn und Zweck der Niederlassungsfreiheit ist es, dass sich natürliche und juristische Personen des EU-Auslands ungehindert im Inland niederlassen können, wodurch die wirtschaftlichen und sozialen Verflechtungen innerhalb der Gemeinschaft weiter gefördert werden sollen.[166] Dieses Verständnis wird auch gestützt von Art. 28 AEUV, wonach die Union die erforderlichen Maßnahmen erlässt, um nach Maßgabe der einschlägigen Bestimmungen der Verträge den Binnenmarkt zu verwirklichen beziehungsweise dessen Funktionieren zu gewährleisten (Abs. 1) und dieser Binnenmarkt einen Raum ohne Binnengrenzen umfasst, in dem der freie Verkehr von Waren, Personen, Dienstleistungen und Kapital gemäß den Bestimmungen der Verträge gewährleistet ist (Abs. 2).

Der EuGH hat daraus in seinen Entscheidungen (vgl. nur „Centros", „Überseering" und „Inspire Art") die Konsequenz gezogen, dass eine europäische Auslandsgesellschaft in einem anderen EU-Mitgliedstaat gesellschaftsrechtlich grundsätzlich nach ihrem Gründungsrecht zu behandeln ist, wovon etwa die Gründung, Rechtsfähigkeit, körperschaftliche Verfassung, Geschäftsführung, Vertretung, Umstrukturierung und die Beendigung der Auslandsgesellschaft erfasst sein dürfte. Die Niederlassungsfreiheit von EU-Gesellschaften darf nicht durch das nationale Recht des Zuzugsstaats beschränkt werden, solange kein Missbrauch der Niederlassungsfreiheit nachgewiesen ist. Auch die Zweigniederlassung einer EU-Auslandsgesellschaft ist im Zuzugsstaat grundsätzlich primär nach dem Recht ihres Herkunftsstaates zu behandeln, Art. 49 Abs. 1 S. 2 AEUV.

Würde die Anwendung einer gegenüber dem Gründungsstaat strengeren gesellschaftsrechtlichen Regelung eine Beschränkung der Niederlassungsfreiheit der Artt. 49, 54 AEUV darstellen, wäre sie insofern grundsätzlich gemeinschaftsrechtswidrig und deshalb nicht zulässig, es sei denn die Anwendung der Vorschrift könnte gerechtfertigt werden. Zunächst muss also geklärt werden, ob die Regelung des § 14 StGB überhaupt eine Beschränkung der Niederlassungsfreiheit darstellt. Im Weiteren ist ggfs. zu fragen, ob und unter welchen Voraussetzungen diese etwaige Einschränkung der Artt. 49, 54 AEUV gerechtfertigt sein könnte.

---

166 Vgl. dazu nur Eidenmüller/*Rehm*, § 2 Rn. 50 m.w.N.

a. Einschränkung der Niederlassungsfreiheit

Das Vertretungsrecht einer Gesellschaft ist wegen seiner gesellschaftsrechtlichen Natur eine Regelungsmaterie, die sich grundsätzlich nach dem anzuerkennenden Gesellschaftsrecht des Gründungsstaates richtet.[167] Eine Regelung, welche die persönliche strafrechtliche Verantwortlichkeit der Vertreter einer juristischen Person bestimmt, könnte danach als Maßnahme zu bewerten sein, die auf die Entscheidung der Niederlassung negativ Einfluss nimmt und unattraktiv wirkt, wenn das Gründungsrecht eine solche persönliche Haftung gar nicht oder in weniger strengem Maße vorsehen würde und müsste deshalb europarechtlich gerechtfertigt werden. Diese Frage lässt sich nur durch einen Vergleich mit dem Vertretungsrecht des Gründungsstaates beantworten.

Nach *Worm* ist die Vereinbarkeit des § 14 StGB mit der Niederlassungsfreiheit gemäß Artt. 49, 54 AEUV nicht gesondert, sondern ausschließlich im Zusammenhang mit dem jeweils in Betracht kommenden Sonderdelikt zu beurteilen. Dies zeige schon der Standort der Vorschrift unter dem Titel „Grundlagen der Strafbarkeit". Eine gesonderte Betrachtung der Zurechnungsnorm des § 14 StGB würde zu einer künstlichen Aufspaltung zusammenhängender Rechtskomplexe führen, da § 14 StGB für sich alleine keine selbständige Anwendung beansprucht. Letztlich bilde das Sonderdelikt mit dem § 14 StGB im konkreten Anwendungsfall eine Einheit in Form eines eigenständigen Straftatbestandes.[168]

Da jedoch auch in der englischen Rechtsordnung die persönliche strafrechtliche Haftung der natürlichen Personen, die für die juristische Person handeln, vorgesehen ist, ist auch hier entscheidend, ob die deutsche Regelung strenger als die entsprechende englische Regelung ist und – falls ja – dennoch gerechtfertigt werden kann.

Ähnlich wie im deutschen Recht wird im angloamerikanischen Raum die objektive rechtswidrige Tatseite (*actus reus*) von der subjektiven Tatseite, welche die geistige Haltung des Täters zur Tat meint (*mens rea*) unterschieden und deren beider Vorliegen für eine strafrechtliche Verantwortlichkeit vorausgesetzt.[169] Mit *mens rea* ist das Verschulden und damit auch gemeint, dass die innere Einstellung schuldhaft ist, was eigentlich zu einem Ausschluss der straf-

---

167 Sandrock/Wetzler/*Hoffmann*, S. 227, 253; *Schanze/Jüttner*, AG 2003, 661, 668.
168 MK-StGB/*Radtke*, § 14 Rn. 1, 6, 121; LK-StGB/*Schünemann*, § 14 Rn. 1.
169 Smith&Hogan/*Ormerod*, S. 94 ff.

rechtlichen Verantwortlichkeit der juristischen Person führen müsste. Vor dem Hintergrund, dass im Vereinigten Königreich aber rein praktische Erwägungen zur öffentlichen Sicherheit, Ordnung und Wohlfahrt den Schuldbegriff bestimmt haben und bestimmen,[170] wurden die Institute der verschuldensunabhängigen Haftung – der sog. *strict liability*[171] – und der stellvertretenden strafrechtlichen Verantwortlichkeit der Geschäftsherren für das rechtswidrige Verhalten ihrer Gehilfen im Rahmen der Dienstausübung, sog. *vicarious liability*[172] – also Haftung für fremdes Verschulden – geschaffen.

Bei der *vicarious liability* sollen in vier bestimmten Fallgruppen Pflichtverletzungen, das Fehlverhalten und ggfs. auch die Schuldelemente, die in einer im weitesten Sinne weisungsgebundenen Person verwirklicht sind, auf den Geschäftsherren übergewälzt werden können.[173] Gemeint sind Delikte des öffentlichen Ärgernisses, sog. *public nuisance*, und das Veröffentlichen von eine Person diskriminierenden Inhalten, sog. *publishing a criminal libel*.[174] Ferner kann die Verantwortlichkeit bei Delikten, welche die Verletzung einer absoluten Pflicht, sog. *absolute duty*, unter Strafe stellen, über eine erweiterte Auslegung auf den Vertretenen übertragen werden. Schließlich kommt die *vicarious liability* noch im Fall des sog. *delegation principle* in Betracht, welches Sachverhalte betrifft, bei denen der Geschäftsherr bestimmte Pflichten, die ihm obliegen, delegiert hat. Anwendung auf den zu untersuchenden Fall der Vertretung der Limited durch den Limited-Director findet keine dieser vier Fallgruppen.

Anderes gilt jedoch für die sog. *direct liability* der juristischen Person. Die englische Rechtsordnung gehört zu jener Gruppe, die zwar auch eine strafrechtliche Verantwortlichkeit des Vertreters kennt, den kriminalpolitischen Schwerpunkt aber auf die Haftung des Vertretenen legt.[175] Das gilt auch für die Körperschaft, für die seit dem 20. Jahrhundert[176] die sog. Verbandsstrafe vorgesehen und eine direkte Haftung möglich ist.[177] Grundsätzlich kann also jede

---

170 Vgl. *Eidam*, S. 30; Mansdörfer/*Mansdörfer*, S. 208 („*social policy*").
171 *Eidam*, S. 30; Smith&Hogan/*Ormerod*, S. 150 ff.
172 Smith&Hogan/*Ormerod*, S. 258 ff.
173 Mansdörfer/*Mansdörfer*, S. 207.
174 Mansdörfer/*Mansdörfer*, S. 208.
175 LK-StGB/*Schünemann*, § 14 Rn. 82.
176 Mansdörfer/*Mansdörfer*, S. 211.
177 LK-StGB/*Schünemann*, § 14 Rn. 82; Mansdörfer/*Mansdörfer*, S. 214; Smith&Hogan/*Ormerod*, S. 262 ff.

englische Strafvorschrift, die von *person* spricht, auch von einer juristischen Person erfüllt werden. Bei Delikten, die auch eine *mens rea*-Komponente fordern, gilt für die Haftung von Unternehmen die sog. Identifikationstheorie, sog. *doctrine of identification* oder *alter-ego-doctrine*.[178] Voraussetzung ist in diesem Fall, dass die handelnde Person als „Kopf und Hirn", sog. „*brains*" des Verbandes angesehen werden kann und den objektiven und subjektiven Tatbestand erfüllt.[179]

Mit dieser Möglichkeit, den vertretenen Verband zu bestrafen, geht aber kein Freiwerden von Strafe des Vertreters einher. Zwar kennt das englische Recht keine dem § 14 StGB vergleichbare Vorschrift. Damit ist aber nicht gesagt, dass § 14 StGB auf den Limited-Director keine Anwendung finden kann, etwa weil im Herkunftsland eine persönliche Haftung wegen des dort herrschenden Prinzips bzw. der dort gegebenen Möglichkeit, eine Strafe gegen den Verband zu verhängen, nicht gegeben sei. Die Verurteilung der juristischen Person schließt die Bestrafung des handelnden Vertreters nicht aus. Eigenständig daneben steht vielmehr weiterhin auch noch die strafrechtliche Verantwortlichkeit des Vertreters.[180]

§ 14 StGB hat – wie oben gezeigt – die Funktion, in Deutschland aufgrund der hiesigen rechtlichen Besonderheiten entstandene Strafbarkeitslücken zu schließen. Diese Lücke ergibt sich nicht speziell aus der Entscheidung gegen eine Verbandsstrafe, sondern erst durch eine Zusammenschau mit § 283 Abs. 6 StGB, der den tauglichen Täterkreis der §§ 283 ff. StGB grundsätzlich von der Schuldnereigenschaft abhängig macht. Die englischen Bankrottdelikte sind hingegen „neutraler" ausgestaltet. So zeigt ein Vergleich mit Sec. 206 IA 1986, dass das englische Strafrecht schon keine Einschränkung des Täterkreises auf den „Schuldner" vorsieht. Vielmehr kommt nach Sec. 206 IA 1986 jede Person, die ehemaliger oder momentaner „*officer*" der Gesellschaft ist, als tauglicher Täter in Betracht („*any person, being a past or present officer of the company*"). Unter einem „*officer*" ist dabei eine Person zu verstehen, die in einer gegenüber der Gesellschaft bestehenden dienstlichen Funktion handelt, so wie beispielsweise der Director der Gesellschaft.

---

178 *Eidam*, S. 31; *Heine*, S. 217 Fn. 14.
179 Vgl. *Jefferson*, S. 218; *Elliot&Quinn*, S. 294.
180 *Eidam*, S. 33; vgl. auch *Worm*, S. 140.

b. Zwischenergebnis: Keine Einschränkung der Niederlassungsfreiheit

Die Vorschrift des § 14 StGB, die eine Überwälzung des Schuldner-Merkmals von der Gesellschaft auf das Organ oder den Beauftragten ermöglicht, stellt damit nicht schon für sich alleine genommen eine Einschränkung der Niederlassungsfreiheit gemäß Artt. 49, 54 AEUV dar, da sie lediglich eine Lücke schließt, welche das englische Recht gar nicht kennt.

4. Wirkung der „Interessenformel" für den Limited-Director

a. Bisherige BGH-Rspr. und Gegenstimmen in der Literatur

Im Rahmen des § 14 StGB darf im Hinblick auf die Überwälzung des Schuldnermerkmals des § 283 Abs. 6 StGB von der Limited auf den Director auch die vom BGH entwickelte Interessentheorie nicht unbeachtet bleiben. Nach bisheriger Rechtsprechung des BGH[181] und einem Teil der Literatur[182] war es für eine Strafbarkeit des Vertreters nach § 283 StGB erforderlich, dass er zumindest auch im Interesse des Geschäftsherrn handelt. Lagen ausschließlich eigennützige Motive vor, so kam „nur" eine Strafbarkeit wegen Untreue gemäß § 266 StGB in Betracht, während hingegen eine Verurteilung wegen Bankrotts ausscheiden sollte.

Die Literatur[183] übte seit jeher scharfe Kritik an der Interessentheorie, die nicht hinnehmbare Strafbarkeitslücken eröffne und insbesondere durch den Ausschluss der Insolvenzdelikte die Verhängung eines Geschäftsführungsverbots nach § 6 Abs. 2 S. 3 GmbHG verhindere. Auch im Hinblick auf das von § 283 StGB geschützte Rechtsgut – Schutz der Vermögensinteressen der Gläubiger – sei die Erweiterung auf die Fälle, in denen der Geschäftsführer oder

---

181 Vgl. nur BGHSt 28, 371, 372; 30, 127; 34, 221 m. Anm. *Weber*, StV 1988, 16 und *Winkelbauer*, JR 1988, 33; BGH NStZ 2000, 206, 207.

182 *Fischer*, § 14 Rn. 5 und § 283 Rn. 4b; SK-StGB/*Hoyer*, § 14 Rn. 76; NK-StGB/*Marxen*, § 14 Rn. 31 f.; ferner LK-StGB/*Schünemann*, § 14 Rn. 50 f., 103f.; S/S/*Perron*, § 14 Rn. 26; alle m.w.N.

183 Vgl. *Achenbach*, BGH-FG IV, 603 f.; *Arloth*, NStZ 1990, 570; M-G/B/*Bieneck*, § 77 Rn. 21 ff.; LK-StGB/*Kindhäuser*, § 14 Rn. 29; *Labsch*, wistra 1985, 59 ff.; S/S/*Perron*, § 14 Rn. 26; MK-StGB/*Radtke*, § 14 Rn. 62 ff.; *Ransiek*, ZGR 1992, 210 f.; *Schäfer*, GmbHR 1993, 798; *Schwarz*, HRRS 2009, 341; LK-StGB/*Tiedemann*, Vor § 283 Rn. 81 ff.; *Winkelbauer*, wistra 1986, 19.

Vertreter eigennützig handle, erforderlich. Die in § 283 StGB aufgezählten Bankrotthandlungen widersprächen schon ganz überwiegend dem wirtschaftlichen Interesse der Gesellschaft. Die „Interessenformel" führe jedoch gerade in den eigentlichen Hauptfällen des missbilligenswerten Verhaltens in einer Krisensituation zur Nichtanwendbarkeit der §§ 283 ff. StGB –so z.b. auf gezielte Unternehmensaushöhlung bzw. gezieltes Herbeiführen der Insolvenz –, da ein solches Handeln nie im wirtschaftlichen Interesse der Gesellschaft liege.[184] Zu denken ist insbesondere an den Fall der Ein-Mann-GmbH, in dem der Gesellschafter-Geschäftsführer der Gesellschaft angesichts der drohenden Insolvenz zur Benachteiligung der Gläubiger Vermögen entzieht und auf seine privaten Konten umleitet.[185] Auch der mittelbar erreichte Schutz der Gläubigerinteressen durch die Untreue gemäß § 266 StGB kann diesen unbefriedigenden Umstand nicht ausgleichen. Probleme stellen sich hinsichtlich der Untreuestrafbarkeit gemäß § 266 StGB v.a. i.R der „Ein-Mann-GmbH" vor dem Hintergrund des tatbestandsausschließenden Einverständnisses der Gesellschafter, sowie des oftmals nicht festzustellenden oder nicht nachweisbaren Vermögensschadens der Gesellschaft.[186]

Als Alternativkonzept wurde u.a. vorgeschlagen, das Verhalten an objektiv zivilrechtlichen Zurechnungskriterien zu messen. Eine Überwälzung der Schuldnereigenschaft nach § 14 StGB sollte nur in Betracht kommen, wenn der Vertreter in seiner besonderen Stellung oder in Ausübung seiner Funktion handeln muss.[187] Da sich hierbei offensichtlich aber ebenso gewisse Strafbarkeitslücken ergaben, schloss sich die Rspr. dieser Auffassung zunächst nicht an. Problematisch an dem von der Literatur entwickelten Alternativkonzept war und ist insbesondere, dass die Tathandlungen des § 283 Abs. 1 Nr. 1 StGB keine rechtsgeschäftlichen Handlungen erfordern, sodass diese nicht in der Funktion des Geschäftsführers oder Vertreters vorgenommen worden sein müssen. Verhält sich der Vertreter wie ein beliebiger Dritter, würde er danach keine spezifische Pflicht verletzen und könnte damit nicht wegen §§ 283 ff. StGB haftbar gemacht werden.

---

184 NK-StGB/*Kindhäuser*, § 283 ff. Rn. 52; *Schwarz*, HRRS 2009, 341, 342; LK-StGB/*Tiedemann*, Vor § 283 Rn. 80.
185 Vgl. BGHSt 30, 127, 128 f.; vgl. auch BGH NJW 2009, 2225 m. Anm. *Link*; krit. dazu LK-StGB/*Tiedemann*, Vor § 283 Rn. 80, 85.
186 Vgl. *Arloth*, NStZ 1990, 570, 572; LK-StGB/*Tiedemann*, Vor § 283 Rn. 84.
187 *Hellmann/Beckemper*, § 3 Rn. 345 m.w.N.

b. Aufgabe der „Interessenformel" durch den BGH?

Mit Beschluss vom 10. Februar 2009 hat der 3. Strafsenat des Bundesgerichtshofs erklärt, dass er dazu neige, von der bisherigen Rechtsprechung und damit von der „Interessentheorie" abzuweichen.[188] Dies wurde namentlich damit begründet, dass die Anwendung der Interessentheorie zur Ungleichbehandlung von Einzelkaufleuten und GmbH-Geschäftsführern führe, außerdem laufe die Anwendung der „Interessenformel" dem Schutzzweck der Delikte des Insolvenzstrafrechts zuwider, da sie einen der Hauptfälle der vermögensschädigenden und damit in der Regel masseschmälernden Verhaltensweisen zum Nachteil von Handelsgesellschaften aus dem Anwendungsbereich herausnehme.

Auch der 1. Strafsenat hat nunmehr mit Beschluss vom 1. September 2009 auf die Entscheidung des 3. Strafsenats reagiert und erklärt: „Auch der 1. Strafsenat neigt dazu, von der bisherigen Rechtsprechung des Bundesgerichtshofs zur Strafbarkeit eines Vertreters wegen Bankrotts abzuweichen und die Abgrenzung zwischen den Insolvenzdelikten der §§ 283 ff. StGB und insbesondere der Untreue nach § 266 StGB, aber auch den Eigentumsdelikten gemäß §§ 242, 246 StGB nicht mehr nach der Interessenformel vorzunehmen".[189]

c. Konsequenz der Abkehr von der „Interessenformel"

Festgestellt werden kann damit im Ergebnis, dass u.a. einer der Hauptfälle der Bankrottdelikte nun nicht mehr über § 266 StGB gelöst werden muss, sondern auch die in der Praxis wohl am häufigsten vorkommenden Fälle dem § 283 Abs. 1 StGB unterfallen können. Zu denken ist dabei insbesondere an die Fälle, in denen der Geschäftsleiter zugleich und oft auch noch alleiniger Gesellschafter ist und die Bankrotthandlungen dem Zweck dienen, die letzten Vermögenswerte der Gesellschaft dem drohenden Zugriff der Gläubiger zu entziehen, um diese dann dem Privateigentum einzuverleiben. § 266 StGB muss für diese Fälle nun keine Lücke mehr im Gläubigerschutz füllen und hat daher seine seit jeher „unbefriedigende" Auffangfunktion zugunsten des Delikts verloren, welches den Fall eigentlich grundsätzlich erfassen sollte.

Dies gilt auch im Fall des Limited-Directors, sodass insofern nicht mehr zu fordern ist, dass die Handlung des Directors zumindest auch im Interesse der

---

188 BGH NJW 2009, 2225 m. Anm. *Link* sowie *Schwarz*, HRRS 2009, 341 ff.
189 BGH NStZ-RR 2009, 373.

Limited erfolgt ist. Auch wenn ausschließlich eigennützige Motive vorliegen, kommt nunmehr eine Strafbarkeit wegen Bankrotts i.S. der §§ 283 ff. StGB in Betracht.

II. Tatsituation i.S. des § 283 Abs. 1 StGB – „Krise"

In den Fällen des § 283 Abs. 1 StGB müssen alle Tathandlungen, die sog. Bankrotthandlungen, während einer wirtschaftlichen Krise des Schuldners begangen sein.[190] Die drei vom Gesetz genannten Krisensituationen sind: Überschuldung, drohende Zahlungsunfähigkeit oder tatsächlich eingetretene Zahlungsunfähigkeit. Legaldefinitionen der mit ihnen begrifflich übereinstimmenden Insolvenzgründe sind in der InsO enthalten (§§ 17 Abs. 2, 18 Abs. 2, 19 Abs. 2 InsO). Ob diese Legaldefinitionen der Insolvenzgründe für die Auslegung der Krisenmerkmale des § 283 Abs. 1 StGB verbindlich sind, wurde im Gesetzgebungsverfahren zur InsO mit Ausnahme der drohenden Zahlungsunfähigkeit[191] nicht behandelt und ist damit nicht abschließend geklärt.[192] Da aber in beiden Regelungskomplexen der Schutz der Gläubigerinteressen im Mittelpunkt steht,[193] ist von einer grundsätzlichen Insolvenzrechtsakzessorietät der Begriffe auszugehen.[194]

1. Überschuldung und Zahlungsunfähigkeit nach deutschem Insolvenzrecht

Der Begriff „Überschuldung" wird in § 19 Abs. 2 InsO legaldefiniert. Überschuldung kann danach dann angenommen werden, wenn das Vermögen des Schuldners die bestehenden Verbindlichkeiten nicht mehr deckt[195] – also in dem Fall, in dem die Passiven die Aktiven überwiegen, wobei als Passive alle

---

190 Zur dogmatischen und kriminalpolitischen Problematik dieses Tatbestandselements nach bisherigem Recht vgl. u.a. *Tiedemann*, ZRP 1975, 129, 134; *ders.*, FS-Dünnebier, S. 519, 535; *Schlüchter*, MDR 1978, 977 ff.; *Franzheim*, NJW 1980, 2500 ff.

191 *Lackner/Kühl*, § 283 Rn. 8.

192 *Bieneck*, StV 1999, 43 ff.; *Bittmann*, wistra 1998, 321 ff. und 1999, 10 ff.; *Höffner*, BB 1999, 198 ff. und 252 ff.; *Uhlenbruck*, wistra 1996, 1, 3; S/S/*Stree/Heine*, § 283 Rn. 50 a; LK-StGB/*Tiedemann*, Vor § 283 Rn. 126, 139, 155.

193 Vgl. § 1 InsO sowie statt vieler aus der strafrechtlichen Literatur *Lackner/Kühl*, § 283 Rn. 1 m.w.N.

194 M-G/B/*Bieneck*, § 75 Rn. 59; SK-StGB/*Hoyer*, § 283 Rn. 10 („zivilrechtsakzessorisch").

195 So die Legaldefinition in § 19 Abs. 2 S. 1 InsO.

gegenwärtigen Schulden, die im Fall der Eröffnung des Insolvenzverfahrens aus der Masse zu begleichen wären, als Aktive alle Vermögensgüter, die mit ihren wirklichen Gegenwartswerten einzusetzen sind, zu bezeichnen sind.[196] Ob jedoch die Überschuldung einer Limited nach den Maßgaben der deutschen InsO festgestellt werden kann, erscheint fraglich.

Auch für die drohende bzw. eingetretene Zahlungsunfähigkeit, stellt sich die Frage, ob sie im Fall der Limited nach den Bestimmungen der InsO festzustellen ist. Zahlungsunfähigkeit ist nach § 17 Abs. 2 InsO eingetreten, wenn der Schuldner nicht in der Lage ist, die fälligen Zahlungsverpflichtungen zu erfüllen. D.h. auch hier überwiegen die Passiven die Aktiven.[197] Diese Definition des § 17 Abs. 2 InsO ist nach h.M. für das deutsche Strafrecht maßgeblich.[198] Die Zahlungsunfähigkeit ist danach auf der Grundlage einer sog. kurzzeitigen Zeitraum-Illiquidität zu bestimmen.[199] Die Bestimmung der Zahlungsunfähigkeit erfolgt bei § 17 Abs. 2 InsO auf der Basis objektiver Merkmale, nämlich der „Zahlungspflichten", der „Fälligkeit" und des Unvermögens zu zahlen, also der „Erfüllbarkeit" der fälligen Zahlungspflichten.[200] Gegenübergestellt werden die in zeitlicher Reihenfolge fälligen Zahlungsverpflichtungen und die zu den verschiedenen Zeitpunkten im Zeitablauf verfügbaren Zahlungsmittel in einem Finanzplan, mit dessen Hilfe die Zahlungsfähigkeit grundsätzlich gemessen und gesteuert werden kann.[201]

Zahlungsunfähigkeit droht i.S. des § 18 Abs. 2 InsO, wenn der Schuldner voraussichtlich nicht in der Lage sein wird, die bestehenden Zahlungsverpflichtungen im Zeitpunkt der Fälligkeit zu erfüllen. Diese insolvenzrechtliche Definition soll geeignet sein, auch für das Strafrecht größere Klarheit zu bringen.[202] Der Zeitraum der Prognose (§ 18 Abs. 2 InsO) reicht bis zum letzten Fälligkeitszeitpunkt aller Verbindlichkeiten, die im Feststellungszeitpunkt beste-

---

196 Vgl. zum Überschuldungsbegriff Roth/Altmeppen/*Altmeppen*, Vor § 64 Rn. 24 ff.; *Bisson*, GmbHR 2005, 843, 844 ff.
197 OLG Düsseldorf wistra 1983, 121; *Lackner/Kühl*, § 283 Rn. 6.
198 BGH NStZ 2008, 527, 528; *Bieneck*, StV 1999, 43, 44; *Bisson*, GmbHR 2005, 843, 844; S/S/Stree/*Heine*, § 283 Rn. 52; vgl. auch *Tsambikakis*, GmbHR 2005, 838.
199 Vgl. BGH NJW 2001, 1874; ebenso für das Insolvenzverfahren die h.M. im insolvenzrechtlichen Schrifttum; vgl. Kübler/Prütting/*Pape*, InsO, § 17 Rn. 11; weitergehend *Bieneck*, StV 1999, 43 und *Uhlenbruck*, wistra 1996, 1, 5.
200 MK-InsO/*Eilenberger*, § 17 Rn. 6.
201 MK-InsO/*Eilenberger*, § 17 Rn. 11.
202 So BT-Dr. 12/2443, S. 114.

hen.[203] Gegenstand der Prognose ist die gesamte Entwicklung der Finanzlage des Schuldners innerhalb dieses Zeitraums. Die vorhandene Liquidität und die Einnahmen, die bis zu dem genannten Zeitpunkt zu erwarten sind, müssen den Verbindlichkeiten gegenübergestellt werden, die bereits fällig sind oder bis zu diesem Zeitpunkt voraussichtlich fällig werden. Sodann ist zu prüfen, ob der Eintritt der Zahlungsunfähigkeit wahrscheinlicher ist als deren Vermeidung,[204] wobei hinsichtlich der Anknüpfungstatsachen der Zweifelssatz anzuwenden ist.[205] Für die strafrechtliche Beurteilung wird z.t. einschränkend verlangt, dass die Zahlungsunfähigkeit einen nicht unerheblichen Teil der Zahlungspflichten betreffen muss.[206]

2. Insolvenzrechtsakzessorietät der Krisensituation

Schwierigkeiten für die Auslegung der Merkmale der Krisensituation könnten sich aus der Insolvenzrechtsakzessorietät der §§ 283 ff. StGB ergeben. Zu denken ist an eine Auslegung, die sich an den Regeln des deutschen Rechts, namentlich der InsO orientiert, oder aber an eine an englischen Maßstäben orientierte Auslegung, namentlich nach dem IA 1986. „Relativiert"[207] wird diese Schwierigkeit jedoch dadurch, dass sich das anzuwendende Insolvenzrecht nach der EuInsVO[208] danach bestimmt, in welchem Mitgliedstaat das Verfahren zu eröffnen ist, vgl. Art. 4, 28 EuInsVO. Art. 3 Abs. 1 S. 1 EuInsVO regelt hierzu die internationale Zuständigkeit für die Eröffnung eines Insolvenzverfahrens. Die Vermutung des Art. 3 Abs. 1 S. 2 EuInsVO, dass der Mittelpunkt der hauptsächlichen Interessen des Schuldners im Land seines satzungsmäßigen Sitzes liegt, würde hier zunächst für die Zuständigkeit der englischen Gerichte sprechen und damit die Auslegung der Krisenmerkmale nach englischem Recht nahelegen. Da gemäß § 5 Abs. 1 S. 1 InsO das Insolvenzge-

---

203 *Uhlenbruck*, wistra 1996, 1, 5; *Bieneck*, StV 1999, 43, 45; a.M. *Bittmann*, wistra 1998, 321, 325, der eine Prognose für i.d.R. ein Jahr verlangt.

204 Vgl Kübler/Prütting/*Pape*, InsO, § 18 Rn. 9; *Reck*, GmbHR 1999, 267, 270; SK-StGB/ *Hoyer*, § 283 Rn. 24.

205 M-G/B/*Bieneck*, § 76 Rn. 59.

206 S/S/*Stree/Heine*, § 283 Rn. 53; LK-StGB/*Tiedemann*, Vor § 283 Rn. 139.

207 *Rönnau*, ZGR 2005, 832, 853.

208 EG-Verordnung Nr. 1346/2000 des Rates vom 29.5.2000 über Insolvenzverfahren, ABlEG Nr. L 160 v. 30.6.2000; dazu ausführlich *Schilling*, DZWIR 2006, 143 ff. zur englischen und deutschen Insolvenzverfahrenseröffnung.

richt von Amts wegen jedoch alle Umstände zu ermitteln hat, die für das Insolvenzverfahren von Bedeutung sind, muss der deutsche Richter auch prüfen, ob der Mittelpunkt der hauptsächlichen Interessen der Limited nicht etwa doch in Deutschland liegt. Die Vermutung des § 3 Abs. 1 S. 2 EuInsVO kann damit also vom deutschen Gericht widerlegt werden. Im 13. Erwägungsgrund der Verordnung heißt es dazu: „Als Mittelpunkt der hauptsächlichen Interessen sollte der Ort gelten, an dem der Schuldner gewöhnlich der Verwaltung seiner Interessen nachgeht und (der) damit für Dritte feststellbar ist."[209] Dritte in diesem Sinne sind hierbei die potenziellen Gläubiger des Schuldners.[210]

Im Fall der Scheinauslandsgesellschaft in Form der Limited dürfte der Beweis, dass der Mittelpunkt der hauptsächlichen Interessen Deutschland ist, regelmäßig unschwer zu erbringen sein. Meist wird sich die wirtschaftliche Tätigkeit der Limited ausschließlich auf Deutschland beschränken. Als Konsequenz wären die deutschen Gerichte für die Eröffnung des Insolvenzverfahrens zuständig, die dann gemäß Art. 4 Abs. 1 EuInsVO inländisches, d.h. deutsches Insolvenzrecht (*lex fori concursus*) anzuwenden haben.[211]

Die Merkmale der Überschuldung und der drohenden bzw. eingetretenen Zahlungsunfähigkeit sind damit im Fall der etwaigen Strafbarkeit eines Directors einer Scheinauslands-Limited wegen eines Bankrottdelikts gemäß §§ 283 ff. StGB nach deutschen Maßgaben auszufüllen.[212] Es ergeben sich somit im Hinblick auf die oben genannten Begriffe keine besonderen Auslegungsprobleme. Dass der IA 1986 also z.B. die Zahlungsunfähigkeit in Sec. 123 (1) (a) IA 1986 von der deutschen Regelung abweichend bestimmt – die Zahlungsunfähigkeit wird u.a. dort vermutet, wenn ein Gläubiger nachweist, dass der Gesellschaft eine Zahlungsaufforderung bzgl. einer Schuld, die mehr als 750,- britische Pfund beträgt zugegangen ist, diese Forderung jedoch innerhalb von drei Wochen nicht beglichen worden ist –, kann damit unbeachtet bleiben. Auch die Feststellung der Überschuldung kann für eine Limited nach § 19 Abs. 2 InsO erfolgen, bzw. kann zum gleichen Zeitpunkt angenommen werden wie etwa bei einer GmbH, ohne dass sich hiergegen Bedenken aus europarecht-

---

209 Vgl. auch Eidenmüller/*Eidenmüller*, § 9 Rn. 10.
210 High Court of Justice Leeds NZI 2004, 219.
211 Vgl. *Borges*, ZIP 2004, 733, 737; Eidenmüller/*Eidenmüller*, § 9 Rn. 6 ff.; *Müller*, NZG 2003, 414, 415; *Radtke/Hoffmann*, EuZW 2009, 404, 407; *Rönnau*, ZGR 2005, 832, 852, 853.
212 *Kienle*, GmbHR 2007, 696, 698; *Radtke/Hoffmann*, EuZW 2009, 404, 408.

lichen Gesichtspunkten ergeben. Die Überschuldung wird im IA 1986 ohnehin nahezu identisch bestimmt wie in der InsO, wenn es in Sec. 123 (2) IA 1986 heißt, dass Überschuldung vorliegt, wenn die Aktiva der Gesellschaft weniger wert sind als die Passiva, wobei die eventuellen und voraussichtlichen Verbindlichkeiten mitberücksichtigt werden („...that the value of the company's assets is less than the amount of its liabilities, taking into account its contingent and prospective liabilities...").

III. § 283 Abs. 6 StGB – objektive Strafbarkeitsbedingungen

Wie die objektiven Strafbarkeitsbedingungen des § 283 Abs. 6 StGB bei einer in Deutschland niedergelassenen Limited festgestellt bzw. bestimmt werden, ist ebenfalls zu klären. Zu denken ist auch hier an eine Auslegung, die sich an den Regeln des deutschen Rechts, namentlich der InsO orientiert, oder aber an eine Auslegung nach englischen Maßstäben, namentlich nach dem Insolvency Act 1986.

1. Insolvenzrechtsakzessorietät der Zahlungseinstellung

Die Zahlungseinstellung liegt vor, wenn der Schuldner nach außen hin erkennbar und wegen eines wirklichen oder angeblich dauernden (nicht nur vorübergehenden) Mangels an Mitteln damit aufhört, seine fälligen und jeweils ernsthaft eingeforderten Geldverbindlichkeiten ganz oder im Wesentlichen zu erfüllen.[213] Echte Zahlungsunfähigkeit i.S. des § 17 Abs. 2 InsO setzt diese objektive Bedingung der Strafbarkeit i.S. des § 283 Abs. 6 StGB hingegen nicht voraus, da nach dem Wortlaut für § 283 Abs. 6 StGB die Einstellung der Zahlung genügt und die Unfähigkeit der Zahlung nicht gefordert ist. Deshalb mag sich die Definition des § 17 Abs. 2 S. 1 InsO zwar auf das Krisenmerkmal des § 283 Abs. 1 StGB auswirken, nicht dagegen auf die objektive Strafbarkeitsbedingung der Zahlungseinstellung i.S. des § 283 Abs. 6 StGB.[214] § 283 Abs. 6 StGB beschreibt ein faktisches Verhaltensbild, während insolvenzrecht-

---

213 BGH NJW 2001, 1874 mit Bespr. *Krause*, NStZ 2002, 42, *Krüger*, wistra 2002, 52; *Bieneck*, StV 1999, 43, 45; SSW-StGB/*Bosch*, § 283 Rn. 16; *Lackner/Kühl*, § 283 Rn. 27; MK-StGB/ *Radtke*, Vor § 283 Rn. 97; LK-StGB/*Tiedemann*, Vor § 283 Rn. 144 m.w.N.

214 *Lackner/Kühl*, § 283 Rn. 27; MK-StGB/*Radtke*, Vor § 283 Rn. 60.

lich der Zahlungseinstellung gemäß § 17 Abs. 2 S. 2 InsO lediglich eine Indiz-funktion für die Zahlungsunfähigkeit als Insolvenzgrund zukommt.[215] Die Aus-legung des Begriffs der Zahlungseinstellung ist damit also weder an der InsO noch am IA 1986 zu orientieren.

Wie die Zahlungseinstellung jedoch praktisch von den zuständigen Ermitt-lungsbehörden und Strafgerichten bestimmt bzw. festgestellt wird, muss im Weiteren geklärt werden. Nicht erforderlich ist die Einstellung aller Zahlun-gen.[216] Das Bedienen einer einzelnen Forderung kann nicht die Zahlungsein-stellung ausschließen, wenn der Großteil der gesamten fälligen Forderungen hingegen nicht bedient wird.[217] Andererseits kann das Nichtbedienen einer einzigen Forderung schon für die Zahlungseinstellung genügen, wenn diese den überwiegenden Teil der fälligen Gesamtforderungen ausmacht.[218] Angenom-men wird die Zahlungseinstellung zum Teil erst ab der Nichtbegleichung von 2/3[219] oder gar 3/4[220] der Geldschulden, womit man sich mit so engen Anfor-derungen jedoch (zu) weit von der Zahlungsunfähigkeit entfernen würde,[221] für welche die Einstellung der Zahlung ja immerhin indizielle Wirkung hat. Zur (widerlegbaren) Vermutung der Zahlungsunfähigkeit i.S. des § 17 Abs. 2 S. 2 InsO genügt nach dem BGH nämlich bereits, dass die sog. Liquiditätslücke 10 % der fälligen Forderungen innerhalb eines dreiwöchigen Rahmens betrifft. Mit den Worten des BGH: „Beträgt die Liquiditätslücke des Schuldners 10% oder mehr, ist regelmäßig von Zahlungsunfähigkeit auszugehen, sofern nicht ausnahmsweise mit an Sicherheit grenzender Wahrscheinlichkeit zu erwarten ist, dass die Liquiditätslücke demnächst vollständig oder fast vollständig besei-tigt werden wird und den Gläubigern ein Zuwarten nach den besonderen Um-ständen des Einzelfalles zuzumuten ist.“[222] Ausreichend für die Annahme der Zahlungseinstellung muss deswegen sein, dass mehr als 50 % der fälligen und eingeforderten Geldschulden nicht beglichen werden.[223]

---

215 *Bieneck*, StV 1999, 43, 45; a.M. *Röhm*, S. 210.
216 S/S/*Heine*, § 283 Rn. 60.
217 Für das frühere Konkursrecht ebenso BGH NJW-RR 2001, 1204; MK-StGB/*Radtke*, Vor § 283 Rn. 96.
218 Vgl. BGHZ 149, 178, 189 = NJW 2002, 515, 518; MK-StGB/*Radtke*, Vor § 283 Rn. 96.
219 In diese Richtung S/S/*Heine*, § 283 Rn. 60.
220 So SK-StGB/*Hoyer*, Vor § 283 Rn. 13.
221 Zutreffend MK-StGB/*Radtke*, Vor § 283 Rn. 96.
222 BGHZ 163, 134-148.
223 Vgl. expl. *Bieneck*, wistra 1992, 90 und StV 1999, 45; S/S/*Heine*, § 283 Rn. 60; MK-StGB/ *Radtke*, Vor § 283 Rn. 96; LK-StGB/*Tiedemann*, Vor § 283 Rn. 145.

Werden deutsche Ermittlungsbehörden und Strafgerichte im Fall einer Scheinauslands-Limited tätig, können sie also für die Auslegung des Merkmals der Zahlungseinstellung als faktische Verhaltensweise diese deutschen Maßstäbe heranzuziehen. Ausschlaggebend ist damit nach der hier vertretenen Ansicht, ob die Limited mehr als 50 % der fälligen und eingeforderten Geldschulden nicht begleicht.

2. Insolvenzrechtsakzessorietät der Eröffnung des Insolvenzverfahrens bzw. der Abweisung des Eröffnungsantrags mangels Masse

Noch unproblematischer gestaltet sich dies bei den Merkmalen „Eröffnung des Insolvenzverfahrens" und „Abweisung des Eröffnungsantrags mangels Masse", da es hier nämlich ausschließlich auf den formalrechtlichen Akt der Eröffnung des Insolvenzverfahrens bzw. der Abweisung des Eröffnungsantrags sowie auf dessen Rechtskraft ankommt.[224] Ebenso wie den Krisenmerkmalen „Überschuldung" sowie „drohende/eingetretene Zahlungsunfähigkeit", welche die Tatsituation der §§ 283 ff. StGB kennzeichnen, hilft hier Art. 3 Abs. 1 S. 1 EuInsVO, welcher – wie oben gesagt – die internationale Zuständigkeit für die Eröffnung eines Insolvenzverfahrens regelt. Konnte die Vermutung des Art. 3 Abs. 1 S. 2 EuInsVO, dass der Mittelpunkt der hauptsächlichen Interessen des Schuldners im Land seines satzungsmäßigen Sitzes widerlegt werden, konnte also festgestellt werden, dass der Mittelpunkt der hauptsächlichen Interessen der Limited in Deutschland liegt, sind die deutschen Gerichte zur Eröffnung des Insolvenzverfahrens bzw. der Abweisung des Eröffnungsantrags berufen. Deren gerichtliche Entscheidungen sind damit für die Frage nach der Erfüllung dieser objektiven Strafbarkeitsbedingungen maßgeblich.

---

224 SK-StGB/*Hoyer*, Vor § 283 Rn. 15; S/S/*Stree/Heine*, § 283 Rn. 61.

Täterkreis	• Die „echte Organhaftung" i.S. des § 14 Abs. 1 Nr. 1 StGB trifft den Limited-Director, da er unter den Organbegriff des § 14 Abs. 1 Nr. 1 StGB subsumiert werden kann.
	• Der Limited-Director haftet hilfsweise als *agent* gemäß § 14 Abs. 2 Nr. 1 StGB i.S. der sog. Vertreterhaftung.
	• Dass das englische Recht die sog. Verbandsstrafe, d.h. die Strafbarkeit der juristischen Person kennt, berührt die Anwendbarkeit des § 14 StGB nicht. Die Verbandsstrafe führt nicht zum Freiwerden des Limited-Directors von Strafe.
Tatsituation	• Die Merkmale der Überschuldung und der drohenden bzw. eingetretenen Zahlungsunfähigkeit sind nach den Legaldefinitionen der §§ 17-18 InsO zu bestimmen und nicht etwa nach dem Insolvency Act 1986.
Objektive Strafbarkeitsbedingungen	• Die Bestimmung der objektiven Strafbarkeitsbedingungen – namentlich der Zahlungseinstellung, der Eröffnung des Insolvenzverfahrens und deren Abweisung mangels Masse – erfolgt nach deutschen Maßstäben.

C. Die Handlungsvarianten des § 283 Abs. 1 Nr. 1-4 StGB

I. Vornahme durch den Limited-Director

Zunächst sind – nach dem bisher zur Tätertauglichkeit sowie zur Tatsituation und zu den objektiven Strafbarkeitsbedingungen Festgestellten – keine Gründe ersichtlich, weshalb der Director einer Scheinauslands-Limited eine gemäß § 283 Abs. 1 Nr. 1-4 StGB tatbestandsmäßige Handlung in tatsächlicher Hinsicht nicht vornehmen und damit alle erforderlichen Tatbestandsmerkmale erfüllen könnte.

Zu denken ist dabei z.b. an den Fall, in dem der Director einer Scheinauslands-Limited in einer Krisensituation das sich noch auf dem Geschäftskonto befindliche Limited-Vermögen auf sein privates Bankkonto überweist, um dieses für persönliche Zwecke zu retten.[225] Er schafft damit die gegen die Bank bestehende Forderung i.H. des sich noch auf dem Konto befindlichen Limited-Vermögens, also einen Vermögensbestandteil, worunter jeder bewegliche oder unbewegliche geldwerte Gegenstand zu verstehen ist, der im Fall der Eröffnung des Insolvenzverfahrens zur Insolvenzmasse gehören würde,[226] i.S. des § 283 Abs. 1 Nr. 1 Var. 1 StGB beiseite. Er verbringt den Vermögensbestandteil in eine (veränderte) tatsächliche oder rechtliche Lage, in der den Gläubigern ein alsbaldiger Zugriff unmöglich gemacht bzw. immerhin erschwert wird.[227]

Ebenso kann der Director der Limited auch einen Vermögensbestandteil i.S. des § 283 Abs. 1 Nr. 1 Var. 2 StGB verheimlichen, wenn er den Vermögensbestandteil bzw. seine Zugehörigkeit zur Insolvenzmasse der Kenntnis der Gläubiger entzieht,[228] eine Beschädigung i.S. des § 283 Abs. 1 Nr. 1 Var. 3 StGB begehen,[229] sowie den Vermögensbestandteil zerstören[230] und unbrauchbar machen.[231] Der für Variante 3 des § 283 Abs. 1 Nr. 1 StGB erforderliche Widerspruch zu den Anforderungen ordnungsgemäßer Wirtschaft ist auf Grund einer ex-ante-Beurteilung der Richtigkeit oder Vertretbarkeit der Maßnahme zu bestimmen, enthält insofern also keine möglicherweise problematische gesellschaftsrechtliche Anknüpfung.[232]

Da die Frage, was zur Insolvenzmasse gehört, insolvenzrechts-akzessorisch zu beantworten ist, ergeben sich auch im Fall der Scheinauslands-Limited keine Probleme. Im hier zugrundegelegten Fall der Limited mit COMI in Deutschland erfolgt – wie oben gezeigt – die Eröffnung des Insolvenzverfahrens unter Durchbrechung der Vermutung des Satzungssitzes bei Auslandsgesellschaften

225 Abgewandelt aus *Hellmann/Beckemper*, § 3 Rn. 341.
226 RGSt 62, 152; vgl. LK-StGB/*Tiedemann*, § 283 Rn. 23 m.w.N.
227 Frankfurt NStZ 1997, 551, 552 m.w.N.; vgl. auch SSW-StGB/*Bosch*, § 283 Rn. 4.
228 S/S/*Heine*, § 283 Rn. 4; *Lackner/Kühl*, § 283 Rn. 10; beide m.w.N.
229 BGHSt 13, 207; 44, 34, 38.
230 So die Rspr. des BGH; vgl. *Lackner/Kühl*, § 303 Rn. 7; krit. NK-StGB/*Zaczyk*, § 303 Rn. 9.
231 Vgl. *Lackner/Kühl*, § 87 Rn. 2.
232 LK-StGB/*Tiedemann*, Vor § 283 Rn. 96–116 und zusf. *ders.*, ZIP 1983, 513, 519.

mit inländischem Verwaltungssitz gemäß Art. 3 Abs. 2 EuInsVO in Deutschland, was die Geltung des Rechts des „Staats der Verfahrenseröffnung", namentlich also der InsO, nach sich zieht.

Mit seiner Variante 1 erfasst § 283 Abs. 1 Nr. 2 StGB zunächst das Eingehen bestimmter Risikogeschäfte, die im Widerspruch zu den Anforderungen einer ordnungsgemäßen Wirtschaft stehen. Als Risikogeschäfte nennt § 283 Abs. 1 Nr. 2 StGB zunächst Verlustgeschäfte, worunter Geschäfte zu verstehen sind, die von vornherein auf einen Vermögensverlust angelegt sind, bei denen also schon die Vorauskalkulation bei Gegenüberstellung der Einnahmen und Ausgaben einen Negativsaldo ergibt.[233] Solche Geschäfte kann auch der Limited-Director vornehmen. Dasselbe gilt für Spekulationsgeschäfte, bei denen ein besonders großes Risiko in der Hoffnung eingegangen wird, einen größeren als den üblichen Gewinn zu erzielen, aber um den Preis, möglicherweise einen größeren Verlust zu erleiden.[234] Kommt es dem Limited-Director auf die Zahlung der Differenz zwischen dem An- und Verkaufspreis, nicht auf die Lieferung der Ware an, handelt es sich um ein Differenzgeschäft mit Waren oder Wertpapieren.[235] Am Widerspruch zu den Anforderungen einer ordnungsmäßen Wirtschaft kann es zum einen fehlen, wenn das Geschäft zum ordentlichen Geschäftskreis des Schuldners – hier also der Limited – gehört,[236] zum anderen, wenn das Geschäft der Limited trotz des eingegangenen Risikos nach den Umständen einen vernünftigen wirtschaftlichen Zweck zu erfüllen geeignet ist.[237]

Die 2. Variante des § 283 Abs. 1 Nr. 2 StGB betrifft einen wirtschaftlich unvertretbaren Aufwand. Auch der Limited-Director verbraucht durch unwirtschaftliche Ausgaben, Spiel oder Wetten übermäßige Beträge, wenn dieser Verbrauch angesichts der Leistungsfähigkeit der Limited unangemessen ist und über ihre wirtschaftlichen Kräfte hinaus geht. Durch die Belastung des Vermögens der Limited mit einer Verbindlichkeit kann der Limited-Director übermäßige Beträge schuldig werden. Dabei sind als unwirtschaftlich solche Ausgaben zu verstehen, die „das Maß des Notwendigen und Üblichen überschreiten und

---

233 BT-Dr. 7/5291, S. 18.
234 BT-Dr. 7/3441, S. 35; SK-StGB/*Hoyer*, § 283 Rn. 44.
235 Vgl. SK-StGB/*Hoyer*, § 283 Rn. 46; S/S/*Stree/Heine*, § 283 Rn. 11; beide m.w.N.
236 Vgl. M-G/B/*Bieneck*, § 86 Rn. 8; *Lackner/Kühl*, § 283 Rn. 11; beide m.w.N.
237 Beispiele bei S/S/*Stree/Heine*, § 283 Rn. 12.

zum Gesamtvermögen und Einkommen des Schuldners in keinem angemessenen Verhältnis stehen".[238]

Wurden Waren oder Wertpapiere beschafft, d.h. rechtsgeschäftlich erlangt,[239] und gibt der Director nunmehr Rechte der Limited an den Waren u.s.w. entgeltlich oder unentgeltlich auf, veräußert er sie.[240] Durch jede andere Disposition, mit der ohne Eigentumsaufgabe die Sachherrschaft preisgegeben wird, kann der Director die Waren u.s.w. „seiner" Limited abgeben. Wann er die Ware u.s.w „erheblich unter dem Wert" veräußert oder abgibt, ist nach dem Marktwert oder sonst üblichen Preis zur Zeit der Abgabe zu bestimmen,[241] hat also keinen insolvenzrechtsakzessorischen Charakter. Auch § 283 Abs. 1 Nr. 3 StGB setzt den Widerspruch zu den Anforderungen einer ordnungsgemäßen Wirtschaft voraus.[242]

Rechte anderer kann der Director i.S. des § 283 Abs. 1 Nr. 4 StGB erdichten, wenn sie überhaupt nicht oder nicht in der behaupteten Form gegen die Limited bestehen. Hinzukommen muss die Geltendmachung des Directors gegenüber anderen, durch welches ein Recht vorgetäuscht wird. Erklärt der Director in Zusammenarbeit mit dem Scheingläubiger, dass diesem gegenüber ein Recht bestehe, so erkennt er ein Recht an.[243]

II. Einschränkung der Niederlassungsfreiheit der Artt. 49, 54 AEUV

Möglicherweise liegt hier aber eine sog. (echte) Kollision[244] zwischen dem deutschen Strafrecht und dem Gemeinschaftsrecht der Artt. 49, 54 AEUV vor. Eine solche Kollision würde aufgrund des Neutralisierungsprinzips,[245] welches sich aus dem Vorrang des Gemeinschaftsrechts ergibt,[246] dazu führen, dass die deutschen Strafverfolgungsorgane die fragliche Strafnorm nicht anwenden

---

238 BT-Dr. 7/3441, S. 34 m.w.N.; vgl. auch *Tiedemann*, KTS 1984, 539, 549.
239 So BGHSt 9, 84; S/S/*Stree/Heine*, § 283 Rn. 20; str.
240 RGSt 48, 217; NK-StGB/*Kindhäuser*, § 283 Rn. 22; a.M. *Fischer*, § 283 Rn. 14.
241 SK-StGB/*Hoyer*, § 283 Rn. 57.
242 *Lackner/Kühl*, § 283 Rn. 11, 14 mit Beispielen.
243 Vgl. *Lackner/Kühl*, § 283 Rn. 15 m.w.N.
244 Grundlegend EuGHE, 1979, 646, 669 („Cassis de Dijon"); vgl. nur *Hecker*, § 9 Rn. 10 m.w.N.
245 Dazu *Satzger*, S. 478 ff. („Neutralisierung deutscher Strafvorschriften").
246 *Hecker*, § 9 Rn. 11, 13 („Vorrangregel").

dürften. Die Kollision würde damit faktisch den Anwendungsbereich der Strafnorm bereits auf der Tatbestandsebene einschränken. Die Tatbestandsmäßigkeit des konkreten Verhaltens des Limited-Directors wäre daher zu verneinen.

1. Weites Verständnis der Niederlassungsfreiheit

Die Anwendung der Strafvorschrift des § 283 Abs. 1 Nr. 1-4 StGB auf die Limited bzw. ihren Limited-Director könnte wegen einer von ihr ausgehenden Beschränkung der europarechtlich verbürgten Niederlassungsfreiheit i.S. der Artt. 49, 54 AEUV nicht gemeinschaftsrechtskonform sein. Die Niederlassungsfreiheit „umfasst" – wie bereits gezeigt – gemäß Art. 49 Abs. 2 AEUV „die Aufnahme und Ausübung selbständiger Erwerbstätigkeiten sowie die Gründung und Leitung von Unternehmen [...] nach den Bestimmungen des Aufnahmestaates für seine eigenen Angehörigen".

Nach Auffassung des EuGH verbieten die Vorschriften zur Niederlassungsfreiheit zum einen direkte und indirekte Diskriminierungen aufgrund der Staatsangehörigkeit[247] und zum zweiten auch Beschränkungen bzw. Behinderungen.[248] Ist die Reichweite des Diskriminierungsverbots mittlerweile hinreichend konkretisiert,[249] lassen die bisher zum Beschränkungsverbot gefällten Entscheidungen noch keinen sicheren Schluss zu, wo die Grenze dieses Beschränkungsverbots zu finden ist und welche Regelungs- und Kontrollkompetenzen den Mitgliedstaaten verbleiben. Mit dem Urteil vom 11.7.1974 prägte der EuGH in seiner Rechtsprechung zur Warenverkehrsfreiheit die sehr weite sog. „Dassonville-Formel", nach der eine Handelsregelung, die geeignet erscheint, „den innergemeinschaftlichen Handel unmittelbar oder mittelbar, tatsächlich oder potenziell zu behindern",[250] dem Mitgliedstaat grundsätzlich verboten ist. Ziel dieser Rechtsprechung war es, alle denkbaren Handelsbe-

---

247 Zum Diskriminierungsverbot als Ausgangspunkt Callies/Ruffert/*Bröhmer*, Art. 43 EGV Rn. 20-22.
248 EuGH NVwZ 1993, 661 Rn. 32 („Kraus"); EuGH NJW 1996, 579 Rn. 37 („Gebhard"); EuGH NJW 2004, 2439 („Lasteyrie du Saillant"); zur Entwicklung der Niederlassungsfreiheit vom Grundsatz der Inländergleichbehandlung hin zu einem allgemeinen Beschränkungsverbot Callies/Ruffert/*Bröhmer*, Art. 43 EGV Rn. 20-34; vgl. auch *Hecker*, S. 337; Grabitz/Hilf/*Randelzhofer/Forsthoff*, Art. 43 Rn. 66; *Schanze/Jüttner* AG 2003, 661, 667 ff.
249 Vgl. die Nachweise aus der EuGH-Rspr. bei Callies/Ruffert/*Bröhmer*, Art. 43 EGV Rn. 21.
250 EuGH NJW 1975, 515 („Dassonville"); vgl. Grabitz/Hilf/*Leible*, Art. 28 Rn. 12 m.w.N.

schränkungen zu verhindern und so den barrierefreien Binnenmarkt durchzusetzen.

Ähnliches soll seit der EuGH-Rechtsprechung in den Rechtssachen „Centros", „Überseering„ und „Inspire Art" für das Gesellschaftsrecht gelten. Der EuGH hat – wie oben gezeigt – in seiner „Inspire Art"-Entscheidung eine (niederländische) Regelung, die die Zweigniederlassung der nach englischem Recht wirksam gegründeten *Inspire Art Ltd.* dazu verpflichten sollte, die Vorschriften des Niederlassungsstaats über das Stammkapital und die Haftung der Geschäftsführer zu beachten, als Behinderung der Ausübung der vom Vertrag anerkannten Niederlassungsfreiheit dieser Gesellschaften bewertet.

Insbesondere für den Bereich des Strafrechts stellt sich nun aber die weitreichenden Fragen, ob die Gründungstheorie auch für das Strafrecht gilt, also ausländische EU-Gesellschaften ihr gesamtes Gründungsrecht-Strafrecht bzw. dessen Schutzniveau i.S. eines Maximums mit in den Zuzugsstaat bringen, ob sie „zumindest" das gesellschaftsrechtsakzessorische Strafrecht i.S. eines Maximums mit in den Zuzugsstaat bringen, oder ob sie vielmehr das gesamte im Zuzugsstaat geltende Strafrecht ohne Rücksicht auf das Strafrecht des Herkunftsstaates trifft.

Ist dies schon für das mitbetroffene deliktische Zivilrecht und Insolvenzrecht nicht unumstritten, ist im Fall des Strafrechts eine noch grundlegendere Ebene betroffen, bildete doch das Kriminalstrafrecht bis ins ausgehende 20. Jahrhundert ein „Refugium des nationalen Rechts" und gilt das Rechtssetzungs- und Rechtsdurchsetzungsmonopol auf dem Gebiet des Strafrechts bis heute vielfach als Ausdruck nationalstaatlicher Souveränität.[251]

Im ersten Urteil eines Strafgerichts – des AG Stuttgart –[252] aus dem Jahr 2007 wurde sowohl § 283 Abs. 1 Nr. 7b StGB als auch die Untreue gemäß § 266 StGB ohne Problembewusstsein im Hinblick auf Artt. 49, 54 AEUV auf den deutschen Director einer Limited mit COMI in Deutschland angewendet. Nicht gefragt wurde, ob die Strafbarkeit des Directors eine Beschränkung der Niederlassungsfreiheit der Limited darstellen könnte, die gemeinschaftsrechtswidrig sein könnte bzw. nach europarechtlichen Maßstäben zu rechtfertigen wäre.

---

251 *Heger*, S. 16 ff.; vgl. auch *Satzger*, S. 5, 152 ff.; *Zuleeg*, JZ 1992, 761, 762.
252 AG Stuttgart wistra 2008, 226 m. zust. Anm. *Schumann*, 229 ff.

Dabei hat die Literatur seit den EuGH-Entscheidungen „Centros", „Übersee-ring" und „Inspire Art" durchaus erkannt, dass auch eine Strafvorschrift des Zuzugsstaats die Niederlassung einer Gesellschaft unattraktiver machen kann, auch wenn es sich um eine uniform wirkende Maßnahme handelt, die nicht auf eine Erschwerung des Marktzugangs abzielt. Faktisch beschränkt sie die Nie-derlassungsfreiheit, wenn sie den Marktzugang wesentlich beeinträchtigt und eröffnet damit grundsätzlich den Anwendungsbereich der Artt. 49, 54 AEUV.[253] Es soll sich dann um eine Beschränkung der Niederlassungsfreiheit handeln, die entweder der Rechtfertigung wegen einer „missbräuchlichen oder betrügerischen Berufung auf Gemeinschaftsrecht" nach Art. 52 AEUV bedarf oder nach dem „Vier-Konditionen-Test" aus zwingenden Gründen des Allge-meininteresses gerechtfertigt werden muss.[254]

a. Schutzbereichseröffnung bei „faktischem Beschränkungsbegriff"

Zunächst könnte man bei einem faktischen Beschränkungsverständnis durchaus anführen, dass eine faktische Einschränkung der Niederlassungsfreiheit nicht davon abhängig ist, ob die jeweilige Vorschrift gesellschaftsrechtlich „qualifi-ziert" bzw. „etikettiert" wird. Zutreffend ist, dass die „rechtliche Einklei-dung"[255] einer Vorschrift des Zuzugsstaats noch keine Aussage darüber trifft, ob die Auslandsgesellschaft durch sie möglicherweise in ihrer Niederlassungs-freiheit beschränkt wird oder nicht. Vielmehr muss bei diesem Verständnis gefragt werden, ob sich eine bestimmte Regelung – rechtlich oder tatsächlich, direkt oder indirekt – so auf die Niederlassungsfreiheit auswirkt,[256] dass sie geeignet ist, die Ausübung dieser zu unterbinden, zu behindern oder weniger

---

253 Grundlegend: *Spindler/Berner*, RIW 2004, 7, 14 f.; vgl. Sandrock/Wetzler/*Hoffmann*, S. 227 ff.; *Kienle*, GmbHR 2007, 696 ff.; *Radtke*, GmbHR 2008, 729 ff.; *Radtke/Hoffmann*, EuZW 2009, 404 ff.; *Rönnau*, ZGR 2005, 832 ff.; *Schlösser*, wistra 2006, 81 ff.; *Worm*, Die Strafbarkeit eines directors einer englischen Limited nach deutschem Strafrecht.

254 Vgl. aus der zivilrechtlichen Rechtsprechung OLG Zweibrücken DB 2003, 1264, 1265 (Zur Eintragung der Zweigniederlassung einer im EU-Ausland gegründeten Kapitalgesellschaft mit tatsächlichem Verwaltungssitz in Deutschland"); aus der Lit. *Knapp*, DNotZ 2003, 85, 89; *Schanze/Jüttner*, AG 2003, 661, 667.

255 Eidenmüller/*Eidenmüller*, § 3 Rn. 8; abl. MK-BGB/*Kindler*, IntGesR, Rn. 338: „Käseglo-cken-Theorie".

256 Vgl. zu dieser Formulierung Eidenmüller/*Eidenmüller*, § 3 Rn. 4, 9 m.w.N.

attraktiv zu machen.[257] Ist dies der Fall, soll die Vorschrift die Niederlassungs-freiheit beschränken und daher prinzipiell rechtfertigungsbedürftig sein. Neben gesellschaftsrechtlichen Regelungen könnten also ebenso Vorschriften, die durch eine nicht-gesellschaftsrechtliche Anknüpfung zur Anwendung gebracht werden, eine rechtfertigungsbedürftige Beschränkung darstellen.[258]

Zunächst bedarf es der Begründung, dass der von einer Strafvorschrift aus-gehende Normappell, das im Tatbestand beschriebene Verhalten zu unterlas-sen, überhaupt Auswirkungen darauf haben kann, ob nach Vornahme des tat-bestandlichen Verhaltens – also bei einem in der Vergangenheit liegenden Sachverhalt – eine Strafbarkeit ausscheiden soll, weil im Vorfeld die Nieder-lassungsfreiheit beschränkt wurde. Dass der etwaige abschreckende Charakter einer „potentiellen strafrechtlichen Verantwortlichkeit", sei es auch „von Ge-sellschaftsorganen", eine unzulässige Beschränkung der Niederlassungsfreiheit darstellen kann, wird zwar teilweise bezweifelt,[259] ist aber nach der EuGH-Rechtsprechung zur Gemeinschaftsrechtswidrigkeit von Wirtschaftsstrafnor-men und im Hinblick auf das oben dargestellte Verhältnis von Gemeinschafts-recht und nationalem Strafrecht (Neutralisierungsprinzips bzw. Vorrangregel) zu bejahen.[260]

Insofern könnte auch dahinstehen, ob man § 283 Abs. 1 Nr. 1-4 als straf-rechtlich, gesellschaftsstrafrechtlich oder insolvenzstrafrechtlich qualifiziert. Auf jeden Fall handelt es sich wegen § 14 StGB um eine strafrechtliche Ge-schäftsleiter- oder Gesellschafterhaftung, die anders – vielleicht auch strenger – ausgestaltet ist als nach dem Recht des Gründungsstaats und die damit die Niederlassungsfreiheit der Auslandsgesellschaft zumindest mittelbar unattrak-tiver machen kann. *Eidenmüller* stellt – dabei aber nicht primär das Strafrecht im Blick habend – fest: „Bereits die bloße Veränderung der Haftungsstrukturen löst Anpassungsbedarf (Eigenkapitalausstattung, Informationsbedarf etc.) aus, abgesehen davon, dass die Gesellschaft aufgrund der für Geschäftsleiter

257 EuGH Rs. C-439/99 („Kommission/Italien"), Slg. 2002, I-305, Rn. 22. Vgl. auch bereits EuGH Rs. C-19/92 („Kraus"), Slg. 1993, I-1663, Rn. 32.

258 *Borges*, ZIP 2004, 733, 740; *Brand*, JR 2004, 89, 93; *Eidenmüller*, JZ 2004, 24, 27; *Eiden-müller/Rehm*, ZGR 2004, 159, 166; *Zimmer*, NJW 2003, 3585, 3591 f.; *Spindler/Berner*, RIW 2004, 7, 10.

259 *Schlösser*, wistra 2006, 81, 85: „kann [...] (wohl) nicht von einer unzulässigen Beschränkung ausgegangen werden."

260 Vgl. Sandrock/Wetzler/*Hoffmann*, S. 227, 245, 246 mit Verweis auf *Tiedemann*, NJW 1993, 23, 24 m.w.N. aus der EuGH-Rechtsprechung.

und/oder Gesellschafter neuartigen Haftungsrisiken möglicherweise von einer Niederlassung im Zuzugsstaat abgehalten wird".[261]

Auch bei den uniform wirkenden Strafnormen ohne Gesellschaftsrechtsbezug wäre damit vielmehr die Wirkung entscheidend, die von der Strafandrohung, die der konkreten Anwendung des Straftatbestands mit seiner Rechtsfolge vorgelagert ist, ausgeht. In der Zusammenschau mit dem sich aus der Strafnorm ergebenden Normappell kann die Androhung von Strafe durchaus geeignet sein,[262] die Ausübung der Niederlassungsfreiheit zu unterbinden, zu behindern oder zumindest weniger attraktiv zu machen. Zu prüfen wäre also, ob das Strafrecht des Herkunftslandes den gleichen oder gar einen strengeren Maßstab anlegt. In einem solchen Fall soll die Anwendung von milderem Zuzugsrecht unbedenklich sein.[263]

Würde jedoch die Anwendung des Zuzugsrechts eine Verschärfung im Vergleich zum Recht des Herkunftslandes darstellen, dann würde es sich um eine Maßnahme handeln, die wegen ihres beschränkenden Charakters rechtfertigungsbedürftig wäre. Im Fall der Anwendung des deutschen Strafrechts auf einen Limited-Director müsste also untersucht werden, ob das Verhalten, das vom deutschen Recht unter Strafe gestellt wird, auch nach englischem Recht strafbar wäre. Dass dabei eine absolute Identität nicht gefordert werden kann, sondern ausreichend sein muss, dass das gleiche Schutzanliegen mit gleichen Mitteln im Herkunftsland verfolgt wird, liegt auf der Hand. Sollte jedoch ein geringeres Schutzniveau vom Herkunftsrecht im Einzelfall für ausreichend erachtet werden, dürfte nur der Maßstab des Herkunftsrechts gelten – eine Rechtfertigung der Anwendung wäre – wie noch zu zeigen ist – in Anbetracht der Wertungen des Herkunftsstrafrechts äußerst problematisch.[264] Das Schutzniveau im Zuzugsstaat müsste also angepasst werden, um nicht in die Niederlassungsfreiheit einzugreifen.

---

261 Eidenmüller/*Eidenmüller*, § 3 Rn. 7 m.w.N.
262 Vgl. auch Sandrock/Wetzler/*Hoffmann*, S. 245, 246.
263 Sandrock/Wetzler/*Hoffmann*, S. 247.
264 Sandrock/Wetzler/*Hoffmann*, S. 246, 247; *Worm*, S. 147; beide aber mit dem Erfordernis des Gesellschaftsrechtsbezug.

b. Schutzbereichsbegrenzung anhand Gesellschaftsrechtsbezugs

Seit jeher wird jedoch – zu Recht – bereits für eine Restriktion der Reichweite der Niederlassungsfreiheit plädiert. Umstritten ist schon für das angrenzende allgemeine Zivilrecht sowie das Insolvenzrecht, ob EU-Auslandsgesellschaften neben ihrem gesamten Gesellschaftsrecht dieses ebenfalls „mit sich führen",[265] oder sich nur die Dinge, welche die Grundlagen der Gesellschaft betreffen – Entstehung, Verfassung, Erlöschen und Umwandlung – nach dem Recht des Gründungsstaats richten, alles andere hingegen – etwa der gesamte „Gläubigerschutz" sowie die unternehmerische Mitbestimmung – dem Recht am tatsächlichen Verwaltungssitz unterliegt.[266] Differenzierende Modelle lassen im Wege bestimmter Sonderanknüpfungen das grundsätzlich maßgebliche ausländische Gründungsrecht gegenüber inländischem Gesellschaftsrecht zurück-,[267] oder das inländische Zivil- und Insolvenzrecht neben das ausländische Gesellschaftsrecht treten.[268]

Erkannt haben schon *Schanze/Jüttner*, dass es „einer Rückkehr zur kolonialen Gründungstheorie" gleichkäme, würde man sämtliche beschwerenden Regelungen des Niederlassungsstaats als nach dem streng gehandhabten „Vier-Konditionen-Test" rechtfertigungsbedürftige Beschränkung der Niederlassungsfreiheit ansehen.[269] Diese im 18. Jahrhundert in England entwickelte Theorie verfolgte jedoch gerade das Ziel, die englischen Gesellschaften „mobil" zu machen, indem ihnen ermöglicht wurde, sich nach ihrem Herkunftsrecht zu gründen und diesem auch am Tätigkeitsort weiter zu unterstehen.[270] Ein solch extensives Verständnis des Beschränkungsbegriffs zöge eine „nicht gewollte Homogenisierung der verschiedenen Rechtssysteme" nach sich. Die europarechtliche Anerkennungspflicht sei vielmehr wechselseitig zu verstehen: „Ebenso wie der Niederlassungsstaat die aus anderen Mitgliedstaaten stam-

---

265 Sandrock/Wetzler/*Sandrock*, S. 33, 41 f., 52.; MK-BGB/*Kindler*, IntGesR, Rn. 338: „Art kollisionsrechtliche Käseglocken-Theorie"

266 *Altmeppen*, NJW 2004, 97; *Altmeppen/Wilhelm*, DB 2004, 1083, 1088 ff.

267 *Kindler*, NJW 2003, 1073, 1078 m.w.N.; vgl. auch *Ulmer*, JZ 1999, 662, 665; *ders.*, NJW 2004, 1201, 1208 f.

268 MK-BGB/*Kindler*, IntGesR, Rn. 338; *ders.*, NZG 2003, 1086, 1089 f.; vgl. auch *Bitter*, WM 2004, 2190, 2191 Fn. 29.

269 *Schanze/Jüttner*, AG 2003, 661, 666.

270 MK-BGB/*Kindler*, IntGesR, Rn. 265.

menden Gesellschaften zu respektieren hat, müssen auch diese Gesellschaften das Recht des Niederlassungsstaats respektieren".[271]

Für den hier zugrundegelegten Fall der Frage nach der Anwendbarkeit von Zuzugs-Strafrecht auf eine EU-Scheinauslandsgesellschaft wird bisher von einem Teil der Literatur zunächst eine Unterscheidung in gesellschaftsrechts-bezogene Strafvorschriften einerseits und gesellschaftsrechtsneutrale Strafvorschriften andererseits vorgenommen.[272]

Für gesellschaftsrechtliche Vorschriften gilt nach der vorgestellten EuGH-Rechtsprechung und nach einhelliger Auffassung gegenüber allen EU-Mitgliedsstaaten nunmehr die „Gründungstheorie". Danach sind selbst EU-Aus-landsgesellschaften, die im einen Staat nur zu dem Zweck gegründet wurden, um in einem anderen Mitgliedstaat wirtschaftlich tätig zu werden, nach dem Gesellschaftsrecht ihres Gründungsstaates zu behandeln.[273] Nach dieser vom EuGH postulierten speziellen „gesellschaftsrechtlichen Kollisionsregel" ist insbesondere für die Beurteilung der Rechts- und Parteifähigkeit und der Gesellschafter- und Geschäftsführerhaftung für Gesellschaftsverbindlichkeiten grundsätzlich das (Gesellschafts-)Recht des Gründungsstaates anzuwenden. Damit ist für die deutsche Kodifikation des „Internationalen Gesellschaftsrechts" europarechtlich bereits die Maßgeblichkeit der Gründungstheorie vorgegeben, was vom deutschen Gesetzgeber auch umgesetzt wird.[274] Diese vom EuGH im Rahmen der Niederlassungsfreiheit für das Gesellschaftsrecht aufgestellte Kollisionsregel der Maßgeblichkeit des Gründungsstatuts gelte in gleichem Maße für gesellschaftsrechtsakzessorische Vorschriften, zu denen auch Strafnormen mit unmittelbarem sowie mittelbarem Bezug zum Gesellschaftsrecht zu zählen sind. Die Anwendung von strengerem Gesellschaftsstrafrecht – Strafvorschriften mit unmittelbarem sowie mit mittelbarem Bezug zum Gesellschaftsrecht –[275] des Zuzugsstaates könnten danach eine grundsätzlich unzuläs-

---

271 *Schanze/Jüttner*, AG 2003, 661, 667.

272 *Eidenmüller*, JZ 2004, 24 ff.; Sandrock/Wetzler/*Hoffmann*, S. 247; *Schlösser*, wistra 2006, 81, 85; *Spindler/Berner*, RIW 2004, 7, 14 ff.; *Worm*, S. 44 ff.

273 BGHZ 154, 185; vgl. MK-BGB/*Kindler*, IntGesR, Rn. 124 ff.

274 So der Referentenentwurf – Gesetz zum Internationalen Privatrecht der Gesellschaften, Vereine und juristischen Personen, www.bmj.bund.de.

275 Sandrock/Wetzler/*Hoffmann*, S. 247: „mit direktem oder indirektem gesellschaftsrechtlichen Bezug"; *Spindler/Berner*, RIW 2004, 7, 10: „gesellschaftsrechtsakzessorische" und „quasi-gesellschaftsrechtsakzessorische" Vorschriften.

sige Beschränkung der Niederlassungsfreiheit der Artt. 49, 54 AEUV darstellen.

Mag dies allenfalls noch für die Straftatbestände mit Gesellschaftsrechtsbezug aus der Niederlassungsfreiheit gefolgert werden können, so lässt sich für gesellschaftsrechtsneutrale Strafvorschriften, die sich an jedermann richten, eine solche Ansicht kaum vertreten. Zu denken ist dabei an das anschauliche Beispiel des gegen den Geschäftsleiter einer Auslandsgesellschaft verhängten Fahrverbots wegen Trunkenheit am Steuer.[276] Ein solches würde nach der faktischen Ansicht eine rechtfertigungsbedürftige Beschränkung der Niederlassungsfreiheit darstellen. Außerhalb des Schutzbereichs der Artt. 49, 54 AEUV kann diese gesellschaftsrechtliche Kollisionsregel des EuGH, die ihre Legitimation erst aus der Niederlassungsfreiheit herleitet, indes keine Geltung beanspruchen.[277] Gesellschaftsrechtsneutrale Vorschriften können unter dem Gesichtspunkt der Niederlassungsfreiheit von Gesellschaften daher schon keine rechtfertigungsbedürftige Beschränkung darstellen.[278]

Das folgt zum einen aus dem Wortlaut des Art. 49 Abs. 2 AEUV, der von der Niederlassungsfreiheit die „Aufnahme und Ausübung selbständiger Erwerbstätigkeiten sowie die Gründung und Leitung von Unternehmen" umfasst sieht, sie gleichzeitig aber mit dem Zusatz „nach den Bestimmungen des Aufnahmestaats für seine eigenen Angehörigen" versieht, und damit schon EG-vertraglich ausdrücklich all diese Bestimmungen vom Schutzbereich der Artt. 49, 54 AEUV ausnimmt.

Auch die EuGH-Rechtsprechung führt zu keinem anderen Schluss, da sich alle bisher einschlägigen Urteile des Gerichtshofs ausschließlich auf die gesellschaftsrechtliche Behandlung der Gesellschaft selbst sowie ihrer Mitglieder und Organe „beschränkt" haben.[279] Ging es doch in „Centros", „Überseering"

---

276 *Eidenmüller*, JZ 2004, 24, 27.

277 MK-BGB/*Kindler*, IntGesR, Rn. 127.

278 BGH NJW 2005, 1648, 1650; LG Kiel DZWIR 2006, 390; *Bayer*, BB 2003, 2357, 2364 f.; *Kindler*, NZG 2003, 1086, 1090; *Weller*, DStR 2003, 1800, 1804; *Kersting/Schindler*, RdW 2003, 621, 625; *Meilicke*, GmbHR 2003, 1271, 1272; *Schumann*, DB 2004, 743, 745 f.; *Horn*, NJW 2004, 893, 899; *Ulmer*, NJW 2004, 1201, 1205, 1207 f.; *Kuntz*, NZI 2005, 424, 427; *Wilhelm*, ZHR 167 (2003), 520, 540; a.A. Sandrock/Wetzler/*Sandrock*, S. 33, 41 f.; Eidenmüller/*Eidenmüller*, § 3 Rn. 8, der aber z.B. einräumt, dass eine deliktische Handelndenhaftung nach Inlandsrecht niederlassungsrechtlich regelmäßig unbedenklich ist.

279 Vgl. oben „Centros", „Überseering", „Inspire Art".

und „Inspire Art" jeweils um die Anerkennung der Gesellschaft bzw. ihrer Form, die dem Gründungsrecht entsprach, nicht aber dem Zuzugsrecht. Gleichzeitig wurden ferner z.B. das internationale Insolvenzrecht (Art. 3, 4 EuInsVO), das internationale Vertragsrecht, sowie das internationale Privatrecht der außervertraglichen Schuldverhältnisse (Rom II-Verordnung[280]) bereits speziell kollisionsrechtlich auf der Ebene des EU-Sekundärrechts umgesetzt.[281] Dass sich die „gesellschaftsrechtliche Kollisionsregel" des EuGH – Geltung der Gründungstheorie – auch auf diese Bereiche erstreckt, scheint äußerst widersprüchlich, da damit jede Kollisionsnorm, die die Anwendung des Rechts des Zuzugsstaates für anwendbar erklärt, gemeinschaftsrechtswidrig bzw. nach europarechtlichen Maßstäben zu rechtfertigen wäre, obwohl es sich bereits um EU-Sekundärrecht handelt.[282]

Sollte sich also ergeben, dass § 283 Abs. 1 Nr. 1-4 StGB im Vergleich zur englischen Rechtsordnung strenger ist, könnte diese Vorschrift nach den beiden bisher vorgestellten Auffassungen zur Reichweite der Niederlassungsfreiheit nur durch eine Rechtfertigung nach europarechtlichen Maßstäben zur Anwendung gelangen.[283]

aa. Einschlägiges englisches Recht, Sec. 206 ff. IA 1986

Die gesetzlichen Regelungen zur Insolvenz und Liquidation von englischen Gesellschaften sind maßgeblich im Insolvency Act (IA) 1986 zu finden.[284] Der IA 1986 gliedert sich in drei Teile. Der – hier nur interessierende – Teil 1 des Insolvency Acts 1986 enthält in Sec. 206-219 das englische „Insolvenzstrafrecht der Kapitalgesellschaften", sog. *company insolvency* oder auch *companies winding up*, welches in der Praxis deswegen im Vordergrund steht, da selbst die englischen Klein(st)betriebe in der Regel in der Form der *private*

---

280 Verordnung (EG) Nr. 864/2007 des Europäischen Parlaments und des Rates über das auf außervertragliche Schuldverhältnisse anzuwendende Recht, Rom-II-Verordnung, vom 11. Juli 2007.

281 MK-BGB/*Kindler*, IntGesR, Rn. 361.

282 Das gilt auch, obwohl bekanntlich der Grundfreiheiten beschränkende EU-Gesetzgeber nicht den gleichen Maßstäben unterworfen wird wie die Mitgliedsstaaten, vgl. dazu statt vieler Calliess/Ruffert/*Bröhmer*, Art. 48 EGV Rn. 15.

283 Sandrock/Wetzler/*Hoffmann*, S. 247; *Spindler/Berner*, RIW 2004, 7 ff.; vgl. auch *Worm*, S. 205 ff.

284 *Heinz*, § 17 Rn. 1; *Just*, Rn. 301; LK-StGB/*Tiedemann*, Vor § 283 Rn. 213.

company limited by shares organisiert sind. Der zweite Teil des Insolvency Acts 1986 (*the second group of parts*, Sec. 252-385) sieht Regelungen für die *insolvency of individuals – bankruptcy*, also für die Insolvenz von Privatpersonen und auch von Personengesellschaften vor. Der dritte Teil (*the third group of parts*) enthält in Sec. 386-444 *miscellaneous matters bearing on both company and individual insolvency, general interpretation* und *final provisions*, also „Verschiedenes", das sich sowohl auf die Insolvenz von Kapitalgesellschaften als auch auf jene von Privatpersonen und Personengesellschaften bezieht, Regelungen zur allgemeinen Auslegung sowie abschließende Bestimmungen.

Kapitel X des 4. Teils des Insolvency Acts 1986 (*Winding Up of Companies Registered Under the Companies Acts*) erfasst *malpractice before and during liquidation, penalisation of companies and company officers* und enthält Regelungen zu *investigations and prosecutions*. Dabei zeigt sich, dass zunächst eine zeitliche Einteilung vorgenommen wird, und zwar einerseits in solche strafbare Handlungen, welche die *company* oder der *company officer* vor dem Liquidationsverfahren vorgenommen haben (Sec. 206-207 IA 1986). Andererseits sind bestimmte Pflichtverstöße in der Zeit danach, also während des Liquidationsverfahrens erfasst (Sec. 208-211 IA 1986). In den Sec. 212-219 IA 1986 finden sich schließlich die Vorschriften zur *penalisation of directors and officers* und zur *investigation and prosecution of malpractice*, die hauptsächlich in Form von Ersatzpflichten und persönlicher Haftung ausgestaltet sind und nach deutschem Verständnis am ehesten als eine Art „zivilrechtlicher Strafschadensersatz" zu bewerten sind.[285]

Im Insolvency Act 1986 Part IV, Chapter X sind zunächst mit Sec. 206 und Sec. 207 zwei Bestimmungen enthalten, die Pflichtverstöße bis zum Beginn des Liquidationsverfahrens erfassen, sog. *malpractice before winding up*.

Sec. 206 IA 1986 (*Fraud, etc. in anticipation of winding up*), welcher dem § 283 StGB insgesamt vergleichbar erscheint,[286] sieht vor, dass bei bestimmten Handlungen, die innerhalb von zwölf Monaten vor dem Beginn des – gerichtlich angeordneten oder freiwillig eingeleiteten – Liquidationsverfahrens vorgenommen wurden, davon auszugehen ist, dass der in Sec. 206 IA 1986 bestimm-

---

285 *Habersack/Verse*, ZHR 168 (2004), 174 ff.; *Rönnau*, ZGR 2005, 832, 840; LK-StGB/ *Tiedemann*, Vor § 283 Rn. 215.

286 Vgl. LK-StGB/*Tiedemann*, Vor § 283 Rn. 214 („mehr oder weniger entspricht"); *Worm*, S. 141 ff.

te Personenkreis dadurch eine strafbare Handlung begangen hat. Sec. 206 IA 1986, der weder eine Einschränkung des Täterkreises auf Schuldner noch auf natürliche Personen kennt, enthält sechs Handlungsalternativen.

Er stellt unter Sec. 206 (1) (a) IA 1986 zunächst das Verheimlichen von Vermögensbestandteilen und von fälligen Forderungen ab einem Wert von £ 500, die der Gesellschaft zustehen oder gegen diese bestehen, unter Strafe (*conceald any part of the company's property to the value of £ 500 or more, or concealed any debt due to or from the company*). Das Beiseiteschaffen von Vermögensbestandteilen ab einem Wert von £ 500 wird unter Sec. 206 (1) (b) IA 1986 unter Strafe gestellt (*fraudulently removed any part of the company's property*).

Sec. 206 (1) (c), (d) und (e) IA 1986 stellen in einem sehr weiten Sinn die Verletzung der Buchführungspflichten unter Strafe (*concealed, destroyed, mutilated or falsified any book or paper affecting or relating to the company's property or affairs [...] made any false entry in any book or paper affecting or relating to the company's property or affairs*). Möglich ist danach eine Verletzung der Buchführungspflichten durch Verheimlichen, Zerstören, Verfälschen oder Fälschen. Strafbar nach Sec. 206 (1) (e) IA 1986 ist ferner, wer betrügerisch ein Dokument, welches das Eigentum oder geschäftliche Angelegenheiten betrifft, beiseite schafft, verändert oder unvollständige Angaben darin macht (*fraudulently parted with, altered or made any omission in any document affecting or relating to the company's property or affairs*).

Schließlich wird in Sec. 206 (1) (f) IA 1986 die Strafbarkeit dessen bestimmt, der einen Vermögensgegenstand, welcher auf Kredit gekauft wurde und noch nicht bezahlt wurde, verpfändet, beleiht oder über diesen verfügt, es sei denn die Verpfändung, die Beleihung oder die Verfügung entspricht den Anforderungen einer ordnungsgemäßen Wirtschaft (*pawned, pledged or disposed of any property of the company which has been obtained on credit and has not been paid for [unless the pawning, pledging or disposal was in the ordinary way of the company's business]*).

Sec. 207 IA 1986 enthält Bestimmungen zu *transactions in fraud of creditors*, d.h. Geschäftstätigkeiten zum Nachteil der Gläubiger. Im Fall der bevorstehenden Liquidation macht sich nach Sec. 207 (1) (a) IA 1986 eine zu dieser Zeit für die Gesellschaft handlungsbevollmächtigte Person strafbar, die Schenkungen, Übertragungen oder Beleihungen tätigt oder tätigen lässt, oder die Durchsetzung einer Pfändung in das Vermögen der Gesellschaft verursacht oder absichtlich übersieht (*has made or caused to be made any gift or transfer of, or charge on, or has caused or connived at the levying of any execution*

against, the company's property). In Sec. 207 (1) (b) IA 1986 wird das Verheimlichen oder Beiseiteschaffen eines Vermögensbestandteils unter Strafe
gestellt, obwohl gegen die Gesellschaft ein Urteil oder eine Anordnung zur
Zahlung ergangen ist *(has concealed or removed any part of the company's
property since, or within 2 months before, the date of any unsatisfied judgment
or order for the payment of money obtained against the company).*

Die Möglichkeit des Entlastungsbeweises ist in Sec. 206 (4) IA 1986 und in
Sec. 207 (2) (b) IA 1986 vorgesehen. Sec. 207 (2) (a) enthält zudem eine Aus-
schlussfrist für Handlungen, die mehr als fünf Jahre vor dem Beginn der Liquidation begangen wurden.

Die vier Regelungen Sec. 208-211 IA 1986 betreffen weiterhin Pflichtverstöße, die während der Liquidation begangen werden, *malpractice during winding
up.* In dieser Phase nach Beginn des *winding up* stehen Verletzungen von In-
formations-, Offenlegungs- und Mitwirkungspflichten im Vordergrund.[287]
Diese sind: *misconduct in course of winding up* gemäß Sec. 208 IA 1986, *falsi-
fication of company's books* gemäß Sec. 209 IA 1986, *material omissions from
statement relating to company's affairs* gemäß Sec. 210 IA 1986 und *false
representations to creditors* nach Sec 211 IA 1986.

Sec. 208 (1) (a) IA 1986 bestimmt die Strafbarkeit der für die Gesellschaft
noch oder ehemals handlungsbevollmächtigten Person für den Fall, dass diese
nicht ihren umfassenden Informations-, Offenlegungs- und Mitwirkungspflichten gegenüber dem Liquidator nachkommt *(does not to the best of his knowl-
edge and belief fully and truly discover to the liquidator all the company's
property, and how and to whom and for what consideration and when the company disposed of any part of that property [except such part as has been disposed of in the ordinary way of the company's business]).*

Wer einen von ihm verwahrten Vermögensbestandteil entgegen seiner gesetzlichen Pflicht an den Liquidator oder dessen Anweisung entsprechend nicht
herausgibt, macht sich gemäß Sec. 208 (1) (b) IA 1986 strafbar *(does not deliver up to the liquidator (or as he directs) all such part of the company's property as is in his custody or under his control, and which he is required by law
to deliver up).*

Dasselbe bestimmt Sec. 208 (1) (c) IA 1986 für alle Bücher und Unterlagen,
die zur Gesellschaft gehören *(does not deliver up to the liquidator (or as he*

---

287 LK-StGB/*Tiedemann*, Vor § 283 Rn. 214; *Worm*, S. 132 ff.

directs) all books and papers in his custody or under his control belonging to the company and which he is required by law to deliver up)

Ferner macht sich nach Sec. 208 (1) (d) IA 1986 strafbar, wer weiß oder glaubt, dass ein nicht bestehender Anspruch geltend gemacht wird, und den Liquidator nicht so schnell wie möglich (ohne schuldhaftes Zögern) darüber informiert (*knowing or believing that a false debt has been proved by any person in the winding up, fails to inform the liquidator as soon as practicable*).

Die Strafbarkeit desjenigen, der nach Beginn des Abwicklungsverfahrens verhindert, dass Bücher oder Unterlagen erstellt werden, die einen Vermögensbestandteil oder eine Angelegenheit der Gesellschaft betreffen bzw. sich darauf beziehen, bestimmt Sec. 208 (1) (e) IA 1986 (*after the commencement of the winding up, prevents the production of any book or paper affecting or relating to the companys property or affairs*).

Nach Sec. 208 (2) macht sich derjenige strafbar, der nach Beginn des Abwicklungsverfahrens versucht, erdichtete Verluste oder Ausgaben abzurechnen. Dasselbe gilt, wenn dies in den zwölf Monaten, die dem Beginn des Abwicklungsverfahrens vorgelagert waren, bei einem Treffen der Gesellschaftsgläubiger versucht wurde (*if [...] he attempts to account for any part of the company's property by fictitious losses or expenses; and he is deemed to have committed that offence if he has so attempted at any meeting of the company's creditors within the 12 months immediately preceding the commencement of the winding up*)

Gemäß Sec. 208 (3) IA 1986 umfasst der Begriff des *officers* auch den *shadow director*, was diesen zum tauglichen Täter des Sec. 208 macht. Gemäß Sec. 251 IA 1986 sind darunter solche Personen zu verstehen, nach deren Anweisungen sich die *officers* – zumindest in Teilbereichen – zu richten pflegen.[288]

Die Möglichkeit des Entlastungsbeweises ist in Sec. 208 (4) IA 1986 vorgesehen. Die Rechtsfolge des Sec. 208 IA 1986 bestimmt sich nach Sec. 208 (5) IA 1986, wonach eine Freiheitsstrafe oder eine Geldstrafe oder beides vorgesehen ist (*a person guilty of an offence under this Sec. is liable to imprisonment or a fine, or both*).

Sec. 209 IA 1986 stellt die Fälschung von Gesellschaftsbüchern unter Strafe. Nach (1) macht sich im Fall des *winding up* ein *officer* oder sonstiger Mitarbei-

---

288 Eidenmüller/*Rehm*, § 10 Rn. 68.

ter der Gesellschaft strafbar, wenn er Bücher, Unterlagen oder Wertpapiere zerstört, verfälscht, verändert oder fälscht, oder einen falschen oder gefälschten Eintrag in ein Register, ein Geschäftsbuch oder ein Dokument, das zur Gesellschaft gehört, in der Absicht einen anderen zu betrügen oder zu täuschen, vornimmt oder in dessen Vornahme eingeweiht ist (*destroys, mutilates, alters or falsifies any books, papers or securities, or makes or is privy to the making of any false or fraudulent entry in any register, book of account or document belonging to the company with intent to defraud or decieve any person*). Auch für Sec. 209 IA 1986 ist die Freiheitsstrafe oder eine Geldstrafe oder beides vorgesehen.

Nach Sec. 210 IA 1986 sind wesentliche Auslassungen hinsichtlich der Abrechnung (*material omissions from statement relating to company's affairs*) strafbar. Gemäß Sec. 211 IA 1986 macht sich strafbar, wer gegenüber Gläubigern falsche Angaben macht, oder diese sonst mit dem Ziel täuscht, sie zu einer Entscheidung bezüglich der Angelegenheiten der Gesellschaft oder ihrer Abwicklung zu verleiten (*false representations to creditors*). Gemäß (b) gilt das auch, wenn die Täuschung im Vorfeld des *winding up* vorgenommen wurde.

Sec. 212-219 IA 1986 enthalten mit dem *fraudulent trading* gemäß Sec. 213 IA 1986[289] und dem *wrongful trading* gemäß Sec. 214 IA 1986[290] zwei weitere wichtige Vorschriften, die unter der Überschrift *penalisation* zu finden sind. Tatsächlich hat das *fraudulent trading*, welches das *winding up* der Gesellschaft erfordert, keine große praktische Bedeutung, da der erforderliche Nachweis der Betrugsabsicht in der Praxis nur schwer zu erbringen ist.[291] Eine strafrechtliche Haftung sieht Sec. 213 IA 1986 für sich genommen nicht vor, sondern lediglich eine zivilrechtliche Haftung dergestalt, dass die haftenden Personen vom Gericht dazu angewiesen werden können, einen Beitrag zum Gesellschaftsvermögen zu leisten, um die Ansprüche der betroffenen Gläubiger zu schützen.

Auch im Fall einer insolvenzrechtlichen Krisenverschleppung – sog. *wrongful trading*, Sec. 214 IA 1986 – können die Directors in Höhe der Schulden der Gesellschaft haftbar gemacht werden bzw. können vom zuständigen Gericht diesem angemessen erscheinende Sanktionen verhängt werden,[292] wenn die

---

289 Vgl. *Heinz*, § 6 Rn. 30; *Just*, Rn. 181.
290 Dazu *Heinz*, § 6 Rn. 28; *Just*, Rn. 182; Eidenmüller/*Rehm*, § 10 Rn. 67.
291 *Habersack/Verse*, ZHR 168 (2004), 174, 177; Eidenmüller/*Rehm*, § 10 Rn. 71.
292 Vgl. *Habersack/Verse*, ZHR 168 (2004), 174, 195 ff. zu den Rechtsfolgen.

Directors trotz Zahlungsunfähigkeit der Gesellschaft und der Unvermeidbarkeit ihrer Insolvenz, wovon sie wussten oder hätten wissen müssen, weiterhin Geschäfte abschließen, anstatt ein Insolvenzverfahren einzuleiten.[293] Das *wrongful trading* gemäß Sec. 214 IA 1986 ist damit zwar der deutschen Insolvenzverschleppungshaftung vergleichbar, kennt jedoch keine Insolvenzantragspflichten und damit keine diesbezüglichen Fristen. Eine dem § 15a InsO vergleichbare Vorschrift kennt das englische Recht also nicht. Auch beim *wrongful trading* kommt es in der Praxis selten zu Verurteilungen.[294]

Sollte es gelingen eine Betrugsabsicht tatsächlich nachzuweisen, liegt im Fall des *fraudulent trading* eine Straftat gemäß der Strafvorschrift Sec. 993 CA 2006 (*offence of fraudulent trading*, früher Sec. 458 Companies Act 1985) vor. Das *wrongful trading* erhält hingegen auch im Companies Act keinen Sec. 993 CA 2006 entsprechenden Straftatbestand.[295] Da die Betrugsabsicht für § 283 Abs. 1 StGB aber nicht vorausgesetzt wird, ist der deutsche Straftatbestand weiter und damit strenger als diese englische Vorschrift.

Auch im Common Law findet sich eine dem *wrongful trading* sehr ähnliche Haftungsfigur der Directors unter dem Stichwort der *directors duties for the benefit of creditors*.[296] Der Director kann sich jedoch der Gesellschaft gegenüber nur schadensersatzpflichtig machen, wenn er in der Krise die Geschäftstätigkeit der Gesellschaft fortführt und dadurch wirtschaftlich zu Lasten der Gläubiger handelt.[297] Auch diese zivilrechtliche Haftungsfigur hat keinen entsprechenden Straftatbestand.

bb. Vergleich mit § 283 Abs. 1 Nr. 1-4 StGB

Mit § 283 Abs. 1 Nr. 1 StGB weist Sec. 206 (1) (a) und (b) IA 1986 eine gewisse Ähnlichkeit auf. Dieser stellt, wie eben gezeigt, unter (a) zunächst das Verheimlichen von Vermögensbestandteilen und fälligen Forderungen, die der

---

293 Zu dessen Voraussetzungen ausführlich *Habersack/Verse*, ZHR 168 (2004), 174, 182 ff.; vgl. auch *Heinz*, § 6 Rn. 28.
294 MK-InsO/*Schlegel*, Anhang, Länderberichte, Rn. 38., vgl. auch *Redeker*, S. 100 ff.: Nur zehn von *liquidators* angestrengte Verfahren in den Jahren 1989 bis 2007, mit immerhin sechs Verurteilungen.
295 Vgl. *Habersack/Verse*, ZHR 168 (2004), 174 ff.; *Rönnau*, ZGR 2005, 832, 840; Eidenmüller/ *Rehm*, § 10 Rn. 67 ff.
296 *Habersack/Verse*, ZHR 168 (2004), 174, 199.
297 Eidenmüller/*Rehm*, § 10 Rn. 70.

Gesellschaft zustehen oder gegen diese bestehen ab einem Wert von £ 500, sowie unter (b) das Beiseiteschaffen von Vermögensbestandteilen ab einem Wert von £ 500 unter Strafe und erfasst damit im Groben dieselben Handlungsweisen wie § 283 Abs. 1 Nr. 1 StGB. Eine dem § 283 Abs. 1 Nr. 2 StGB vergleichbare Strafvorschrift kennt der IA 1986 nicht. Jedoch sind die Sec. 207-209 IA 1986 teilweise so weit gefasst, dass das Verhalten, welches durch § 283 Abs. 1 Nr. 2 StGB unter Strafe gestellt wird, auch nach englischem Strafrecht erfasst werden kann. Der Nummer 3 des Absatzes 1 des § 283 StGB könnte man Sec. 206 (1) (f) „gegenüberstellen", wonach derjenige strafbar ist, der einen Vermögensgegenstand, welcher auf Kredit gekauft und noch nicht bezahlt wurde, verpfändet, beleiht oder über diesen verfügt, es sei denn die Verpfändung, die Beleihung oder die Verfügung entspricht den Anforderungen einer ordnungsgemäßen Wirtschaft. Da dadurch jede Verfügung über irgendeinen Vermögensgegenstand erfasst wird, kann man auch das Veräußern oder sonstige Abgeben von Waren oder Wertpapieren, die auf Kredit gekauft wurden, darunter fassen.

Der Nr. 4 des § 283 Abs. 1 StGB könnte weitestgehend Sec. 208 (1) (d) IA 1986 entsprechen, wonach sich strafbar macht, wer weiß oder glaubt, dass ein nicht bestehender Anspruch geltend gemacht wird, und den Liquidator nicht so schnell wie möglich (ohne schuldhaftes Zögern) darüber informiert ([...] *knowing or believing that a false debt has been proved by any person in the winding up, fails to inform the liquidator as soon as practicable [...]*).

Hinsichtlich der Tathandlungen erfasst das deutsche Recht demnach nahezu die identischen Handlungen und wäre insofern im Vergleich zum englischen Strafrecht nicht als strenger zu bewerten. Die englische Limited bzw. ihr Director würde sich danach also bei einer Niederlassung in Deutschland den gleichen Strafandrohungen gegenüber sehen wie im Herkunftsstaat. Eine Einschränkung der Niederlassungsfreiheit könnte darin kaum gesehen werden.

Jedoch ist zu beachten, dass § 283 Abs. 1 Nr. 1-4 StGB bei Zusammenschau der objektiven Strafbarkeitsbedingung der Zahlungseinstellung und der Krisenmerkmale der Überschuldung sowie der drohenden bzw. eingetretenen Zahlungsunfähigkeit Handlungen erfassen kann, die von Sec. 206 ff. IA 1986 nicht erfasst werden. Sec. 206 IA 1986 verlangt als Tatsituation das sog. *winding up*. Dieses – auch *liquidation* genannte – Verfahren bezeichnet die Abwicklung der Gesellschaft und kann nach Sec. 84-116 IA 1986 zum einen von den Gesellschaftern, gemäß Sec. 91-96 IA 1986 solange die Gesellschaft noch zahlungsfähig ist, bei Zahlungsunfähigkeit nur noch von den Gläubigern gemäß Sec. 97-106 IA 1986, betrieben werden. Zum anderen kann das *winding up* nach Sec. 117-162 IA 1986 als zwangsweise Liquidation (*winding up by the court*) durchgeführt werden.[298]

Damit ist festzustellen, dass bei § 283 Abs. 1 StGB im Gegensatz zu Sec. 206 IA 1986 die Zahlungsunfähigkeit ausreicht. Das deutsche Strafrecht kann also auch Handlungen vor dem *winding up* und damit Fälle, in denen nach englischem Recht noch keine Strafbarkeit in Betracht kommt, erfassen. § 283 Abs. 1 Nr. 1-4 StGB ist insofern als „strenger" zu bewerten.[299]

Der uniform wirkende § 283 Abs. 1 Nr. 1-4 StGB würde damit sowohl bei faktischer Betrachtungsweise als auch beim Erfordernis einer Gesellschaftsrechtsakzessorietät zu einer Beschränkung der Niederlassungsfreiheit der Artt. 49, 54 AEUV führen. Er macht die Niederlassung der Limited in Deutschland aufgrund der von ihm ausgehenden, im Vergleich zum englischen Recht, „schärferen" Strafandrohung tatsächlich unattraktiver.

c. Möglichkeit der Rechtfertigung wegen Artt. 3, 4 EuInsVO

Für § 283 Abs. 1 Nr. 1-4 StGB könnte sich die Möglichkeit eröffnen, diese trotz ihres Gesellschaftsrechtsbezugs als Insolvenzrecht zu qualifizieren und damit eine Rechtfertigung aus den Kollisionsnormen der Artt. 3, 4 EuInsVO abzuleiten. Nach *Kindler* „tragen [...] Kollisionsnormen" des EU-Sekundärrechts zumindest „ihre EG-rechtliche Rechtfertigung gewissermaßen in sich".[300] Spätestens jedoch seien sie bei der Prüfung der Rechtfertigung einer etwaigen Beschränkung zu berücksichtigen.[301] Der EU-Gesetzgeber habe z.B. mit den insolvenzrechtlichen Kollisionsnormen der EuInsVO immerhin zum Ausdruck gebracht, dass er die Rechtsunterschiede zwischen den Mitgliedstaaten in diesem Bereich nicht als Verstoß gegen die Niederlassungsfreiheit wertet.[302]

Dabei steht man jedoch vor zwei Problemen. Zum einen erklärt Art. 4 Abs. 1 EuInsVO zwar das Recht des Staates für anwendbar, in dem das Verfahren eröffnet wird, spricht dabei jedoch vom Insolvenzrecht „für das Insolvenzverfahren". Das Insolvenzstrafrecht der §§ 283 ff. StGB erhält aber neben seinem

---

298 *Just*, Rn. 314.
299 Grundlegend: *Worm*, S. 147; vgl. auch *Wilms*, S. 92.
300 MK-BGB/*Kindler*, IntGesR, Rn. 370 ff.
301 Hirte/Bücker/*Forsthoff*, § 2 Rn. 72.
302 MK-BGB/*Kindler*, IntGesR, Rn. 370.

gesellschaftsrechtlichen Bezug im Fall der Überwälzung des Schuldnermerkmals durch § 14 StGB seinen insolvenzrechtlichen Bezug insbesondere durch die insolvenzrechtliche Auslegung der Tatsituation sowie der objektiven Strafbarkeitsbedingungen, die zum einen die Eröffnung des Insolvenzverfahrens, jedoch auch deren Abweisung mangels Masse vorsehen, ebenfalls aber gleichzeitig schon die Zahlungseinstellung ausreichen lassen. Das Insolvenzstrafrecht der §§ 283 ff. StGB gilt insofern nicht „für das Insolvenzverfahren". Zum anderen hat nicht schon die aufgrund ihres EU-sekundärrechtlichen Charakters unstreitige Vereinbarkeit des Art. 4 Abs. 1 EuInsVO mit dem primären Gemeinschaftsrecht – hier Artt. 49, 54 AEUV – zur Folge, dass alle von ihr für anwendbar erklärten Normen mit dem primären Gemeinschaftsrecht vereinbar sind. Postuliert wird lediglich die umfassende Anerkennung des Insolvenzrechts des Zuzugsstaats, wenn es zur Eröffnung des Insolvenzverfahrens in diesem Mitgliedstaat kommt.

Die Legitimation der Anwendung der §§ 283 ff. StGB kann also nicht aus der EuInsVO abgeleitet werden.

d. Rechtfertigung gemäß Art. 52 Abs. 1 AEUV

Desweiteren ist eine Rechtfertigung gemäß Art. 52 Abs. 1 AEUV in Betracht zu ziehen. Art. 54 AEUV legt die Geltung des Kapitels über das Niederlassungsrecht – und damit auch die Geltung der Rechtfertigungsmöglichkeiten nach Art. 52 Abs. 1 AEUV – für Gesellschaften fest, indem er sie unter gewissen Bedingungen den natürlichen Personen gleichstellt.[303]

Im Rahmen der Rechtfertigung von Maßnahmen bzw. Regelungen, welche die Niederlassungsfreiheit von Auslandsgesellschaften beschränken, dürfte Art. 52 AEUV jedoch kaum Bedeutung erlangen. Art. 52 Abs. 1 AEUV erteilt den EU-Mitgliedstaaten in erster Linie die Befugnis, auch Rechts- und Verwaltungsvorschriften, die das Niederlassungsrecht von EU-Ausländern in diskriminierender Weise einschränken, anzuwenden, sofern die öffentliche Sicherheit, Ordnung oder Gesundheit es erfordern.[304] Die Vorschriften der Nummern 1–4 des § 283 Abs. 1 StGB sind Vermögensdelikte, die dem Gläubigerschutz dienen. Sie diskriminieren die Auslandsgesellschaften weder offen, noch ver-

---

303 Grabitz/Hilf/*Randelzhofer/Forsthoff*, Art. 48 Rn. 43.
304 Callies/Ruffert/*Bröhmer*, Art. 46 EGV Rn. 1.

folgen sie einen der in Art. 52 Abs. 1 AEUV genannten Zwecke – namentlich öffentliche Sicherheit, Ordnung oder Gesundheit.[305] Zu beachten ist dabei, dass es sich bei den Begriffen der öffentlichen Sicherheit und Ordnung oder Gesundheit um eigenständige Begriffe des Gemeinschaftsrechts handelt,[306] deren Auslegung durch die Gemeinschaftsstaaten unter Beachtung des „fundamentalen Grundsatzes der Freizügigkeit in der Gemeinschaft" zu erfolgen hat.[307] Eine Rechtfertigung der etwaigen Einschränkung der Niederlassungsfreiheit durch § 283 Abs. 1 Nr. 1-4 StGB kann damit nicht über Art. 52 Abs. 1 AEUV erfolgen. In diesem Sinn hat bereits der EuGH schon in der Rechtssache „Inspire Art" entschieden, dass sich die Argumente „Gläubigerschutz", „Bekämpfung einer missbräuchlichen Ausnutzung der Niederlassungsfreiheit", „Einhaltung der Wirksamkeit der Steuerkontrollen", „Lauterkeit des Handelsverkehrs", die von der niederländischen Regierung zur Rechtfertigung vorgebracht wurden, nicht auf Art. 46 EGV (jetzt Art. 52 Abs. 1 AEUV) bezogen hatten.

Die Einschränkung der von Artt. 49, 54 AEUV garantierten Niederlassungsfreiheit durch die Anwendung des § 283 Abs. 1 Nr. 1-4 StGB kann damit keinesfalls gemäß Art. 52 Abs. 1 AEUV gerechtfertigt werden.

e. Rechtfertigung nach dem (strengen) „Vier-Konditionen-Test"

In Betracht kommt jedoch ferner die Möglichkeit einer Rechtfertigung aus „zwingenden Gründen des Allgemeininteresses", die nach ständiger EuGH-Rspr. ebenfalls zur Rechtfertigung von Beschränkungen von Grundfreiheiten herangezogen werden kann. Für die Warenverkehrsfreiheit hat der EuGH mit seiner „Cassis de Dijon"-Entscheidung[308] eine solche erste Eingrenzung der weiten „Dassonville"-Formel vorgenommen. In der Sache „Inspire Art" heißt es zur Niederlassungsfreiheit:[309]

„Nach der Rechtsprechung des EuGH sind nationale Maßnahmen, die die Ausübung der durch den EG-Vertrag garantierten Grundfreiheiten behindern

---

305 Vgl. Eidenmüller/*Eidenmüller*, § 3 Rn. 19 m.w.N.
306 Callies/Ruffert/*Bröhmer*, Art. 46 EGV Rn. 3; anders Grabitz/Hilf/*Randelzhofer/Forsthoff*, Art. 46 Rn. 17; beide m.w.N.
307 Callies/Ruffert/*Bröhmer*, Art. 46 EGV Rn. 4; Grabitz/Hilf/*Randelzhofer/Forsthoff*, Art. 46 Rn. 16 ff.
308 EuGHE 1979, 649 („Cassis de Dijon"); dazu *Hecker*, § 9 Rn. 10, 13; vgl. auch *Kotzurek*, ZIS 2006, 123, 124 ff.
309 EuGH NJW 2003, 3331, 3334 Rn. 133 („Inspire Art").

oder weniger attraktiv machen können, gerechtfertigt, wenn vier Voraussetzungen erfüllt sind: Sie müssen in nicht diskriminierender Weise angewandt werden, sie müssen aus zwingenden Gründen des Allgemeininteresses gerechtfertigt sein, sie müssen zur Erreichung des verfolgten Ziels geeignet sein, und sie dürfen nicht über das hinausgehen, was zur Erreichung dieses Ziels erforderlich ist (vgl. EuGH [...] EuZW 1993, 322 Rdnr. 32 – Kraus; [...] NJW 1996, 579 [...] – Gebhard; [...] NJW 1999, 2027 [...] – Centros)."

Damit hat der EuGH die Voraussetzungen des sog. „Vier-Konditionen-Tests" der Rechtfertigung von Maßnahmen, die die Niederlassungsfreiheit beschränken, aus zwingenden Gründen des Allgemeininteresses postuliert.

aa. Nicht diskriminierende Anwendung

§ 283 Abs. 1 Nr. 1-4 StGB dürfte also zunächst nicht in diskriminierender Weise angewendet werden. Art. 18 Abs. 1 AEUV enthält das Diskriminierungsverbot aus Gründen der Staatsangehörigkeit. Es kann als eines der „Leitmotive" des EU-Arbeitsweisevertrags bezeichnet werden.[310] Gegen das Diskriminierungsverbot wird verstoßen, wenn eine Ungleichbehandlung von Gleichem willkürlich ist.[311]

Inländische wie ausländische Gesellschaften sehen sich dem Straftatbestand des § 283 Abs. 1 Nr. 1-4 StGB unterschiedslos gegenüber. § 283 Abs. 1 Nr. 1-4 StGB hat damit zunächst keinen offen (direkt) diskriminierenden Charakter.[312] Selbst für den Fall der versteckten (indirekten) Diskriminierung – ob sich § 283 Abs. 1 Nr. 1-4 StGB im Einzelfall doch rechtlich oder tatsächlich stärker zu Lasten von Auslands- als von Inlandsgesellschaften auswirkt, kann hier nicht abschließend geklärt werden – wäre aber nach der Rechtsprechung des EuGH eine Rechtfertigung durch zwingende Gründe des Allgemeininteresses jedenfalls nicht grundsätzlich ausgeschlossen.[313]

---

310 Vgl. auch Grabitz/Hilf/*von Bogdandy*, EU, Art. 12 Rn. 1; Callies/Ruffert/*Epiny*, Art. 12 EGV Rn. 1.

311 Vgl. Groeben/Schwarze/*Zuleeg*, EG, Art. 12 Rn. 1 und 3 m.w.N. aus der EuGH-Rspr.

312 Vgl. zur direkten und indirekten Diskriminierung: Eidenmüller/*Eidenmüller*, § 3 Rn. 21 m.w.N.

313 Dazu EuGH Rs. C-272/92, Slg. 1993, I-5185, Rn. 18 („Spotti"): „Da Fremdsprachenlektoren ganz überwiegend ausländische Staatsangehörige sind, ist diese unterschiedliche Behandlung geeignet, sie gegenüber deutschen Staatsangehörigen zu benachteiligen, und bildet somit eine gemäß Artikel 48 Absatz 2 EWG-Vertrag verbotene mittelbare Diskriminierung, sofern sie

bb. Zwingende Gründe des Allgemeininteresses

Die zwingenden Gründe des Allgemeininteresses, die Beschränkungen der Niederlassungsfreiheit rechtfertigen können, sind primärrechtlich weder geregelt noch begrenzt.[314] Der EuGH hat im Hinblick auf die Beschränkung der Niederlassungsfreiheit von Auslandsgesellschaften in den Rechtssachen „Centros", „Überseering" und „Inspire Art" den Schutz von Gläubigern bereits ausdrücklich als zwingenden Grund des Allgemeininteresses anerkannt. Da § 283 Abs. 1 Nr. 1-4 StGB eine Gläubigerschutzfunktion hat, dient die Vorschrift einem zwingenden Grund des Allgemeininteresses und erfüllt damit die zweite Voraussetzung des „Vier-Konditionen-Tests".[315]

cc. Geeignetheit der Maßnahme

Die Anwendung von Maßnahmen bzw. Regelungen, die die Niederlassungsfreiheit beschränken, kann zum Schutz zwingender Allgemeininteressen drittens nur dann gerechtfertigt werden, wenn die Maßnahmen bzw. Regelungen geeignet sind. Dabei ist zu beachten, dass der EuGH eine andere Definition der Geeignetheit[316] zugrundelegt als das BVerfG.[317] So hat der Gerichtshof im Fall „Centros" die Pflicht zur Registereintragung mangels Geeignetheit mit der Begründung nicht nach dem „Vier-Konditionen-Test" gerechtfertigt, „das dänische Vorgehen" sei „nicht geeignet, das mit ihm verfolgte Ziel des Gläubigerschutzes zu erreichen, da die Zweigniederlassung in Dänemark eingetragen worden wäre, wenn die Gesellschaft eine Geschäftstätigkeit im Vereinigten Königreich ausgeübt hätte, obwohl die dänischen Gläubiger in diesem Fall ebenso gefährdet gewesen wären".[318] Der EuGH legt damit bei der Geeignetheit einen sehr strengen Maßstab an. Ihm reicht es nicht, dass „die Wahrschein-

---

nicht aus sachlichen Gründen gerechtfertigt ist."; vgl. Grabitz/Hilf/*Randelzhofer/Forsthoff*, Vor Art. 39-55 Rn. 139 m.w.N.

314 Eidenmüller/*Eidenmüller*, § 3 Rn. 22, 23.
315 Vgl. auch *Worm*, S. 210, 211.
316 Vgl. zur Rechtsprechung des EuGH zur Geeignetheit *Weiß*, S. 194 ff.
317 Vgl. BVerfGE 16, 147, 183; 30, 292, 316; 33, 171, 187; 67, 151, 173 ff.; 96, 10, 23 ff.; Eidenmüller/*Eidenmüller*, § 3 Rn. 25 ff.; Maunz/Dürig/*Grzeszick*, Art. 20 Rn. 112: „Notwendig ist der Nachweis, dass der angegebene Zweck durch das eingesetzte Mittel vollständig erreicht wird; es genügt, dass das Mittel die Wahrscheinlichkeit erhöht, dass der angestrebte Erfolg zumindest teilweise eintritt."
318 EuGH NJW 1999, 2027, 2029 Rn. 35 („Centros").

lichkeit erhöht wird", sondern er verlangt, dass das legitime Ziel in kohärenter und systematischer Weise verfolgt wird. Damit kann der Gerichtshof in der Prüfung der Rechtfertigung anhand des „Vier-Konditionen-Tests" insbesondere das Kriterium der Ungleichbehandlung berücksichtigen.[319]

Da hier eine Ungleichbehandlung von ausländischen Gesellschaften bzw. deren Geschäftsleitern aber nicht vorliegt – § 283 Abs. 1 Nr. 1-4 StGB behandelt alle ausländischen Gesellschaften gleich –, ist § 283 Abs. 1 Nr. 1-4 StGB auch i.S. der vom EuGH zugrundegelegten Definition als „geeignet" anzusehen, dem Gläubigerschutz zu dienen.

dd. Erforderlichkeit der Maßnahme

Der strafrechtliche Gläubigerschutz durch § 283 Abs. 1 Nr. 1-4 StGB müsste aber schließlich auch erforderlich sein. Von Generalanwalt *Alber* wurde diese Prüfungsstufe in seinen Schlussanträgen zu „Inspire Art" auch „Verhältnismäßigkeit" genannt. Verhältnismäßigkeit liegt danach vor, wenn keine milderen Mittel zur Erreichung des Zwecks des Gläubigerschutzes zur Verfügung stünden,[320] und soll nach Ansicht *Eidenmüllers* die zweite (Erforderlichkeit im engeren Sinne) und die dritte Stufe (Angemessenheit) der deutschen Verhältnismäßigkeitsprüfung beinhalten.[321]

(1) Ausreichender Schutz durch englische Strafvorschriften

Möglicherweise könnten die englischen Strafvorschriften hier als „ausreichend" zu erachten sein. In den Entscheidungen „Centros", „Überseering" und „Inspire Art" hat der EuGH für die Erforderlichkeit im Rahmen der Rechtfertigung einer Beschränkung der Niederlassungsfreiheit von EU-Auslandsgesellschaften durch Gläubigerschutzmaßnahmen auch bei Scheinauslandsgesellschaften insbesondere den Selbstschutz der Partner einer solchen Gesellschaft in den Vordergrund gerückt. So heißt es in der „Centros"-Entscheidung u.a., dass, sofern eine Gesellschaft als Gesellschaft englischen Rechts auftritt, den Gläubigern bekannt sei, dass die Gesellschaft nicht dem Zuzugsrecht über die

---

319 *Weiß*, S. 195 f.
320 *Alber*, GmbHR 2003, 302 ff.
321 Eidenmüller/*Eidenmüller*, § 3 Rn. 30.

Errichtung von Gesellschaften mit beschränkter Haftung unterliege. Auch in der „Inspire Art"-Entscheidung, in der vom EuGH zunächst festgestellt wird, dass dahinstehen könne, ob die Vorschriften über das Mindestkapital als solche einen geeigneten Schutzmechanismus bilden, heißt es weiter, dass die Inspire Art Ltd. als Gesellschaft englischen Rechts und nicht als niederländische Gesellschaft auftrete und ihre potenziellen Gläubiger dadurch hinreichend darüber unterrichtet seien, dass sie anderen Rechtsvorschriften als denen unterliege, die in den Niederlanden die Gründung von Gesellschaften mit beschränkter Haftung regeln, u.a. was die Vorschriften über das Mindestkapital und die Haftung der Geschäftsführer betreffe.[322]

Fraglich erscheint, ob die genannten Entscheidungen („Centros", „Überseering" und „Inspire Art") überhaupt Aufschluss über den Maßstab der im Raum stehenden Prüfung der Erforderlichkeit i.R. der Rechtfertigung einer Beschränkung der Niederlassungsfreiheit einer (Schein-)EU-Auslandsgesellschaft im Fall einer Strafnorm geben können. Immerhin ging es in den bisherigen EuGH-Entscheidungen um zivilrechtliche bzw. gesellschaftsrechtliche Fragen, insbesondere um die Anerkennung der Rechts- und Parteifähigkeit („Überseering") und um das sehr umstrittene System des Gläubigerschutzes durch Mindestkapitalerfordernisse („Centros", „Inspire Art"), also um „abstrakt-generelle Vorsichtsmaßnahmen",[323] die der EuGH für unverhältnismäßig und damit für nicht erforderlich hielt. Ausschlaggebend für dieses negative Ergebnis der Erforderlichkeitsprüfung war sicher insbesondere die daraus resultierende unerwünschte Doppelbelastung für EU-Auslandsgesellschaften gegenüber den im Inland gegründeten Gesellschaften, wenn diese neben den Regeln ihres Herkunftsstaates zusätzlich auch noch die Regeln des Zuzugsstaates zu beachten haben sollten. Eine solche Doppelbelastung würde freilich den „binnenmarktbezogenen funktionalen Charakter"[324] der Grundfreiheiten, speziell der Niederlassungsfreiheit, konterkarieren.

Im Raum steht hier nun aber nicht die Frage nach der Erforderlichkeit und der sich daraus ergebenden Anwendbarkeit einer solchen abstrakt-generellen Vorsichtsmaßnahme, sondern vielmehr die Frage, ob bei Vorliegen eines im

---

322 EuGH NJW 2003, 3331, 3334 Rn. 135 („Inspire Art").
323 Vgl. *Teichmann*, NJW 2006, 2444, 2448.
324 Vgl. *Teichmann*, NJW 2006, 2444, 2448 ff.

Zuzugsstaat für strafwürdig erachteten Verhaltens nicht eine entsprechende Strafnorm angewendet werden können soll.[325]

Möglicherweise kann anhand von nationalen Prinzipien die vom EuGH noch nicht entschiedene Frage nach der Erforderlichkeit der Anwendung von Strafvorschriften geklärt werden. Für das deutsche Strafrecht sind das Subsidiaritätsprinzip, welches dem nationalen Strafgesetzgeber absolute Grenzen setzt, wenn das zu bekämpfende Verhalten mit milderen Mitteln ebenso wirksam wie mit Strafen bekämpft werden kann, sowie der fragmentarische Charakter[326] des Strafrechts zu beachten. Im Vordergrund steht danach das Schließen von „angeblichen" oder „wirklichen Lücken".[327] Sofern ein negativ zu bewertendes Verhalten auch anders unterbunden werden kann – das Strafrecht also keinen besseren Schutz der Opfer verspricht – ist sein Einsatz nicht legitim. Das Strafrecht sollte mit seiner Missbilligungs-Strafe nur als „letztes Mittel", als „ultima ratio", eingesetzt werden, wenn als Alternativen nicht das häufig gewählte Ordnungswidrigkeitenrecht oder daneben auch das Zivilrecht und das Verwaltungsrecht einen ebenso wirksamen Schutz bieten könnten. Selbst ein möglicher und zumutbarer Selbstschutz des Opfers kann ein strafrechtliches Schutzbedürfnis ausschließen.

Auf die Frage nach der Erforderlichkeit einer beschränkenden Strafvorschrift übertragen, müsste demnach zunächst geprüft werden, ob in strafrechtlicher Hinsicht im Fall der EU-Scheinauslandsgesellschaft eine nicht hinnehmbare Lücke entstünde, wenn man das deutsche Strafrecht nicht zur Anwendung brächte. Das lässt sich hier durchaus bezweifeln, da das englische Strafrecht das vom deutschen Strafrecht durch § 283 Abs. 1 Nr. 1-4 StGB missbilligte Verhalten mit den Strafnormen des Insolvency Acts 1986 weitestgehend in gleichem Maße für missbilligenswert hält und eine strafrechtliche Sanktionierung vorsieht. Dabei wäre aber die erste Voraussetzung für eine „Lückenschließung" durch das Strafrecht des Herkunftsstaates, dass dieses überhaupt anwendbar ist. Das bestimmt sich wiederum nach den Kollisionsvorschriften der entsprechenden – hier der englischen – Rechtsordnung. Sollte das Straf-

---

325 Sandrock/Wetzler/*Hoffmann*, S. 227, 260 ff., der „prinzipielle Schwierigkeiten der Rechtfertigung von Strafvorschriften" sieht.

326 Näher dazu *Kühl*, FS-Tiedemann, 2008, S. 29, 35-41 und FS-Volk, S. 275, 283 („dass das Strafrecht fragmentarischen Charakter haben sollte, ist weitgehend unbestritten").

327 *Kühl*, FS-Stöckel, S. 117, 118.

recht zur Anwendung gelangen, dürften ferner auch keine andersartigen Verfolgungs- oder Vollstreckungsausschließungsgründe vorliegen.

Außerdem könnte i.s. des Subsidiaritätsprinzips gefragt werden, ob die Vorschrift als „ultima ratio" eingesetzt würde. Im vorliegenden Fall könnte man danach eine deutsche Strafrechtsvorschrift nur zur Anwendung gelangen lassen, wenn als Alternativen nicht das ausländische Ordnungswidrigkeitenrecht, Zivilrecht, Verwaltungsrecht – sofern anwendbar – oder ein möglicher und zumutbarer Selbstschutz des Opfers einen ebenso wirksamen Schutz bieten würden.

Ein ausreichender Gläubigerschutz könnte in den englischen Strafvorschriften des Insolvency Acts 1986 gesehen werden, die – wie gezeigt – aufgrund der engeren Tatsituation des mehr als Zahlungseinstellung erfordernden *winding up* lediglich einen kleinen Teil des vom deutschen Strafrecht erfassten Handelns nicht erfassen und damit im Vergleich zur deutschen Vorschrift als milder zu bewerten sind. Sollte das englische Strafrecht nach dem englischen internationalen Strafrecht jedoch kollisionsrechtlich schon nicht zur Anwendung gelangen, würde den Director der Scheinauslands-Limited im Fall der Vornahme einer Handlung i.S. des § 283 Abs. 1 Nr. 1-4 StGB bzw. Sec. 206 IA 1986 weder deutsches noch englisches Strafrecht treffen, was möglicherweise zu einer nicht hinnehmbaren Strafbarkeitslücke führen und deshalb die Anwendung des deutschen Strafrechts erforderlich machen könnte.

Das englische internationale Strafrecht, das bei der Behandlung von grenzüberschreitenden Straftaten, sog. *cross-frontier offences*,[328] – ebenso wie das deutsche Recht[329] – geprägt ist vom Gebietsgrundsatz (Territorialitätsprinzip),[330] stellte im *common law* in erster Linie auf den Ort ab, an dem das Delikt beendet wurde (*Terminatory Theory of Jurisdiction*).[331] Beendet wurde das Delikt nach dieser Theorie an dem Ort, an dem sein letztes konstituierendes Element verwirklicht wird. Die Gerichte Englands und Wales haben die Delikte in zwei Kategorien unterteilt: zum einen in die Delikte, die bereits das Verhalten unter Strafe stellen – im deutschen Strafrecht den Gefährdungsdelikten[332] vergleichbar –, die sog. *conduct crimes* und zum anderen in die Erfolgs-

---

328 Vgl. *Hirst*, S. 111 ff.
329 Vgl. schon o. *Lackner/Kühl*, Vor §§ 3-7 Rn. 2.
330 *Hirst*, S. 113; Mansdörfer/*Mansdörfer*, S. 222.
331 *Hirst*, S. 115.
332 Vgl. *Lackner/Kühl*, § 13 Rn. 32.

delikte, wie *murder* etc., die einen Erfolg voraussetzen, sog. *result crimes*.[333]
Wie im deutschen Recht, die §§ 283 ff. StGB sind mit Ausnahme des § 283c
StGB[334] als Gefährdungsdelikte ausgestaltet,[335] sind auch die hier untersuchten
Strafvorschriften des Insolvency Acts 1986 und des Companies Acts 2006, da
sie nicht den Eintritt eines tatbestandlichen Erfolgs voraussetzen, als sog. Ver-
haltensdelikte, also als *conduct crimes*, ausgestaltet.[336] Der Schwierigkeit bei
der Feststellung des Ortes, an dem das Delikt beendet wurde, wurde v.a. für
grenzüberschreitende Delikte jedoch mit Inkrafttreten des Criminal Justice Act
1993 am 1. Juni 1999 mit einer spezielle Kodifikation begegnet.

Danach kommt es u.a. bei Vermögensdelikten nunmehr darauf an, ob ein wesentlicher Teil („*relevant event*") des tatbestandlichen Geschehens im Inland
vorgenommen wurde bzw. eingetreten ist. Nach Sec. 2 Criminal Justice Act
1993 ist unter einem wesentlichen Bestandteil jedes Tun oder Unterlassen oder
anderes Ereignis zu verstehen, dessen Nachweis für eine Verurteilung erforderlich ist („*any act or omission or other event [including any result of one or
more acts or omissions] proof of which is required for conviction of the offence*").

Im Fall der hier untersuchten Handlungsvarianten der Nr. 1-4 des § 283 Abs.
1 StGB könnte im Fall der EU-Scheinauslandsgesellschaft in Form der Limited, die lediglich nach englischem Recht gegründet wurde und fortan ihre Tätigkeit auf das deutsche Inland beschränkt, der erforderliche Inlandsbezug zu
verneinen sein, weswegen das englische Strafrecht nicht zur Anwendung ge-
länge. Der einzig denkbare Anknüpfungspunkt in der hier zugrundegelegten
Konstellation der Scheinauslands-Limited könnte das *winding up* sein, das
immerhin die erforderliche Tatsituation darstellt, ohne deren Vorliegen also
eine Verurteilung nach englischem Recht nicht in Betracht kommt. Hat die
Limited aber ihren tatsächlichen Verwaltungssitz in der Bundesrepublik
Deutschland, sind nach Art. 3 Abs. 1 EuInsVO – wie gezeigt – die deutschen

---

333 *Bantekas/Nash*, S. 148.
334 BT-Dr. 7/3441, S. 38; SK-StGB/*Hoyer*, § 283c Rn 1; *Lackner/Kühl*, § 283c Rn. 4; MK-
     StGB/*Radtke*, § 283c Rn. 3; S/S/*Stree/Heine*, § 283c Rn 13; LK-StGB/*Tiedemann*, § 283c
     Rn. 2; *Vormbaum*, GA 1981, 101, 119.
335 BGH NStZ 2008, 401, 402; *Lackner/Kühl*, § 283 Rn. 1: „abstraktes Gefährdungsdelikt";
     Trüg/Habetha, wistra 2007, 365, 370: „konkretes Gefährdungsdelikt"; umfassende Darstel-
     lung des Meinungsstands zur Deliktsnatur der §§ 283 ff. StGB bei MK-StGB/*Radtke*,
     Vor § 283, Rn. 17-22.
336 *Hirst*, S. 168 ff.

Gerichte des Mitgliedstaates international zuständig. Gemäß Art. 4 Abs. 1 EuInsVO gilt grundsätzlich für das Insolvenzverfahren und seine Wirkungen das Insolvenzrecht des Mitgliedstaates, in dem das Verfahren eröffnet wird.[337] Ferner bestimmt sich die Durchführung und Beendigung des Insolvenzverfahrens gemäß Art. 4 Abs. 2 EuInsVO nach dem deutschen Recht. Damit bietet auch das *winding up* im Fall der EU-Scheinauslandsgesellschaft in der Form der *private company limited by shares* mit COMI in Deutschland keinen geeigneten Anknüpfungspunkt für das englische Strafrecht.

Wer einen – hier verneinten – Anknüpfungspunkt für das englische Recht dennoch annehmen will, etwa wegen der Gründung der Limited in England, oder der Herleitung des Verhältnisses von Director und Limited aus englischem Recht, muss aber feststellen, dass das englische Strafrecht wegen des grundsätzlichen Auslieferungsverbots gemäß Art. 16 GG wohl nicht durchsetzbar wäre, auch wenn Art. 16 Abs. 2 S. 2 GG die Möglichkeit eröffnet, durch Gesetz eine abweichende Regelung für Auslieferungen Deutscher an einen Mitgliedstaat der Europäischen Union oder an einen internationalen Gerichtshof zu treffen, soweit rechtsstaatliche Grundsätze gewahrt sind. Davon hat der einfache Bundesgesetzgeber zunächst im Jahr 2004 durch das 1. Europäische Haftbefehlsgesetz Gebrauch gemacht,[338] die Auslieferung Deutscher an andere Mitgliedstaaten der EU ist seit dem Jahr 2006 in § 80 IRG[339] geregelt.

Gemäß § 80 Abs. 1 IRG hat die Auslieferung eines Deutschen zum Zwecke der Strafverfolgung zwei Voraussetzungen. Zum einen muss gesichert sein, dass der ersuchende Mitgliedstaat nach Verhängung einer rechtskräftigen Freiheitsstrafe oder sonstigen Sanktion anbieten wird, den Verfolgten auf seinen Wunsch zur Vollstreckung in den Geltungsbereich dieses Gesetzes zurück zu überstellen (§ 80 Abs. 1 Nr. 1 IRG). Zum zweiten muss die Tat einen maßgeblichen Bezug zum ersuchenden Mitgliedstaat aufweisen (§ 80 Abs. 1 Nr. 2 IRG). Ein solcher maßgeblicher Bezug der Tat zum ersuchenden Mitgliedstaat

---

337 *Heinz*, § 17 Rn. 35; *Just*, Rn. 336.
338 Gesetz zur Umsetzung des Rahmenbeschlusses über den Europäischen Haftbefehl und die Übergabeverfahren zwischen den Mitgliedstaaten der Europäischen Union (Europäisches Haftbefehlsgesetz – EuHbG) v. 21.7.2004 (BGBl I S. 1748).
339 Gesetz zur Umsetzung des Rahmenbeschlusses über den Europäischen Haftbefehl und die Übergabeverfahren zwischen den Mitgliedstaaten der Europäischen Union (Europäisches Haftbefehlsgesetz – EuHbG) v. 20.07.2006 (BGBl. I S. 1721). Berücksichtigt wurden dabei die Vorgaben der Entscheidung des BVerfG vom 18.7.2005 (BVerfGE 113, 273) über die Nichtigkeit des 1. EuHbG; vgl. dazu *Böhm*, NJW 2006, 2592 sowie *Vogel*, JZ 2005, 801 ff.

wird angenommen, wenn die Tathandlung vollständig oder in wesentlichen Teilen auf seinem Hoheitsgebiet begangen wurde und der Erfolg zumindest in wesentlichen Teilen dort eingetreten ist, oder wenn es sich um eine schwere Tat mit typisch grenzüberschreitendem Charakter handelt, die zumindest teilweise auch auf seinem Hoheitsgebiet begangen wurde (§ 80 Abs. 1 S. 1 IRG).

Problematisch ist die Einordnung der sog. Mischfälle, d.h. der Fälle in denen Tat- und/oder Erfolgsort sowohl Bezüge zu Deutschland als auch zu dem ersuchenden Staat aufweisen. In Mischfällen ist zur Klärung der Frage, ob ein „maßgeblicher Bezug" zum ersuchenden Mitgliedstaat vorliegt, zunächst auf den Schwerpunkt der Tat abzustellen.[340] Ein solcher „maßgeblicher Bezug" ist nach dem Gesetzeswortlaut dann anzunehmen, wenn Handlungs- und Erfolgsort mindestens in wesentlichen Teilen im ersuchenden Mitgliedstaat liegen (§ 80 Abs. 1 S. 2 Alt. 1 IRG i.V.m. § 9 StGB).[341] Die Vorschrift des § 283 Abs. 1 Nr. 1-4 StGB inkriminiert Handlungen des Schuldners, die bei Vorliegen oder Eintritt der Krisenmerkmale die geschützten Vermögensinteressen der Gläubiger gefährden. Im vorliegend zugrundegelegten Fall der EU-Scheinauslandsgesellschaft in der Rechtsform der englischen Limited wird die Limited ihre Geschäftstätigkeit regelmäßig ausschließlich im deutschen Inland entfalten. Der Director wird regelmäßig die Bankrott-Handlungen in Deutschland vornehmen, und auch die geschützten Gläubiger werden im Regelfall deutsche Gläubiger sein. Damit lässt sich weder feststellen, dass die Tathandlung in wesentlichen Teilen in England vorgenommen wurde, noch dass der Erfolg zumindest in wesentlichen Teilen in England eingetreten ist.

Im Fall der Insolvenzdelikte der §§ 283 ff. StGB liegt auch kein maßgeblicher Auslandsbezug wegen besonderer Schwere i.S. des § 80 Abs. 1 S. 2 Alt. 2 IRG vor. Erfasst werden sollen hier nur besonders ausgeprägte Organisationsformen, wie z.B. der internationale Terrorismus oder der organisierte Drogen- oder Menschenhandel. Nicht einmal einfache Bandenkriminalität soll hierfür ausreichen.[342]

Gemäß § 80 Abs. 2 IRG kann eine Auslieferung auch bei fehlendem Auslandsbezug in Betracht kommen. Dazu darf die Tat aber keinen maßgeblichen Bezug zum Inland aufweisen (§ 80 Abs. 2 S. 1 Nr. 2 IRG). Ein maßgeblicher

---

340 *Hackner/Schomburg/Lagodny/Gleß*, NStZ 2006, 667 ff.
341 Der deutsche Gesetzgeber hat die Formulierungen des BVerfGE 113, 273 im Wortlaut übernommen.
342 *Böhm*, NJW 2006, 2595 ff.

Bezug der Tat zum Inland liegt gemäß § 80 Abs. 2 S. 2 IRG in der Regel vor, wenn die Tathandlung vollständig oder in wesentlichen Teilen im Geltungsbereich des IRG begangen wurde und der Erfolg zumindest in wesentlichen Teilen in diesem eingetreten ist. Nach dem oben Gesagten schließt damit auch § 80 Abs. 2 IRG eine Auslieferung des deutschen Directors, der eine Tathandlung der Nr. 1-4 des § 283 Abs. 1 StGB in Deutschland zu Ungunsten deutscher Gläubiger vorgenommen hat, aus.

(2) Zwischenergebnis: Kein ausreichender Schutz durch englisches Strafrecht

Abschließend ist festzuhalten, dass entweder das englische Strafrecht schon nicht anwendbar ist oder eine Auslieferung des deutschen Directors einer EU-Scheinauslandsgesellschaft in Form der englischen Limited nach England mangels „maßgeblichen Auslandsbezugs" einer Tat gemäß § 283 Abs. 1 Nr. 1-4 StGB i.S. des § 80 IRG nicht in Betracht kommt. Damit kann das englische Strafrecht keinen vergleichbaren Schutz gewährleisten. Die Anwendung des deutschen Strafrechts bleibt erforderlich. Andernfalls würde man zu dem Ergebnis gelangen, dass ein Verhalten, das von beiden Rechtsordnungen strafrechtlich missbilligt wird, aufgrund der Niederlassungsfreiheit der Artt. 49, 54 AEUV straffrei bliebe.

(3) Ausreichender Schutz durch englisches Zivilrecht

Auf der Grundlage der Entscheidung „Inspire Art" und den dazugehörigen Schlussanträgen des Generalanwalts *Alber* wird teilweise in die Richtung gedacht, dass man am EuGH eventuell geneigt sei, die Möglichkeit in Betracht zu ziehen, dass auch zivilrechtliche Normen ein gleiches Schutzniveau bieten könnten wie dieselbe Materie regelnde Strafnormen.[343] So lässt sich insbesondere für eine verschärfte Durchgriffshaftung kaum leugnen, dass eine solche oftmals schwerwiegender und damit abschreckender und effektiver wirken kann als eine Inkriminierung des entsprechenden Verhaltens. Sollte also das Herkunftsrecht eine zivilrechtliche Norm oder einen zivilrechtlichen Normenkomplex „anbieten", mit der bzw. dem sich die gleichen Fälle erfassen lassen und würde damit ein ähnliches Schutzniveau erreicht, müsste das Strafrecht des

---

343 Sandrock/Wetzler/*Hoffmann*, S. 227, 253, 254.

Zuzugsstaats wohl auch gegenüber dieser zivilrechtlichen Regelung zurücktreten. Damit könnte für den Fall, dass das Gründungsrecht bereits eine strengere Haftung mit zivilrechtlichen „Sanktionen" vorsieht, die etwaige inländische Strafnorm auch (schon) dann zurücktreten müssen.[344]

Das dürfte aber nur den Fall betreffen, in dem das Auslandsrecht versucht, dasselbe bzw. ein vergleichbares Schutzniveau über zivilrechtliche Haftungsregeln zu gewährleisten. Davon kann im vorliegenden Fall hinsichtlich des Verhältnisses des deutschen Strafrechts zum englischen Zivilrecht allerdings nicht ausgegangen werden. Denn wie gezeigt finden sich auch im englischen Recht „Insolvenzstraftatbestände" im IA 1986 und CA 2006. Auch das englische Recht sieht also die Notwendigkeit der Strafbewehrung bestimmter Handlungen, welche die Vermögensinteressen von Gläubigern einer Gesellschaft in einer wirtschaftlichen Krise gefährden. Es handelt sich nicht um einen Fall, der dem Verhältnis von Durchgriffshaftung und Mindestkapitalerfordernis vergleichbar ist – diese beiden Rechtsfiguren wurden wohl in der „Inspire Art"-Entscheidung einander gegenübergestellt.

(4) Zwischenergebnis: Kein ausreichender Schutz durch englisches Zivilrecht

In „Überseering" und „Inspire Art" vermochte der EuGH nicht festzustellen, dass die im Zuzugsstaat geltenden gläubigerschützenden Mindestkapitalerfordernisse erforderlich seien, da das gleiche Schutzniveau über einen Selbstschutz und über die verschärfte englische Durchgriffshaftung gewährleistet werden könne. In England werden jedoch ebenso wie in Deutschland die Gläubiger von Gesellschaften auch strafrechtlich geschützt. Das englische Zivilrecht kann auch mit seiner im Vergleich zum deutschen Recht verschärften zivilrechtlichen Haftung[345] nicht die Funktion erfüllen, ein dem deutschen Strafrecht vergleichbares Niveau zu gewährleisten. Anders formuliert: Das englische Zivilrecht alleine, ohne das englische Strafrecht, welches wie eben gezeigt nicht anwendbar bzw. durchsetzbar wäre, bietet kein vergleichbares Gläubigerschutzniveau wie das deutsche Strafrecht.

Festzuhalten bleibt damit, dass die englischen zivilrechtlichen Vorschriften zum Gläubigerschutz, selbst wenn sie gegenüber dem deutschen Zivilrecht

---

344 Sandrock/Wetzler/*Hoffmann*, S. 227, 254.
345 Vgl. die Übersichten bei *Heinz*, §6 Rn. 28 ff. und *Just*, Rn. 171 ff.

verschärft sein sollten, nicht die Strafbarkeitslücke(n) schließen können, die nach der Auffassung beider Rechtsordnung entstünde(n).

(5) Erforderlichkeit der Strafbarkeit bei bloßer Zahlungseinstellung

Probleme bereitet jedoch bei dieser Argumentation die „Erweiterung" des Bereichs des strafbaren Verhaltens durch das deutsche Strafrecht auf den Zeitpunkt vor der Eröffnung des Insolvenzverfahrens bzw. dessen Abweisung. Das könnte zu dem Schluss führen, dass die Anwendung des § 283 Abs. 1 Nr. 1-4 StGB bei bloßer Zahlungseinstellung nicht erforderlich ist. In diesem Fall ergäbe sich die Situation, dass die Niederlassungsfreiheit nicht zu einer Strafbarkeitslücke in beiden Strafrechtsordnungen der Mitgliedstaaten führen würde. Lediglich nach deutschem Strafrecht könnte ein vom deutschen Gesetzgeber für strafwürdig erachteter Fall – die Vornahme einer der Tathandlungen des § 283 Abs. 1 Nr. 1-4 StGB bei bloßer Zahlungseinstellung – nicht bestraft werden. Da das englische Recht diesen Fall aber nicht für strafwürdig hält, ließe sich die Erforderlichkeit der Strafbarkeitserweiterung nur schwer begründen, dazu sogleich.

2. Restriktion der Niederlassungsfreiheit

a. Kritik am (zu) weiten Verständnis der Niederlassungsfreiheit

Die Frage, ob EU-Auslandsgesellschaften tatsächlich für sich beanspruchen können, das gesamte gesellschaftsrechtsbezogene Recht ihres jeweiligen Gründungslandes mitzunehmen, „die Niederlassungsfreiheit also auch die Gesellschaften darin schützt", das Strafrecht des Gründungsstaates „über die Grenze zu tragen", kann zwar nur der EuGH abschließend klären,[346] soll im Rahmen dieser Arbeit jedoch verneint und begründet werden.[347]

Auch wenn man im Fall des § 283 Abs. 1 Nr. 1-4 StGB zu dem Schluss gelangen konnte, dass die Anwendung der Strafvorschrift nach dem „Vier-Konditionen-Test" zumindest teilweise gerechtfertigt werden kann, so scheint

---

346 *Altenhain/Wietz*, NZG 2008, 569, 572.
347 In diesem Sinn auch die Entscheidung des LG Kiel DZWIR 2006, 390, 392 für das Insolvenzrecht des Zuzugsstaats; zust. *Zerres*, DZWIR 2006, 356, 361, der dies „teleologische Eingrenzung des Anwendungsbereichs der Niederlassungsfreiheit" nennt.

doch für das Strafrecht im Gesamten eine noch restriktivere Handhabung geboten. Schon aus der Tatsache, dass das deutsche Strafrecht mit der Erweiterung auf die bloße Zahlungseinstellung ein Verhalten unter Strafe stellt, welches – wie eben gezeigt – vom englischen Recht nicht unter Strafe gestellt wird, ergibt sich die Konstellation, dass sich nach den bisher vorgestellten Ansichten das deutsche Strafrecht dem Schutzniveau des englischen Strafrechts wohl „anpassen" müsste.[348] Dass aber alle Straftatbestände des Zuzugsstaats, die auf eine EU-Auslandsgesellschaft angewendet werden sollen, am Recht des Herkunftsstaates zu messen sind, führt in der Praxis zu kaum tragbaren Ergebnissen und folgt wegen Abs. 2 des Art. 49 AEUV weder aus der Niederlassungsfreiheit oder aus der einschlägigen EuGH-Rechtsprechung noch scheint dies mit den Verträgen über die Europäische Union[349] und dem Lissabon-Urteil[350] des BVerfG vereinbar.

Auch die Unterscheidung in gesellschaftsrechtsakzessorische Vorschriften einerseits und gesellschaftsrechtsneutrale Vorschriften andererseits scheint nicht zielführend zu sein. Denn nicht primär für das Gesellschaftsstrafrecht, sondern insbesondere für das Wirtschaftsstrafrecht stellt sich die Frage nach einer Beschränkung der europarechtlich garantierten Niederlassungsfreiheit. Ein im Vergleich zum Herkunftsrecht strengeres Wirtschaftsstrafrecht erscheint grundsätzlich durchaus geeignet, die Niederlassung der Gesellschaft weniger attraktiv zu machen. Die Unterscheidung in gesellschaftsakzessorische und gesellschaftsneutrale Vorschriften würde die Niederlassungsfreiheit der Gesellschaften im Vergleich zur Niederlassungsfreiheit der natürlichen Personen aufwerten. Dass jedoch Wirtschaftsteilnehmer mit der Rechtsform von Kapitalgesellschaften in den Vorteil einer Anpassung des Schutzniveaus an das

---

348 Am deutlichsten bei *Worm*, S. 147: „Wenn sowohl der Herkunfts- als auch der Niederlassungsmitgliedstaat dasselbe Schutzanliegen mit vergleichbaren Mitteln verfolgen, so zeigt dies, dass sich der Unternehmer in dem Niederlassungsstaat lediglich an die Verhaltensregeln halten muss, die für ihn auch im Herkunftsstaat gelten. Ein zu enger Maßstab würde dementsprechend der Niederlassungsfreiheit nicht gerecht werden. Insofern ist ausreichend, wenn ein Verhalten, das nach deutschem Strafrecht als strafwürdig erachtet wird, auch nach englischem Recht bestraft wird." Diese legt dann aber (wohl auch) in der Erforderlichkeitsprüfung einen „weiteren Maßstab" an.
349 Zuletzt Vertrag von Lissabon, Konsolidierte Fassung des Vertrags über die Europäische Union v. 7.2.1992 (ABl. Nr. C 191 S. 1). Die Bundesrepublik Deutschland hat m.W.v. 15.10.2008 durch G. v. 8.1.2008 (BGBl. II S. 1038) dem Vertrag von Lissabon zugestimmt; Inkrafttreten am 1.12.2009, siehe die Bek. v. 13.11. 2009 (BGBl. II S. 1223).
350 BVerfG NJW 2009, 2267 ff.

Recht des Herkunftsstaates kommen sollen, Teilnehmer am Wirtschaftsverkehr als natürliche Person jedoch nicht, kann nicht Sinn und Zweck der Niederlassungsfreiheit sein, die sich in erster Linie an natürliche Personen richtet, denen die Gesellschaften gemäß Art. 54 Abs. 1 AEUV gleichgestellt werden.[351] Auch natürliche Personen können ihren Wohnsitz nicht einfach formal in einen anderen Mitgliedstaat verlegen, etwa um dort von günstigeren Steuern zu profitieren. Solange die Zulässigkeit des „Briefkastenwohnsitzes" für natürliche Personen nicht von der Niederlassungsfreiheit gedeckt wird, folgt aus ihr auch nicht die Zulässigkeit eines „Briefkastensitzes" für juristische Personen unter Hinnahme aller denkbaren rechtlichen Konsequenzen.[352]

Für das Strafrecht bietet sich auch deshalb eine Beschränkung der Reichweite der Niederlassungsfreiheit an, da die weit überwiegende Meinung davon ausgeht, dass die Kriminalstrafrechtskompetenz bei den Mitgliedstaaten verblieben ist und mangels nationaler Souveränitätsverzichte bei Abschluss der Verträge der Gemeinschaft keine Kriminalstrafgewalt zusteht.[353]

Mit dem „Lissabon-Urteil" vom 30.06.2009 hat das BVerfG sogar noch weitergehend eine „konkrete materielle Schranke der Integration" hinsichtlich des Straf- und Strafprozessrechts „errichtet", da „Entscheidungen über das materielle und formelle Strafrecht seit jeher als besonders sensibel für die demokratische Selbstgestaltungsfähigkeit eines Verfassungsstaates [...] gelten".[354] Die Strafrechtspflege ist nach Ansicht des BVerfG, „[...] was die Voraussetzungen der Strafbarkeit [...] anbelangt, von kulturellen, historisch gewachsenen, auch sprachlich geprägten Vorverständnissen und von den im deliberativen Prozess sich bildenden Alternativen abhängig, die die jeweilige öffentliche Meinung bewegen".[355] Weiter heißt es im Urteil: „Die Entscheidung über strafwürdiges Verhalten, über den Rang von Rechtsgütern und den Sinn und das Maß der

---

351 Zur Bedeutung und zu den Besonderheiten der Niederlassungsfreiheit von Gesellschaften vgl. Callies/Rufert/*Bröhmer*, Art. 48 EGV Rn. 8 ff.

352 Callies/Rufert/*Bröhmer*, Art. 48 EGV Rn. 16.

353 Zu den Gründen *Sieber*, ZStW 105 (2009), 1 ff. („kein umfassendes Konzept"); vgl. auch *Tiedemann*, NJW 1993, 23; jeweils m.w.N.; krit. zum „Plädoyer für den Erhalt sog. nationaler Strafrechtskulturen" *Vogel*, Europäisches Gemeinschaftsrecht und deutsches Strafrecht, S. 119 ff. sowie ausführlich zu „Entwicklungstendenzen bei der Strafrechtsharmonisierung" GA 2003, 314, 320 ff. und 332 ff.

354 BVerfG NJW 2009, 2267, 2274 Rn. 252, 355 ff. mit Bespr. *Kottmann/Wohlfahrt*, ZaöRV 69 (2009), 443, 460.

355 BVerfG NJW 2009, 2267, 2274 Rn. 253 mit Verweis auf *Weigend*, ZStW 105 (1993), 774, 785.

Strafandrohung ist vielmehr in besonderem Maße dem demokratischen Entscheidungsprozess überantwortet ([...]). Eine Übertragung von Hoheitsrechten über die intergouvernementale Zusammenarbeit hinaus darf in diesem grundrechtsbedeutsamen Bereich nur für bestimmte grenzüberschreitende Sachverhalte unter restriktiven Voraussetzungen zu einer Harmonisierung führen; dabei müssen grundsätzlich substanzielle mitgliedstaatliche Handlungsfreiräume erhalten bleiben ([...]).“[356]

Begründet wird dies vom BVerfG insbesondere damit, dass „jede Strafnorm ein mit staatlicher Autorität versehenes sozialethisches Unwerturteil über die von ihr pönalisierte Handlungsweise" enthalte und „sich der konkrete Inhalt dieses Unwerturteils aus Straftatbestand und Strafandrohung ergebe". Nach Ansicht des BVerfG ist es „eine grundlegende Entscheidung, in welchem Umfang und in welchen Bereichen ein politisches Gemeinwesen gerade das Mittel des Strafrechts als Instrument sozialer Kontrolle einsetzt". Eine Rechtsgemeinschaft gebe sich „durch das Strafrecht einen in ihren Werten verankerten Verhaltenskodex, dessen Verletzung nach der geteilten Rechtsüberzeugung als so schwerwiegend und unerträglich für das Zusammenleben in der Gemeinschaft gewertet wird, dass sie Strafe erforderlich macht".[357] Der Gesetzgeber übernehme ferner „mit der Entscheidung über strafwürdiges Verhalten die demokratisch legitimierte Verantwortung für eine Form hoheitlichen Handelns, die zu den intensivsten Eingriffen in die individuelle Freiheit im modernen Verfassungsstaat zählt". Dabei sieht das BVerfG den (nationalen) Gesetzgeber bei der Entscheidung, ob und wie er ein Rechtsgut gerade mit den Mitteln des Strafrechts verteidigen will, als grundsätzlich frei an. Der Gesetzgeber könne „innerhalb der verfassungsrechtlichen Bindungen frei entscheiden, mit welcher Strafandrohung er schuldhaftes Handeln sanktionieren will".[358]

Die Frage, ob es sich beim nationalen Kriminalstrafrecht damit gar um „gemeinschaftsfreie Materie" handelt, ist jedoch nach einhelliger Auffassung zu verneinen. Einen gemeinschaftsrechtsfreien Raum i.S. eines „Reservats des nationalen Rechts"[359] kann und darf es im europäischen Integrationsverband

---

356 Zur „zunehmenden Akzeptanz" der Mitgliedstaaten hinsichtlich der Strafrechtsharmonisierung vgl. aber *Vogel*, GA 2003, 314, 320 ff.
357 BVerfG NJW 2009, 2267, 2287 Rn. 355; vgl. *Weigend*, ZStW 105 (1993), 774, 789.
358 BVerfG NJW 2009, 2267, 2287 Rn. 356.
359 Zum Begriff *Schack*, ZZP 108 (1995), 47.

nicht geben.[360] Jedes nationale Recht der EU-Mitgliedstaaten weist vielmehr einen gewissen Gemeinschaftsrechtsbezug auf. Diese Gemeinschaftsrechtsakzessorietät[361] äußert sich v.a. im sog. „Assimilierungsprinzip", in der „strafrechtlichen Anweisungskompetenz der EU", dem „Vorrang des Gemeinschaftsrechts", der „gemeinschaftsrechtskonformen Auslegung", der „Harmonisierung des materiellen Strafrechts in der dritten Säule", der „justiziellen Zusammenarbeit in Strafsachen", sowie im „transnationalen Doppelbestrafungsverbot in der EU".[362]

Obwohl damit also auch das Strafrecht mit dem höherrangigen Gemeinschaftsrecht vereinbar sein muss, kann die Konsequenz aus der Rechtsprechung des EuGH zur Niederlassungsfreiheit kaum zu dem Ergebnis führen, dass die anderen Mitgliedstaaten die „Kriminalstrafrechtskompetenz übernehmen", und zwar in dem Sinn, dass bei Zuzug einer Gesellschaft diese „ihr" Strafrecht als eine Art „strafrechtliches Maximum" mit sich führt. In einem dadurch „eröffneten Wettbewerb der Straf-Rechtsordnungen" würde sich erfahrungsgemäß gerade die Rechtsordnung mit dem schwächsten Schutz dritter Interessen durchsetzen (*race to the bottom*).[363]

Gegen eine solche Wirkung der Grundfreiheiten auf den Bereich der nationalen Strafrechtssysteme sprechen auch die Ausführungen des Generalanwalts *Mazák* in der Entscheidung des EuGH zur Nichtigkeit des Rahmenbeschlusses 2005/667/JI wegen fehlender Unionskompetenz („Dritte Säule"),[364] durch den die Mitgliedstaaten verpflichtet werden sollten, bestimmte Verhaltensweisen strafrechtlich zu ahnden. In den Schlussausführungen heißt es, der Gemeinschaftsgesetzgeber („Erste Säule") könne die Mitgliedstaaten (zwar) dazu anweisen, strafrechtliche Sanktionen, die wirksam, angemessen und abschreckend sind, vorzusehen. Nicht aber könne er diese näher festlegen,[365] da ansonsten die Gefahr bestünde, „dass Widersprüche in den nationalen Strafrechtssystemen

---

360   *Satzger*, S. 152.

361   Vgl. *Ambos*, § 9 Rn. 14: „europäisiertes Strafrecht"; *Hecker*, S. 229 ff.: „strafrechtsrelevante Europäisierungsfaktoren"; *Satzger*, S. 475 ff.: „Einfluss des Europäischen Gemeinschaftsrechts auf das nationale Strafrecht".

362   Vgl. statt aller *Hecker*, §§ 7 ff.

363   BGH EuZW 2000, 412, 413: Dazu Eidenmüller/*Eidenmüller*, § 1 Rn. 17 ff.

364   EuGH NStZ 2008, 702 m. Bespr. *Eisele*, JZ 2008, 251 ff. und *Fromm*, ZIS 2008, 168, 171 ff.; vgl. auch die Darstellung bei *Heger*, S. 160 ff.

365   Schlussanträge des Generalanwalts *Mazák* v. 28. 6. 2007, Rn. 103, im Rahmen der Nichtigkeitsklage gegen den Rahmenbeschluss zur Verstärkung des strafrechtlichen Rahmens zur Bekämpfung der Verschmutzung durch Schiffe; vgl. auch *Eisele*, JZ 2008, 251, 253.

auftreten und deren Kohärenz gefährden könnten". Dabei sei v.a. zu beachten, dass eine bestimmte Strafart oder ein bestimmtes Strafniveau – je nach Ausgestaltung des nationalen Strafrechtssystems – einen unterschiedlichen Stellenwert haben könne.[366] Dieser Ansicht hat sich der EuGH offensichtlich angeschlossen, wenn er ausführt, dass das Kriminalstrafrecht und das Strafprozessrecht grundsätzlich nicht in die Gemeinschaftszuständigkeit fallen. Der Gemeinschaftsgesetzgeber könne zwar die Mitgliedstaaten zur Einführung derartiger Sanktionen verpflichten, die Bestimmungen von Art und Maß der anzuwendenden strafrechtlichen Sanktionen fallen jedoch nicht in die Zuständigkeit der Gemeinschaft.[367]

Festgehalten werden kann damit, dass keine Konkretisierungsbefugnis der Europäischen Gemeinschaft hinsichtlich des nationalen Kriminalstrafrechts bzw. der nationalen Strafrechtsnormen gegeben ist.[368] Soll eine solche Konkretisierungsbefugnis nun allerdings einem anderen Mitgliedstaat i.S. der Festschreibung eines strafrechtlichen „Maximums" zustehen, ergeben sich die gleichen erheblichen Bedenken hinsichtlich der möglicherweise entstehenden „Widersprüche in den nationalen Strafrechtssystemen" und der „Gefährdung deren Kohärenz".

Deswegen sollen im Folgenden drei Methoden zur Eingrenzung der Reichweite der Niederlassungsfreiheit entwickelt und dargestellt werden. Dabei ist zunächst auf Grundlage der „Keck"-Formel des EuGH zur Warenverkehrsfreiheit eine Einschränkung des Begriffs der Beschränkung einer Grundfreiheit in Betracht zu ziehen (dazu unter b.). Ferner könnte man vor dem Hintergrund dieser EuGH-Rechtsprechung i.S. einer Tatbestandslösung den Schutzbereich der Niederlassungsfreiheit i.R. des Strafrechts auf ein reines Diskriminierungsverbot beschränken (dazu unter c.). Ferner soll drittens eine Möglichkeit zur Rechtfertigung von Beschränkungen der Niederlassungsfreiheit entwickelt werden (dazu unter d.), die weiter geht als die Rechtfertigung nach dem strengen „Vier-Konditionen-Test" des EuGH aus der „Inspire Art"-Entscheidung.

---

366 Schlussanträge des Generalanwalts *Mazák* v. 28. 6. 2007, Rn. 104, a.a.O.

367 EuGH NStZ 2008, 702, 703 Rn. 47, 48; vgl. auch *Vogel*, GA 2003, 314, 315 f. zu den dort sog. „Mindestvorschriften".

368 Vgl. BVerfG NJW 2009, 2667, 2774; *Dannecker*, Jura 1998, 79, 80; *Johannes*, ZStW 83 (1971), 531, 542; *Jung*, JuS 1998, 1, 6, *dies.*, JuS 2000, 417, 424 spricht zu Recht von „Affinität(en) von Strafrecht und zentraler Gewalt bzw. Staat"; *Otto*, Jura 2000, 98; vgl. auch *Sieber*, ZStW 121 (2009), 1, 67, der von der Wahrung der „Souveränitätsrechte der Mitgliedstaaten" spricht.

b. Übertragung der „Keck"-Formel

Eine Möglichkeit der ausreichenden Einschränkung des Schutzbereichs der Niederlassungsfreiheit könnte die Übertragung der zur Warenverkehrsfreiheit entwickelten „Keck"-Formel des EuGH[369] auf die Niederlassungsfreiheit bieten. Damit könnte – sollte § 283 Abs. 1 StGB als sog. „allgemeines Verkehrsrecht" bewertet werden können – schon die Eröffnung des Schutzbereichs der Artt. 49, 54 AEUV verneint werden[370] und man sähe sich nicht der Notwendigkeit einer Rechtfertigung der Anwendung der Vorschrift nach europarechtlichen Vorgaben gegenüber.

Nachdem sich die Wirtschaftsteilnehmer immer häufiger auf die Warenverkehrsfreiheit berufen hatten, um jede Regelung zu beanstanden, die sich als Beschränkung ihrer geschäftlichen Freiheit auswirkte, entschied der EuGH in der Rechtssache „Keck", dass die Anwendung nationaler Bestimmungen, die bestimmte Verkaufsmodalitäten in dem betroffenen Mitgliedstaat beschränken oder verbieten, auf Erzeugnisse aus anderen Mitgliedstaaten nicht unter den Begriff der Beschränkung der Warenverkehrsfreiheit falle, sofern diese Bestimmungen für alle betroffenen Wirtschaftsteilnehmer gelten, die ihre Tätigkeit im Inland ausüben, und sofern sie den Absatz der inländischen Erzeugnisse und der Erzeugnisse aus anderen Mitgliedstaaten rechtlich wie tatsächlich in der gleichen Weise berühren.

Kein allgemeines Verkehrsrecht – also eine Beschränkung der Niederlassungsfreiheit – liegt nach der „Keck"-Rechtsprechung jedoch vor, wenn die Maßnahmen bzw. die Vorschriften den Marktzugang für ausländische Gesellschaften versperren oder im Vergleich zu inländischen Gesellschaften rechtlich oder tatsächlich signifikant erschweren.[371] Der Anwendungsbereich der Warenverkehrsfreiheit ist damit also nur noch dann eröffnet, wenn es sich bei der beanstandeten nationalen Maßnahme entweder um eine produktbezogene Regelung oder um eine vertriebsbezogene, aber diskriminierende Regelung handelt. Eine sog. unmittelbare oder rechtliche Diskriminierung liegt dann vor, wenn eine Regelung ausschließlich zu Lasten eingeführter Erzeugnisse an-

369 Vgl. dazu EuGH NJW 1994, 121 („Keck").
370 So auch *Kienle*, GmbHR 2007, 696, 697.
371 EuGH NJW 1994, 121 Rn. 16, 17 („Keck"); dazu Eidenmüller/*Eidenmüller*, § 3 Rn. 14; MK-BGB/*Kindler*, IntGesR, Rn. 418 und 659; *Radtke/Hoffmann*, EuZW 2009, 404, 406; vgl. auch *Worm*, S. 37 ff.

wendbar ist, eine sog. mittelbare oder faktische Diskriminierung bei Regelungen, die zwar unterschiedslos anwendbar sind, sich aber unterschiedlich auf inländische und importierte Erzeugnisse auswirken.[372]

Insbesondere zwei weitere EuGH-Urteile geben Aufschluss darüber, welche Maßnahmen andererseits als allgemeines Verkehrsrecht zu bewerten sind und schon nicht den Schutzbereich der Artt. 49, 54 AEUV eröffnen. Zum einen hat der EuGH in der Rechtssache „Semeraro" zum alten Artikel 52 EGWV (nunmehr Art. 49 AEUV) entschieden, dass keine Eröffnung des Schutzbereichs anzunehmen ist, wenn die streitige Regelung zunächst – ohne Rücksicht auf ihre Herkunft – für alle im Inland tätigen Wirtschaftsteilnehmer in gleicher Weise gilt, sie ferner nicht den Zweck verfolgt, die Bedingungen für die Niederlassung der betreffenden Unternehmen zu regeln, und schließlich die beschränkenden Wirkungen, die sie für die Niederlassungsfreiheit haben könnte, zu ungewiss und zu mittelbar sind, als dass die in ihr aufgestellte Verpflichtung als geeignet angesehen werden könnte, diese Freiheit zu behindern.[373] Eine ähnliche Formulierung findet sich in der Entscheidung „Pfeiffer". Danach sind (nur solche) „nationale(n) Maßnahmen als Beschränkung des Zuzugs zur Ausübung dieser Tätigkeiten im Niederlassungsmitgliedstaat anzusehen, die Gesellschaften aus anderen Mitgliedstaaten gegenüber Gesellschaften des Niederlassungsmitgliedstaats tatsächlich oder rechtlich benachteiligen".[374] Ob es sich um allgemeines Verkehrsrecht handelt, welches nicht in den Schutzbereich der Artt. 49, 54 AEUV eingreift, entscheidet sich danach also zum einen über die Zielrichtung einer bestimmten Maßnahme, zum anderen nach der Intensität der Beeinträchtigung,[375] sowie unter dem Gesichtspunkt der etwaigen Marktzugangserschwerung.[376]

Fraglich ist, ob die Übertragung dieser Grundsätze („Keck", „Semeraro" und „Pfeiffer") auf das Strafrecht, dem sich die Zuzugsgesellschaften gegenübersehen, im vorliegenden Fall tatsächlich weiter hilft. So könnte man zwar durchaus zu dem Schluss gelangen, dass es sich bei dem allgemeinen Strafrecht, das sich an jedermann richtet, um Regelungen des allgemeinen Verkehrsrechts handelt, die nicht in den Schutzbereich der Niederlassungsfreiheit eingreifen.

---

372 Callies/Ruffert/*Kingreen*, Art. 28 EGV Rn. 169 ff.; Grabitz/Hilf/*Leible*, Art. 28 Rn. 28.
373 EuGH, Slg. 1996, I-2975, Rn. 32 („Semeraro").
374 EuGH, Slg. 1999, I-2835, Rn. 19 („Pfeiffer").
375 Vgl. Eidenmüller/*Eidenmüller*, § 3 Rn. 12.
376 Eidenmüller/*Eidenmüller*, § 3 Rn. 15.

Das allgemeine Strafrecht verfolgt nicht den Zweck, den Marktzugang zu erschweren, es wirkt für inländische Gesellschaften in gleichem Maße wie für ausländische Gesellschaften – und damit rechtlich wie faktisch neutral – und stellt auch keine signifikante Zugangserschwerung für zuziehende EU-Ausländer bzw. EU-Auslandsgesellschaften dar. Jedoch lässt sich damit für das allgemeine Wirtschaftsstrafrecht nicht ausschließen, dass es eben doch den Zuzug erheblich erschwert und deshalb eine unzulässige Beschränkung der Niederlassungsfreiheit der Artt. 49, 54 AEUV vorliegt. Jedenfalls hat der EuGH sich zu einer Übertragung der „Keck"-Formel auf die Niederlassungsfreiheit der Artt. 49, 54 AEUV in seiner Rechtsprechung bisher noch nicht geäußert, eine solche aber auch nicht angedeutet.[377]

c. Schutzbereichsbegrenzung auf das Diskriminierungsverbot

Vor dem Hintergrund der „Keck"-Formel könnte man noch weitergehend erwägen, die Reichweite der Niederlassungsfreiheit im Bereich des Strafrechts grundsätzlich auf ihre Ausprägung als Diskriminierungsverbot zu beschränken.

Da die Niederlassungsfreiheit in ihrem Anwendungsbereich unstreitig direkte und indirekte Diskriminierungen aufgrund der Staatsangehörigkeit durch das nationale Strafrecht grundsätzlich verbietet,[378] ist damit in jedem Fall die Ansicht zu pauschalisierend, nach welcher sog. allgemeine Normen des Wirtschaftsstrafrechts, unter die auch die §§ 283, 283b StGB mitsamt der Pflichten des HGB fallen sollen, grundsätzlich vollumfänglich auch auf ausländische Gesellschaften und ihre Organe anwendbar seien.[379]

Diskutiert wird jedoch eine Eingrenzung der Reichweite der Niederlassungsfreiheit auf Diskriminierungen bei sog. integrierten nationalen Ordnungssystemen und könnte auch im Fall des Strafrechts wegen dessen spezifischer Sach-

---

377 *Weiß*, 191.
378 EuGH, Slg. 1962, 653, 657 („Klöckner-Werke AG"): Verboten ist, dass „vergleichbare Sachverhalte in unterschiedlicher Weise behandelt und dadurch bestimmte Betroffene gegenüber anderen benachteiligt werden, ohne dass dieser Unterschied in der Behandlung durch das Vorliegen objektiver Unterschiede von einigem Gewicht gerechtfertigt wären"; vgl. Wabnitz/Janovsky/*Dannecker*, 2. Kap. Rn. 114, 115: „Strafbarkeitsbegrenzende Funktion des Diskriminierungsverbots" m.w.N.; *Hecker*, § 1 Rn. 22; vor dem Hintergrund des „Inspire Art"-Urteils dazu auch schon *Leible/Hoffmann*, EuZW 2003, 677, 678 f. („Erfordernis der diskriminierungsfreien Sanktionierung"); vgl. auch *Tiedemann*, NJW 1993, 23 ff. m.w.N. aus der EuGH-Rechtsprechung zum Diskriminierungsverbot.
379 OLG Karlsruhe NStZ 1985, 317; *Horn*, NJW 2004, 893, 899.

gesetzlichkeit[380] in Betracht kommen. Ein sog. „integriertes nationales Ordnungssystem" bilden die Vorschriften eines Sachgebiets, dessen einzelne Elemente nicht zur Disposition gestellt werden können, ohne dass das gesamte System bedroht wäre. In solchen Fällen soll grundsätzlich kein Beschränkungsverbot, sondern nur das Diskriminierungsverbot gelten. Wurde dies insbesondere für die „Steuersysteme" und „die Systeme der sozialen Sicherheit vorgeschlagen",[381] hat der EuGH diesem Ansatz zumindest für das Steuerrecht eine Absage erteilt und auch im Steuerrecht ein Beschränkungsverbot angenommen.[382]

Zwar soll die Niederlassungsfreiheit z.b. nicht als Grundlage dafür dienen, steuerrechtliche Regelungen in den Mitgliedstaaten durch steuerlich motivierte Sitzverlagerungen auszuhebeln.[383] Die steuerrechtlichen Regelungen des Zuzugsstaates bleiben bei einer Beschränkung der Niederlassungsfreiheit aber nur dann anwendbar, wenn der „Umzug" bzw. die begehrte Eintragung von Gesellschaften oder Zweigniederlassungen auch tatsächlich und nachvollziehbar mit Rechtsgütern kollidiert, deren Schutz aus zwingenden Gründen des Allgemeininteresses gerechtfertigt sein kann. Auch für das Steuerrecht bedarf es damit einer Rechtfertigung nach dem „Vier-Konditionen-Test", wobei die „Kohärenz des nationalen Steuersystems" als solch ein zwingender Grund des Allgemeininteresses in Betracht kommt.

Eine Begrenzung der Wirkung der Niederlassungsfreiheit i.R. des Strafrechts wäre zunächst u.a. mit den viel beachteten EuGH-Urteilen in den Rechtssachen „Gambelli" und „Placanica" vereinbar.[384] In diesen hat der Gerichtshof entschieden, dass die Niederlassungsfreiheit und der freie Dienstleistungsverkehr i.S. der Artt. 49 und 56 AEUV einer nationalen Regelung, die für Personen eine strafrechtliche Sanktion wegen Sammelns von Wetten ohne die nach dem nationalen Recht erforderliche Konzession oder polizeiliche Genehmigung vorsieht, dann entgegenstehen, wenn sich diese Personen diese Konzessionen oder Genehmigungen deshalb nicht beschaffen konnten, weil der betreffende Mitgliedstaat es unter Verstoß gegen das Gemeinschaftsrecht abgelehnt hatte,

---

380 So auch BVerfG NJW 2009, 2667, 2774 Rn. 252, 253; vgl. auch *Weigend*, ZStW 105 (1993), 774, 785.
381 Grabitz/Hilf/*Randelzhofer/Forsthoff*, Art. 43 Rn. 106.
382 Zuletzt im EuGH-Urteil vom 17.11.2009 – C-169/08 „Regione Sardegna 2009".
383 Callies/Rufert/*Böhmer*, Art. 48 EGV Rn. 16.
384 EuGH NJW 2004, 139 („Gambelli"); EuGH NJW 2007, 1515 („Placanica").

sie ihnen zu erteilen. In den konkreten Fällen hatte die italienische Regelung gemeinschaftsrechtswidrig Kapitalgesellschaften, die auf den reglementierten Märkten von anderen Mitgliedstaaten notiert waren, von den Ausschreibungen für die Zuteilung der bestehenden Konzessionen ausgeschlossen. Eine solche Regelung stellte nach Ansicht des EuGH eine Beschränkung der Niederlassungsfreiheit dar. Tatsächlich handelte es sich in beiden Fällen vielmehr um Diskriminierungen, da die Regelungen gerade das Ziel verfolgten, ausländischen Kapitalgesellschaften den Marktzugang zu versperren. Auch bei einer Begrenzung auf das Diskriminierungsverbot hätten beide Fälle erfasst werden können.

Allerdings weist auch diese – hier für das Strafrecht vorgeschlagene – Begrenzung des Schutzbereichs der Niederlassungsfreiheit auf das Diskriminierungsverbot nicht unerhebliche Schwächen bzw. Angriffsflächen auf.

Dabei wurde die besondere Stellung aufgrund der speziellen Eigenlogik des Strafrechts bzw. der nationalen Strafrechtssysteme, welche die erste Voraussetzung für eine Andersbehandlung darstellt, bereits – auch unter Hinweis auf einschlägige EuGH-Rechtsprechung – dargelegt. Dass der Beschränkungsbegriff weiter zu verstehen ist als der Begriff der Diskriminierung und damit der Schutzbereich der Niederlassungsfreiheit früher eröffnet wird, wurde ebenfalls dargelegt.

Ferner ist jedoch eine Klärung des Begriffs „Strafrecht" unabdingbar, da die Zugehörigkeit einer Norm zu diesem Rechtsgebiet die Reichweite der Niederlassungsfreiheit bestimmen bzw. eingrenzen soll. Mangels eines „Europäischen Begriffs" als Alternative[385] kann „Strafrecht" auch in diesem Zusammenhang nur in einem weiteren nationalen Sinne verstanden werden. *Achenbach* hat dies im Zusammenhang mit seinen Untersuchungen zum „Strafrecht als Mittel der Wirtschaftslenkung"[386] zielführend als „Einheit der Normen, welche allgemeine Regeln, einzelne Tatbestände oder Rechtsfolgen für Verhaltensweisen vorsehen, die gesetzlich mit Kriminalstrafe – also Freiheits- oder Geldstrafe – oder aber mit Geldbuße bedroht werden, im Sinne unserer nationalstaatlichen Rechtsordnung mithin als Einheit von Straf- und Ordnungswidrigkeitenrecht" bezeichnet.[387] Kürzer formuliert *Joecks*[388] im Münchener Kommentar zum

---

385 *Satzger*, S. 58 ff.
386 *Achenbach*, ZStW 119 (2007), 789 ff.
387 *Achenbach*, ZStW 119 (2007), 789, 791, 792; vgl. auch S/S/*Eser*, Vor § 1 Rn. 1; vgl. auch *Lackner/Kühl*, Vorbem. Rn. 17.

StGB unter Verweis auf *Roxin*[389]: „Strafrecht ist die Summe der Rechtsvorschriften, die Voraussetzungen oder Folgen eines mit Strafe oder einer Maßregel der Besserung und Sicherung bedrohten Verhaltens regeln".

Das Argument des „potentiellen Missbrauchs" der Ausnahme des nationalen Strafrechts vom Beschränkungsverbot kann hier nicht entkräftet werden. So erscheint es durchaus möglich, dass ein EU-Mitgliedstaat ihm wichtige nationale Regelungen in den Bereich des Strafrechts „verschiebt", um sie „nur" dem engeren Diskriminierungsverbot zu unterwerfen. Ob diese nur schwer zu konstruierenden Fälle jedoch tatsächlich praktisch relevant werden, kann allein die Zukunft zeigen. Ohnehin sind aufgrund der beiden oben aufgezeigten Prinzipien der Subsidiarität und der Fragmentarietät die Möglichkeiten für ein solches Vorgehen zumindest für den deutschen Gesetzgeber als durchaus begrenzt zu bewerten. Immerhin wäre im Fall eines solchen Vorgehens eines EU-Mitgliedstaats erneut auf Gemeinschaftsrechtsebene zu prüfen, ob dies nicht ein gemeinschaftsrechtswidriges Verhalten des betreffenden EU-Mitgliedstaats darstellt.

d. Modifikation des „Vier-Konditionen-Tests"

Freilich ist zu unterscheiden zwischen der – hier unstreitig nicht gegebenen – Rechtsetzungskompetenz der Union und der Pflicht der Mitgliedstaaten, im Rahmen ihrer nationalen Rechtsetzung das EU-Primärrecht zu beachten.[390] Insbesondere entbindet der Umstand, dass eine Materie in die Rechtsetzungskompetenz der Mitgliedstaaten fällt, diese nach ständiger EuGH-Rechtsprechung nicht davon, bei ihrer Ausübung die EU-Grundfreiheiten zu beachten.[391] Dass das Recht eines Mitgliedstaates *de facto* in einem anderen „gilt", ist immerhin die Grundlage der europäischen Integration, der das Prinzip der gegenseitigen Anerkennung, welches durch die Grundfreiheiten geschützt wird, zugrundeliegt. Um diese mitgliedstaatliche Pflicht zur Beachtung des Gemeinschaftsrechts und ihre Grenzen zu konkretisieren, lassen sich zunächst die zum

---

388   MK-StGB/*Joecks*, Einl. Rn. 1.
389   *Roxin*, AT I § 1 Rn. 1.
390   Zum Prinzip der gegenseitigen Anerkennung vgl. *Kotzurek*, ZIS 2006, 123 ff. (zur Europäischen Beweisanordnung).
391   Vgl. für das Strafrecht: *Ambos*, § 11 Rn. 1 ff.; *Wabnitz/Janovsky/Dannecker*, Kap. 2 Rn. 109 ff.; *Hecker*, § 9 Rn. 1 ff. und *Satzger*, S. 478 ff. („Neutralisierung deutscher Strafvorschriften); jeweils m.w.N.

Erlass von Strafrecht „im Dienste der Gemeinschaft" entwickelten Prinzipien heranziehen.[392]

Als dritte Möglichkeit, die diese Geltung des Gemeinschaftsrechts hinreichend würdigt, soll deshalb hier die – wie eben aufgezeigt – erforderliche Restriktion der Reichweite der Niederlassungsfreiheit zumindest damit erreicht werden, dass der „Vier-Konditionen-Test" des EuGH aus der „Inspire Art"-Rechtsprechung für den Bereich des Strafrechts „modifiziert" wird.

Zunächst lässt sich dabei feststellen, dass im vorliegenden Fall nicht einmal das „Assimilierungsprinzip" und das „allgemeine Loyalitätsgebot"[393] zur Anerkennung eines Strafrechtsmaximums eines Mitgliedstaates bzw. aller anderen Mitgliedstaaten führen kann.

Zu den Konkretisierungen dieses Assimilierungsprinzips bzw. des allgemeinen Loyalitätsgebots musste sich bereits im Jahr 1990 der EuGH in der Rechtssache „Hansen"[394] äußern – wenn auch zur sog. „Inländerdiskriminierung" oder „umgekehrten Diskriminierung".[395] Dänemark hatte als einziger Mitgliedstaat eine verschuldensunabhängige Sanktionsbestimmung – d.h. eine strafrechtliche Verantwortlichkeit auf rein-objektiver Grundlage – im Fall des Überschreitens der von einer EG-Verordnung festgelegten täglichen Lenkzeit geschaffen. Dagegen hatte die dänische Firma *Hansen&Søn* vorgetragen, dass dadurch, dass nur in Dänemark niedergelassene Unternehmen in höherem Maße der Gefahr einer Strafe ausgesetzt seien, der freie Wettbewerb innerhalb des Gemeinsamen Marktes verfälscht werde, was der Harmonisierung der einschlägigen nationalen Rechtsvorschriften zuwiderlaufe.

Der EuGH entschied, dass den Mitgliedstaaten die „Wahl der Sanktionen verbleibe". Sie hätten ferner namentlich (nur) darauf zu achten, dass Verstöße gegen das Gemeinschaftsrecht nach ähnlichen sachlichen und verfahrensrechtlichen Regeln geahndet werden wie nach Art und Schwere gleichartige Verstöße gegen nationales Recht. Die Sanktion müsse dabei jedenfalls wirksam, verhältnismäßig und abschreckend sein. Nach Ansicht des EuGH steht dem nationalen Gesetzgeber damit also die Befugnis zum Erlass von Sanktionsbestimmungen

---

392 Vgl. nur *Ambos*, § 11 Rn. 13a ff.; *Hecker*, § 7 Rn. 51; *Satzger*, S. 361 ff., 373 f.
393 Wabnitz/Janovsky/*Dannecker*, Kap. 2 Rn. 73, 103 ff.; *Hecker*, § 7 Rn. 1 ff.
394 EuGHE 1990, 2911 („Hansen"); vgl. *Ambos*, § 11 Rn. 16 ff.; *Hecker*, § 7 Rn. 52 ff.; *Satzger*, S. 337 f.
395 Vgl. dazu Callies/Ruffert/*Epiney*, Art. 12 EGV Rn. 27 ff. („umgekehrte Diskriminierung").

zu, die der Durchsetzung von Gemeinschaftsrecht dienen, selbst wenn in allen anderen Mitgliedstaaten eine solche Bestimmung nicht erlassen wird.

Diese Überlegungen entsprechen auch dem Gedankengang, den Generalanwalt *Caporoti* bereits im Jahr 1977 in seinen Schlussanträgen in der Rechtssache „Amsterdam Bulb"[396] entwickelt hat. Zwar sei den Mitgliedstaaten der Erlass von Maßnahmen verwehrt, die eine Änderung der Tragweite von Gemeinschaftsverordnungen oder eine Ergänzung ihrer Vorschriften zum Gegenstand hätten. Der Umstand, dass ein Mitgliedstaat der Gemeinschaftsregelung zu dem genannten Sicherungszweck Strafandrohungen hinzufüge, verstoße jedoch nicht gegen die Grundsätze des Europäischen Gemeinschaftsrechts. Diesen Überlegungen ist der Gerichtshof in seiner Entscheidung gefolgt, indem er unter anderem entschieden hat: „Enthält die Gemeinschaftsregelung keine Vorschrift, die für den Fall ihrer Verletzung durch den einzelnen bestimmte Sanktionen vorsieht, so sind die Mitgliedstaaten befugt, die Sanktionen zu wählen, die ihnen sachgerecht erscheinen."

In der Rechtssache „Hansen" hat der EuGH außerdem als Grenze das Kriterium der Unverhältnismäßigkeit aufgegriffen und ausgeführt: „Außerdem liegt die Verkehrssicherheit, die nach der dritten und der neunten Begründungserwägung der Verordnung Nr . 543/69 eines der Ziele dieser Verordnung ist, im Interesse der Allgemeinheit, das die Festsetzung einer Geldbuße gegen den Arbeitgeber für Zuwiderhandlungen seines Arbeitnehmers sowie ein System der objektiven strafrechtlichen Verantwortlichkeit rechtfertigen kann. Eine solche Sanktion, die der in Artikel 5 EWG-Vertrag verankerten Pflicht zur loyalen Zusammenarbeit entspricht, ist deshalb gegenüber dem angestrebten Ziel nicht unverhältnismäßig." Zur Verfolgung eines gemeinschaftsrechtlichen Zweckes wird den Mitgliedstaaten damit ein relativ weiter Spielraum überlassen. Das gilt sowohl für die Schaffung von Sanktionsnormen sowie erst Recht für ihre inhaltliche Ausgestaltung.[397]

Weiter präzisiert hat der EuGH diesen „Spielraum" mit seinen Ausführungen im – dem „Hansen"-Urteil ähnlich gelagerten – „Vandevenne"-Urteil.[398] Darin hat der Gerichtshof die Verpflichtung der Mitgliedstaaten zur Einführung einer Strafbarkeit von juristischen Personen abgelehnt, wenn ihnen eine solche bisher

---

396 EuGHE 1977, 137 („Amsterdam Bulb"); vgl. auch *Hecker*, § 7 Rn. 19 ff.
397 *Hecker*, § 7 Rn. 55.
398 EuGHE 1991, I-4371 ff. („Vandevenne"); vgl. *Satzger*, S. 338.

fremd war. Zuwiderhandlungen gegen gemeinschaftliches Verordnungsrecht könnten durch die Anwendung von Bestimmungen hinreichend bestraft werden, die mit den Grundprinzipien des nationalen Strafrechts in Einklang stehen. Auch hier wird die Wirksamkeit, die Verhältnismäßigkeit und der abschreckende Charakter der entsprechenden Sanktionen gefordert. Im Sinne des „Gebots der größtmöglichen Schonung der nationalen Strafrechtssysteme i.R. der Gemeinschaftsrechtsordnung"[399] kann der EuGH damit nach *Hecker* dahingehend verstanden werden, dass „die Gemeinschaft Rücksicht zu nehmen hat auf die identitätsprägenden Eigenheiten und Besonderheiten der nationalen Strafrechtsordnungen".[400]

Wenn danach also der Verzicht aller anderen Mitgliedstaaten auf Sanktionsbestimmungen zur Durchsetzung des Gemeinschaftsrechts bzw. eines Interesses der Allgemeinheit – im Fall „Hansen" und „Vandevenne" die Verkehrssicherheit – nicht dazu führen kann, dass Sanktionsbestimmungen eine unzulässige Erschwerung der wirtschaftlichen Betätigung eines Unternehmens darstellen, so scheint dies im Hinblick auf die Niederlassungsfreiheit auch für eine Strafbestimmung wie § 283 Abs. 1 Nr. 1-4 StGB, die einen Gläubigerschutz bezweckt, ausgeschlossen.

Zwar hat im Fall „Casati"[401] der EuGH entschieden, dass das Gemeinschaftsrecht mitgliedstaatlichen Kontrollmaßnahmen, deren Aufrechterhaltung den Mitgliedstaaten nach dem Gemeinschaftsrecht i.R. des freien Waren- und Personenverkehrs gestattet ist, Schranken setze: „Die administrativen oder strafrechtlichen Maßnahmen dürfen nicht über den Rahmen des unbedingt Erforderlichen hinausgehen, die Kontrollmodalitäten dürfen nicht so beschaffen sein, dass sie die vom Vertrag gewollte Freiheit einschränken, und es darf daran keine Sanktion geknüpft sein, die so außer Verhältnis zur Schwere der Tat steht, dass sie sich als eine Behinderung der Freiheit erweist."[402] Dabei ist im Fall „Drexl"[403] wiederum die Formulierung zu finden, dass Sanktionen nicht die Wirkung haben dürfen, die vom EG-Vertrag gewährten Freiheiten zu beein-

---

399 *Satzger*, S. 166 nennt dies auch „strafrechtsspezifisches Schonungsgebot".
400 *Hecker*, § 7 Rn. 43 ff.; *Satzger*, S. 166 ff., 338.
401 EuGHE 1981, 2595 („Casati"); vgl. dazu auch Wabnitz/Janovsky/*Dannecker*, Kap. 2 Rn. 113.
402 EuGHE 1981, 2595, 2618 („Casati").
403 EuGHE 1988, 1213, 1233 ff. („Drexl").

trächtigen. Insbesondere dürften die angedrohten Sanktionen im Verhältnis zur Schwere des Verstoßes nicht „unverhältnismäßig" sein.[404]

Sub specie der Rechtsprechung des Gerichtshofs könnte man danach auch hier vier einschränkende Voraussetzungen aufstellen, denen eine Strafvorschrift grundsätzlich genügen muss. Eine Strafvorschrift muss i.s. eines modifizierten „Vier-Konditionen-Tests" danach erstens ein zwingendes Interesse der Allgemeinheit verfolgen, zweitens darf sie keinen diskriminierenden Charakter haben, sie muss drittens geeignet sein und darf schließlich viertens nicht unverhältnismäßig sein. Nicht zu fragen ist dabei aber i.S. des strengen „Vier-Konditionen-Tests" des EuGH i.R. der Erforderlichkeitsprüfung (vgl. dazu S. 81 ff.) ob nicht ein milderes Mittel zur Erreichung des Zwecks des Gläubigerschutzes zur Verfügung stünde, also der Herkunftsstaat ein milderes Mittel – milderes Strafrecht oder gar eine zivilrechtliche Maßnahme – zur Erreichung des gleichen Ziels für ausreichend erachtet.[405] Bei der hier vorgeschlagenen negativen Unverhältnismäßigkeitsprüfung ist vielmehr zu prüfen, ob die Maßnahme nicht unangemessen, d.h. unverhältnismäßig im engeren Sinn ist, bzw. nicht gegen das Übermaßverbot verstößt. Die Strafnorm darf insofern nicht außer Verhältnis zum Zweck respektive zum Ziel der Maßnahme stehen, wobei eine Abwägung zwischen dem Nutzen der Maßnahme und den durch die Maßnahme herbeigeführten Beeinträchtigungen vorzunehmen ist.

Untermauert wird die Anwendung dieses modifizierten „Vier-Konditionen-Tests" außerdem durch die Rechtsprechung des EuGH in der Rechtssache „Mac Quen".[406] Vorgeworfen wurde dem Angeklagten in einem belgischen Strafverfahren, er habe an Patienten Handlungen vorgenommen, die nach den belgischen Gesetzen nur Augenärzte durchführen durften. Der EuGH (5. Kammer) entschied, dass die Niederlassungsfreiheit den fraglichen belgischen gesetzlichen Regelungen nicht entgegenstehe, auch wenn dieselben Fragen in anderen Mitgliedstaaten entgegengesetzt beantwortet würden. Der Gerichtshof hat mit Verweis auf die Rechtssachen „Alpine Investments"[407] und „Reisebüro Broede"[408] insbesondere entschieden, „dass die Tatsache, dass ein Mitgliedstaat

---

404 Rengeling/Middeke/Gellermann/*Dannecker*, Art. 38 Rn. 28; zu Verhältnismäßigkeitserwägungen im Umweltstrafrecht *Heger*, S. 90 ff.
405 *Alber*, GmbHR 2003, 302 ff.
406 EuGH EuZW 2001, 282 („Mac Quen").
407 EuGH Slg. 1995, I-1141 Rn. 51 = NJW 1995, 2541 („Alpine Investments").
408 EuGH Slg. 1996, I-6511 Rn. 42 = EuZW 1997, 53 („Reisebüro Broede").

weniger strenge Vorschriften erlässt als ein anderer, nicht bedeutet, dass dessen Vorschriften unverhältnismäßig und folglich mit dem Gemeinschaftsrecht unvereinbar sind".[409] Ferner stellt der Gerichtshof fest, dass der Umstand allein, dass ein Mitgliedstaat andere Schutzregelungen als ein anderer Mitgliedstaat erlassen hat, für die Beurteilung der Notwendigkeit und Verhältnismäßigkeit der einschlägigen Bestimmungen ohne Belang sei.[410]

Auch ist kein Widerspruch zu den Entscheidungen des EuGH zur Niederlassungsfreiheit von EU-Gesellschaften festzustellen. Ging es i.R. der Entscheidungen „Centros" und „Überseering" doch zunächst nur um die Anerkennung der Rechts- und Geschäftsfähigkeit von EU-Gesellschaften nach dem Recht ihres Herkunftsstaates mit dem Ziel, ihre unbeschränkte Teilnahme am Wirtschaftsverkehr zu gewährleisten,[411] hat der EuGH erst mit der Rechtssache „Inspire Art" – und auch hier „nur" – postuliert, dass abschließendes Gemeinschaftsrecht einer strengeren Regelung eines Mitgliedstaats entgegenstehe.[412] Der Gerichtshof hat hier „nur" die Möglichkeit verneint, den Zweigniederlassungen von wirksam gegründeten EU-Gesellschaften weitergehende Offenlegungspflichten aufzuerlegen als diejenigen, die in der Elften Richtlinie 89/666/EWG vorgesehen waren.[413] Die zweite in der „Inspire Art" getroffene Aussage betrifft wiederum die Anerkennung der wirksamen Gründung der Gesellschaft im Mitgliedstaat und ist in einer Linie mit den Entscheidungen „Centros" und „Überseering" zu sehen.

Dass sich eine Beschränkung der Niederlassungsfreiheit nur dann rechtfertigen lassen soll, wenn das Gläubigerschutzniveau, das durch das Gründungsrecht vermittelt wird, evident unzureichend ist,[414] also sich die Anwendbarkeit des Zuzugsrechts auf Schutzlücken im Gründungsrecht beschränkt,[415] ist aus

---

409 EuGH EuZW 2001, 282 Rn. 33 („Mac Quen").
410 EuGH EuZW 2001, 282 Rn. 33 („Mac Quen"); vgl. auch EuGH, Slg. 1999, I-7289 Rn. 34 = EuZW 2000, 151 („Zenatti").
411 Vgl. nur EuGH NJW 2002, 3614, 3616, Rn. 82 („Überseering").
412 MK-AktG/*Altmeppen*, Europäisches Aktienrecht, B. 2. Kap. Rn 23 ff., 112 ff. und 4. Kap. Rn. 13 ff.; *Kindler*, NJW 2003, 1073, 1076 ff. .; *ders.*, NZG 2003, 1086 ff.; *Weiß*, S. 207; *Zerres*, DZWIR 2006, 356; a.A. wohl *Eidenmüller*, JZ 2004, 24, 25; vgl. auch *Leible/Hoffmann*, EuZW 2003, 677, 681 ff. und *Zimmer*, NJW 2003, 3585, 3591.
413 EuGH NJW 2003, 3331, 3335 Rn. 143 („Inspire Art").
414 *Niemeyer*, S. 75; in diesem Sinn wohl auch *Worm*, S. 147.
415 Vgl. etwa *Bayer*, BB 2003, 2357, 2364; *Eidenmüller*, JZ 2004, 24, 28; *ders./Rehm*, ZGR 2004, 159, 173, 181 f.; *Hirsch/Britain*, NZG 2003, 1100, 1102; *Riegger*, ZGR 2004, 510, 523 f.; *Schumann*, DB 2004, 743, 745 ; *Spindler/Berner*, RIW 2004, 7, 10 ff., 14; *Ziemons*, ZIP 2003, 1913, 1917.

den genannten Entscheidungen nicht zwingend abzuleiten und ist v.a. in Anbetracht der hier vorgebrachten Kritik als Missverständnis der EuGH-Rechtsprechung zur Niederlassungsfreiheit zu werten. *Altmeppen* stellt nach der hier vertretenen Ansicht im Ergebnis, jedoch mit anderer Herleitung bzw. Begründung,[416] für das gesamte Gläubigerschutzrecht zu Recht fest: „Deutsche Gerichte werden [...] durch die Niederlassungsfreiheit nicht verpflichtet, vor einer Anwendung deutschen Gläubigerschutzrechts das ausländische Recht auf seine Funktionsäquivalenz und auf ein gleichwertiges Schutzniveau zu prüfen".[417]

III. Ergebnis für Nr. 1-4 des § 283 Abs. 1 StGB

Die Anwendung des § 283 Abs. 1 Nr. 1-4 StGB hält – wie gezeigt – nur teilweise dem strengen „Vier-Konditionen-Test" des EuGH stand und kann somit nur für den Fall der Insolvenzverfahrenseröffnung bzw. deren Abweisung mangels Masse nach europarechtlichen Maßstäben gerechtfertigt werden. Der Director einer Limited mit COMI in Deutschland kann sich damit zwar grundsätzlich nach den in § 283 Abs. 1 Nr. 1-4 StGB genannten Handlungsalternativen im Fall der Insolvenzverfahrenseröffnung bzw. deren Abweisung mangels Masse strafbar machen. Die Vorschrift wird diesbezüglich in nicht diskriminierender Weise angewendet und ist als gläubigerschützende Vorschrift aus zwingenden Gründen des Allgemeininteresses anzuwenden. Auch ist sie geeignet und in der hier zugrundegelegten Konstellation der EU-Scheinauslandsgesellschaft in Form der Limited im Fall der Insolvenzverfahrenseröffnung bzw. deren Abweisung mangels Masse wegen der ansonsten nach beiden Rechtsordnungen entstehenden Strafbarkeitslücke erforderlich.

Durchgreifende Bedenken ergeben sich aber hinsichtlich der Erforderlichkeit i.S. des (strengen) Vier-Konditionen-Tests bei der Strafbewehrung im Fall der bloßen Zahlungseinstellung. Das englische Strafrecht nimmt ein Strafbedürfnis gemäß Sec. 206 ff. IA 1986 erst in der engeren Tatsituation des *winding up* an, weshalb die Anwendung der § 283 Abs. 1 Nr. 1-4 im Fall der bloßen Zahlungseinstellung bei drohender Überschuldung nicht erforderlich wäre. Sofern man

---

416 MK-AktG/*Altmeppen*, Europäisches Aktienrecht, B. Kap. 2 Rn. 108 ff. m.w.N.
417 MK-AktG/*Altmeppen*, Europäisches Aktienrecht, B. Kap. 2 Rn. 130; so auch *Altmeppen/Wilhelm*, DB 2004, 1083, 1088; *Borges*, ZIP 2004, 733, 741 f.; *Ulmer*, NJW 2004, 1201, 1208.

keine Schutzlücke im englischen Recht ausmachen kann, wird dort das „gleiche Ziel gleichermaßen vollständig und effektiv auch auf weniger einschneidende Weise erreicht".[418] Das würde jedoch wie gezeigt zur faktischen Festlegung des Bereichs des Strafbaren und damit zur „Übernahme" der Kriminalstrafrechtssetzungskompetenz durch einen anderen EU-Mitgliedstaat führen. Deswegen ist v.a. im Bereich des Strafrechts eine ausreichende Restriktion der Reichweite der Niederlassungsfreiheit bzw. ein weiterer Rechtfertigungsspielraum geboten, zu deren Erreichung hier drei Möglichkeiten angeboten wurden.

Zusammenfassend darf deswegen eine nationale Strafbestimmung nach der hier vertretenen Ansicht zumindest bis zur „Grenze der Unangemessenheit" auch über das hinausgehen, was zur Erreichung des verfolgten Ziels erforderlich i.S. des strengen „Vier-Konditionen-Tests" ist, also auch im Vergleich zu (allen) anderen Mitgliedstaaten strengere Mittel anwenden, sodass das Strafrecht nicht an der Erforderlichkeit i.S. des strengen „Vier-Konditionen-Tests" des EuGH zu messen ist.[419] Dabei genügt es zur Rechtfertigung der Strafnorm vielmehr, wenn die Nachteile, die mit der Maßnahme verbunden sind, nicht außer Verhältnis zu den Vorteilen stehen, die sie bewirkt.[420] Die Geltung des nationalen Strafrechts des Zuzugsstaats ist damit auch vor dem Hintergrund der Niederlassungsfreiheit der Artt. 49, 54 AEUV weder davon abhängig, ob der Gesetzgeber des Herkunftsstaates einer Gesellschaft eine vergleichbare strafrechtliche Maßnahme überhaupt ergriffen hat, noch ist das nationale Strafrecht des Zuzugsstaats an dessen inhaltlicher Ausgestaltung zu messen.

---

418 Zur Erforderlichkeit: Eidenmüller/*Eidenmüller*, § 3 Rn. 30 m.w.N.
419 Anders aber *Hecker*, § 9 Rn. 46-48, der § 218a Abs. 1 StGB i.V.m. § 5 Nr. 9 StGB für nicht erforderlich und damit gemeinschaftsrechtswidrig hält; vgl. auch *Weiß*, S. 207 ff. i.R. der Prüfung der Verhältnismäßigkeit der Insolvenzantragspflicht; ohne Begründung der Erforderlichkeit der Strafbarkeit gemäß § 283 Abs. 1 StGB bei der bloßen Zahlungseinstellung *Worm*, S. 216, 220.
420 Zur „Verhältnismäßigkeit im engeren Sinn" nach deutschem Verständnis Maunz/Dürig/*Grzeszick*, Art. 20 Rn. 117.

IV. Tabellarische Zusammenfassung

Begrenzung durch die „Keck"-Formel	• Der Beschränkungsbegriff kann i.S. der „Keck"-Formel des EuGH eingeschränkt werden. Eine Übertragung der zur Warenverkehrsfreiheit entwickelten Formel auf die Niederlassungsfreiheit durch den EuGH lässt sich aber nicht absehen.
Begrenzung auf das Diskriminierungsverbot	• Da die Strafrechtskompetenz den Mitgliedstaaten überlassen ist, ist i.R. des Strafrechts die Niederlassungsfreiheit der Artt. 49, 54 AEUV auf das Diskriminierungsverbot zu beschränken.
Weiterer Rechtfertigungsspielraum durch „Unverhältnismäßigkeit" als Grenze	• Nach dem hier entwickelten modifizierten „Vier-Konditionen-Test" lässt sich die Anwendung der Strafnorm des § 283 Abs. 1 Nr. 1-4 StGB in seiner Gesamtheit rechtfertigen. • § 283 Abs. 1 Nr. 1-4 StGB wird in nicht diskriminierender Weise angewendet. • Der Gläubigerschutz ist ein zwingender Grund des Allgemeininteresses. • § 283 Abs. 1 Nr. 1-4 StGB ist geeignet, diesem Gläubigerschutz zu dienen. • Die Vorschrift ist nicht unangemessen bzw. unverhältnismäßig.
„Vier-Konditionen-Test" des EuGH	• Die Anwendung der Strafvorschrift ist nur teilweise erforderlich i.S. des strengen „Vier-Konditionen-Tests". Die Erforderlichkeit der Ausweitung des Bereichs des Strafbaren auf die bloße Zahlungseinstellung lässt sich daher nicht rechtfertigen. Das englische Recht hält insofern ein niedrigeres Schutzniveau für ausreichend. • Der strenge „Vier-Konditionen-Test" beansprucht nur Geltung, wenn abschließendes Gemeinschaftsrecht einer strengeren Regelung eines Mitgliedstaats entgegensteht.

D. Die Handlungsvarianten des § 283 Abs. 1 Nr. 5-7 StGB

Bedenken ergeben sich im Hinblick auf die Strafbarkeit des Limited-Directors nach den Tatbestandsvarianten der §§ 283 ff. StGB, die einen Verweis auf das einer Handlung „entgegen"-stehende „Handelsrecht" – respektive auf gesetzliche Buchführungs- oder Aufbewahrungspflichten – enthalten, mithin schon auf der Tatbestandsebene.

In diesem Zusammenhang kann die Strafnorm „Verletzung der Buchführungspflicht" gemäß § 283b StGB sogleich mit untersucht werden. Sie ist im Vergleich zu den Tatbestandsvarianten der Nummern 5-7 des Bankrotts gemäß § 283 Abs. 1 StGB weiter gefasst, da § 283b StGB keine bestimmte Krisensituation erfordert, sondern dieselben schon in § 283 StGB enthaltenen Buchführungs- und Bilanzdelikte auch unter Strafe stellt, wenn (noch) keine Überschuldung oder eingetretene bzw. drohende Zahlungsunfähigkeit vorliegt. Hinsichtlich der sonstigen Tatbestandsmerkmale sind § 283 StGB und § 283b StGB identisch. § 283b Abs. 1 Nr. 1 StGB entspricht dem § 283 Abs. 1 Nr. 5 StGB. Die Nr. 2 des § 283b Abs. 1 StGB hat denselben Wortlaut wie § 283 Abs. 1 Nr. 6 StGB. Und § 283b Abs. 1 Nr. 3 StGB ist mit § 283 Abs. 1 Nr. 7 StGB identisch.

I. Struktur der §§ 283 Abs. 1 Nr. 5-7, 283b Abs. 1 Nr. 1-3 StGB

1. Verletzung von Buchführungspflichten

Die Verletzung von Buchführungspflichten durch Unterlassen – d.h. es werden überhaupt keine Bücher geführt –[421] wird durch echte Unterlassensdelikte[422] gemäß § 283 Abs. 1 Nr. 5 Var. 1 StGB und § 283b Abs. 1 Nr. 1 Var. 1 StGB unter Strafe gestellt. § 283 Abs. 1 Nr. 5 Var. 2 StGB und § 283b Abs. 1 Nr. 1 Var. 2 StGB stellen die Erschwerung der Übersicht über den Vermögensstand, die so erheblich ist, dass die Bücher auch einem Sachverständigen ohne unzu-

---

421 BGH NStZ 1995, 347; SK-StGB/*Hoyer*, § 283 Rn. 72; *Lackner/Kühl*, § 283 Rn. 17; LK-StGB/*Tiedemann*, § 283 Rn. 102.

422 Vgl. dazu *Lackner/Kühl*, § 13 Rn. 4; S/S/*Lenckner/Eisele/Stree*, § 13 Rn. 134.

mutbare Mühe und ohne wesentlichen Zeitverlust keine Übersicht gewähren, unter Strafe.[423]

Alle vier Vorschriften setzen nach ihrem Wortlaut eine gesetzliche Verpflichtung zur Führung von Handelsbüchern voraus. Als Handelsbücher sind dabei diejenigen fortlaufenden Aufzeichnungen zu verstehen, zu deren Führen jeder Vollkaufmann i.S. des § 1 Abs. 1 HGB nach den §§ 238 ff. HGB und ergänzenden gesellschaftsrechtlichen Vorschriften (z.B. §§ 41 ff. GmbHG etc.)[424] verpflichtet ist, um die Handelsgeschäfte und die Lage des Vermögens nach den Grundsätzen ordnungsgemäßer Buchführung – insbesondere Wahrheit, Vollständigkeit und Klarheit – ersichtlich zu machen.[425]

2. Verletzung von Aufbewahrungspflichten

§§ 283 Abs. 1 Nr. 6, 283b Abs. 1 Nr. 2 StGB unterscheiden sich von §§ 283 Abs. 1 Nr. 5, 283b Abs. 1 Nr. 1 StGB dadurch, dass nicht die Verletzung der Buchführungspflicht, sondern die Verletzung der Aufbewahrungspflicht unter Strafe gestellt ist.[426] Nicht für §§ 283 Abs. 1 Nr. 6, 283b Abs. 1 Nr. 2 StGB erforderlich ist die Rechtspflicht, Bücher zu führen.

D.h., auch wenn der Täter Bücher ohne Rechtspflicht geführt hat, sind die in §§ 283 Abs. 1 Nr. 6, 283b Abs. 1 Nr. 2 StGB genannten Entziehungshandlungen tatbestandsmäßig.[427] Die gesetzlichen Aufbewahrungsfristen i.S. des § 257 HGB wirken dabei auch für den nicht Buchführungspflichtigen begrenzend.[428]

3. Verletzung von Bilanzierungs- und Inventarisierungspflichten

§ 283 Abs. 1 Nr. 7a StGB und § 283b Abs. 1 Nr. 3a stellen die „Bilanzaufstellung entgegen dem Handelsrecht" unter Strafe, durch welche die Übersicht über den Vermögensstand des Schuldners erschwert wird. Nach § 283 Abs. 1 Nr. 7b StGB und § 283b Abs. 1 Nr. 3b StGB macht sich strafbar, wer es entge-

423 BGH NStZ 1998, 247 und NStZ 2002, 327; *Lackner/Kühl*, § 283 Rn. 18.
424 Zu Buchführungspflichten des GmbH-Geschäftsführers *Biletzki*, NStZ 1999, 537, 539 und *Moosmayer*, NStZ 2000, 295 ff.
425 *Fischer*, § 283 Rn. 21; MK-StGB/*Radtke*, § 283 Rn. 46.
426 BT-Dr. 7/3441, S. 36.
427 BGHSt 2, 386; 4, 270, 275; S/S/*Heine*, § 283 Rn. 39. Vgl. zu den „Entziehungshandlungen" *Lackner/Kühl*, § 283 Rn. 10, 11.
428 *Lackner/Kühl*, § 283 Rn. 19; krit. *Fischer*, § 283 Rn. 24.

gen Handelsrecht unterlässt, die Bilanz seines Vermögens[429] oder das Inventar[430] in der vorgeschriebenen Zeit aufzustellen. Die Pflicht zur Aufstellung von Bilanz und Inventar, die nach §§ 240, 242 HGB alle Kaufleute trifft,[431] ist Teil der allgemeinen Buchführungspflicht.[432] Da die Bilanzierungs- und Inventarisierungspflichten also bereits von der Buchführungspflicht i.S. des HGB umfasst sind, stellen §§ 283 Abs. 1 Nr. 7, 283b Abs. 1 Nr. 3 StGB *leges speciales* zu §§ 283 Abs. 1 Nr. 5, 283b Abs. 1 Nr. 1 StGB dar und fallen somit aus deren Anwendungsbereichen heraus.[433] Ein Verstoß gegen das Handelsrecht liegt vor, wenn gegen die genannten Grundsätze der Wahrheit, Vollständigkeit und Klarheit ordnungsgemäßer Buchführung verstoßen wird.[434] Mit diesem Verweis auf das „entgegen"-stehende „Handelsrecht" sind – gleich wie in § 283 Abs. 1 Nr. 5 und Nr. 6 StGB – die gesetzlichen Verpflichtungen des Handelsrechts, namentlich nach den §§ 238 ff. HGB, gemeint.[435]

II. Die „Handelsrechtsakzessorietät" der §§ 283 ff. StGB

Zu klären ist für die Tatbestandsvarianten der Nummern 5-7 des § 283 Abs. 1 StGB bzw. der Nummern 1-3 des § 283b Abs. 1 StGB nach dem bisher Gesagten nunmehr, nach welchem nationalen Handelsrecht sich die Buchführungs- und Aufbewahrungspflichten der EU-Scheinauslandsgesellschaft „Limited" bzw. deren Director bestimmen: nur nach deutschem Handelsrecht, nur nach dem Handelsrecht des Herkunftsstaats – hier also englischem Recht – oder etwa nach beiden Rechtsordnungen?

---

429 Gemäß § 242 Abs. 1 S. 1 HGB hat der Kaufmann zu Beginn seines Handelsgewerbes und für den Schluss eines jeden Geschäftsjahrs einen das Verhältnis seines Vermögens und seiner Schulden darstellenden Abschluss (Eröffnungsbilanz, Bilanz) aufzustellen.

430 Gemäß § 240 Abs. 1 S. 1 HGB hat jeder Kaufmann zu Beginn seines Handelsgewerbes seine Grundstücke, seine Forderungen und Schulden, den Betrag seines baren Geldes sowie seine sonstigen Vermögensgegen-stände genau zu verzeichnen und dabei den Wert der einzelnen Vermögensgegenstände und Schulden anzugeben.

431 *Lackner/Kühl*, § 283 Rn. 20; vgl. auch *Reck*, GmbHR 2001, 424; LK-StGB/*Tiedemann*, § 283 Rn. 128.

432 Vgl. S/S/*Heine*, § 283 Rn. 43; MK-StGB/*Radtke*, § 283 Rn. 55.

433 *Lackner/Kühl*, § 283 Rn. 16; NK-StGB/*Kindhäuser*, § 283 Rn. 55.

434 *Biletzki*, NStZ 1999, 537, 538; LK-StGB/*Tiedemann*, § 283 Rn. 110.

435 LK-StGB/*Tiedemann*, § 283 Rn. 135.

Nach der vom bisher wohl überwiegenden Teil der Literatur[436] und dem AG Stuttgart[437] vertretenen Ansicht sollen EU-Auslandsgesellschaften, wie die Limited mit COMI in Deutschland, zumindest von der Buchführungspflicht nicht komplett frei gestellt werden dürfen. Vorgenommen werden soll vielmehr eine „europarechtskonforme Auslegung" der §§ 238 ff. HGB. Verpflichtungen nach dem deutschen Handelsrecht – insbesondere Buchführungs- und Bilanzierungspflichten nach §§ 238 ff. HGB – sollen dann als erfüllt angesehen werden können, wenn den entsprechenden Vorschriften des englischen Handelsrechts nachgekommen wurde. Mit anderen Worten für die Buchführungspflichten nach §§ 238 ff. HGB: Erfüllt der Director seine ihm vom englischen Recht – Sec. 386 ff. CA 2006 – auferlegten Verpflichtungen, könne angenommen werden, er sei auch seinen Pflichten aus §§ 238 ff. HGB nachgekommen.

Schumann hat insofern vorgeschlagen, die deutschen Buchführungspflichten der §§ 238 ff. HGB um eine „gesetzliche Fiktion der Pflichterfüllung"[438] zu ergänzen und befindet sich damit auf der Linie des AG Stuttgart. Nach dieser in der Literatur Zustimmung erfahrenden Auffassung kann der Limited-Director also „wählen, ob er lediglich nach englischem Recht Rechnung legt oder ob er [...] den Vorgaben der §§ 238 ff., 242, 257 HGB folgt".[439]

Diese „Fiktion der Pflichterfüllung" mag im Fall der Wirkung zu Gunsten des Directors wohl möglich sein, erheblichen Bedenken begegnet aber der daraus gezogene Umkehrschluss: Habe der Limited-Director gar keine Bücher geführt – sei er also weder der Pflicht nach englischem Recht noch der Pflicht nach deutschem Recht nachgekommen –, komme eine Strafbarkeit des Directors gemäß § 283 I Nr. 5 Var. 1, 7b StGB bzw. § 283b Abs. 1 Nr. 1 Var. 1, 3b StGB in Betracht.[440]

Auch im Urteil des AG Stuttgart wird zu Recht bezweifelt, „[...] ob für die von § 283 StGB in Bezug genommenen handelsrechtlichen Vorschriften bei wirtschaftlicher Betätigung einer Limited in der Bundesrepublik Deutschland auf deutsches Handelsrecht abzustellen ist, [...] oder ob die europarechtliche

---

436 LK-StGB/*Tiedemann*, § 283 Rn. 244 und *Worm*, S. 87 („Ausfüllung durch englisches Recht"); einschränkend: *Radtke/Hoffmann*, EuZW 2009, 404, 405 ff. („Buchführung weder nach englischem Recht noch nach deutschem Recht").
437 AG Stuttgart wistra 2008, 226 mit zust. Anm. *Schumann*, 229 ff.
438 Grundlegend: *Schumann*, ZIP 2007, 1189, 1193.
439 *Radtke/Hoffmann*, EuZW 2009, 404, 407.
440 So *Radtke/Hoffmann*, EuZW 2009, 404, 407; *Schumann*, ZIP 2007, 1189, 1193 und *ders.*, wistra 2008, 229, 230.

Niederlassungsfreiheit der europäischen Unternehmen durch die Pflicht zur Einhaltung zum einen des deutschen Handelsrechts und regelmäßig zusätzlich des ausländischen Handelsrechts im Übermaß beeinträchtigt würde." Weiter stellt das AG Stuttgart dann aber vorschnell fest: „Die Rechtsfrage kann hier offen gelassen werden, weil für die vom Angeklagten als faktischem Geschäftsführer betriebene [...] Ltd. weder nach deutschem Recht [...] noch nach britischem Recht [...] erstellt worden ist. [...]"[441]

Eine solche „Fiktion der Pflichtverletzung" kann in dieser Art im Strafrecht im Hinblick auf das Analogieverbot des Art. 103 Abs. 2 GG bzw. § 1 StGB kaum Bestand haben, stellt es doch rechtstechnisch gar einen „Umkehrschluss aus einer Fiktion" dar. Sollte hier ermittelt werden, dass die Limited keine Pflichten nach dem deutschen Handelsrecht – und damit auch nicht die Buchführungs- und Bilanzierungspflichten der §§ 238 ff. HGB – treffen, kann ein Verstoß gegen diese Pflichten nicht wegen des Verstoßes gegen die englischen Rechnungslegungspflichten „fingiert" werden – schon gar nicht, wenn festgestellt werden sollte, dass die auf das Handelsrecht verweisenden Tatbestandsvarianten der §§ 283 ff. StGB nicht die Verletzung des englischen Handelsrechts – namentlich des CA 2006 – unter Strafe stellen bzw. nicht durch englisches Recht ausgefüllt werden können. Für den Fall, dass den Limited-Director weder eine Pflicht aus deutschem Handelsrecht trifft noch die auf das Handelsrecht verweisenden Tatbestandsvarianten der §§ 283 ff. StGB durch englisches Handelsrecht ausgefüllt werden können, kommt eine Strafbarkeit des Limited-Directors wegen diesen Vorschriften nicht in Betracht.

Auszumachen sind also zwei grundlegende Problemfelder. Zum einen muss geklärt werden, ob die Limited auch die Pflichten des deutschen HGB treffen. Konsequenzen hierfür könnten sich aus der Rechtsnatur und der kollisionsrechtlichen Einordnung der Buchführungs- und Aufbewahrpflichten ergeben. Zu untersuchen ist, ob die auf das Handelsrecht verweisenden Tatbestandsvarianten der §§ 283 ff. StGB im Fall der Limited mit COMI in Deutschland durch deutsches Handelsrecht ausgefüllt werden können. Dabei ist auch die Wirkung der in § 325a HGB enthaltenen weiteren, speziell die Zweigniederlassung betreffenden Publizitätspflicht in Augenschein zu nehmen (dazu unter 1.).

---

441 AG Stuttgart wistra 2008, 226, 229.

Zum Zweiten beantworten die §§ 283 ff. StGB nicht die Frage, ob mit „gesetzlicher Verpflichtung" nur diejenige Verpflichtung gemeint ist, die sich aus deutschen Gesetzen ergibt und ebensowenig, ob unter „Handelsrecht" ausschließlich das deutsche Handelsrecht zu verstehen ist und damit die deutschen Bilanzierungs- und Inventarisierungspflichten nach §§ 238 ff. HGB gemeint sind. Daher muss in einem weiteren Schritt geklärt werden, ob die auf das Handelsrecht verweisenden Tatbestandsvarianten der Bankrottdelikte des StGB auch auf das englische Handelsrecht verweisen und damit auch ein Verstoß gegen englische Buchführungspflichten – *Duty to keep accounting records* gemäß Sec. 386 ff. CA 2006 – über die §§ 283 ff. StGB strafbewehrt ist. Für die Beantwortung dieser Frage muss zunächst untersucht werden, welche rechtstechnische Art der Verweisung die auf Buchführungspflichten bzw. Handelsrecht verweisenden Tatbestandsvarianten der §§ 283 ff. StGB enthalten – namentlich, ob es sich um sog. Blankett- oder normative Tatbestandsmerkmale handelt – und sodann, ob eine Ausfüllung der Verweisung mit englischem Recht verfassungsrechtlich zulässig ist (dazu unter 2.).

1. Pflichten aus deutschem Handelsrecht

a. Pflichten aus §§ 238 ff. HGB

Sollten die Limited die Pflichten des deutschen Handelsrechts treffen, könnte der Limited-Director alle Tatbestandsmerkmale der §§ 283 Abs. 1 Nr. 5 Var. 1, 283b Abs. 1 Nr. 3 Var. 1 StGB erfüllen. Ob die in den §§ 238 ff. HGB enthaltenen deutschen Buchführungs- und Aufbewahrungsvorschriften auch für die Limited gelten, ist – wie zu zeigen sein wird – jedenfalls nicht davon abhängig, ob man sie öffentlich-rechtlich oder gesellschaftsrechtlich „qualifiziert"[442] bzw. „etikettiert".[443] Mit Qualifikation ist vorliegend – trotz der Vielfältigkeit der möglichen Bedeutungen in der Rechtssprache – die Bestimmung der Rechtsnatur gemeint.[444] Dabei ist zunächst festzustellen, dass man sich über die kollisionsrechtliche Einordnung erst Gedanken machen kann, wenn man die Rechts-

---

442 Der Begriff der Qualifikation geht zurück auf *Kahn*, der diesen 1891 „entdeckt" hat. Für das französische Recht hat *Bartin* den Begriff *„qualification"* geprägt, der in das deutsche IPR übernommen worden ist; vgl. dazu MK-BGB/*Sonnenberger*, EGBGB, Einl. Rn. 494.

443 So auch im Ergebnis: *Mankowski/Bock*, ZStW 120 (2008), 704, 756; *Radtke/Hoffmann*, EuZW 2009, 404, 406; *Rönnau*, ZGR 2005, 832, 845, 846; *Worm*, S. 71.

444 Vgl. auch *Dörner*, StAZ 1988, 345 ff., 348; *Kropholler*, IPR, § 15 I 1.

natur der Buchführungs- bzw. Aufbewahrungspflichten des HGB bestimmt hat, da es für die in Betracht kommenden Rechtsgebiete – zum einen das Gesellschaftsrecht und zum anderen das öffentliche Recht – unterschiedliche Kollisionsnormen gibt.

Zunächst ist aber festzustellen, dass auch die Qualifikation der Buchführungspflichten als öffentlich-rechtlich nicht unbedingt zur möglichen Anwendung der Regelung auf EU-Gesellschaften führt. Der EuGH hat in seiner „Inspire Art"-Entscheidung nach dem hier zugrundegelegten Verständnis lediglich entschieden, dass abschließendes Gemeinschaftsrecht einer strengeren Regelung eines Mitgliedstaats entgegenstehe.[445] Dass es entscheidend sein soll, ob es sich bei der strengeren Regelung um eine öffentlich-rechtliche oder eine gesellschaftsrechtliche Regelung handelt, wird aus dem genannten Urteil nicht ersichtlich. Der Streit um die öffentlich-rechtliche[446] oder die – so die wohl h.M. – gesellschaftsrechtliche[447] Qualifikation der Buchführungspflichten kann damit dahinstehen.

Da es vorliegend zunächst um die Rechnungslegungspflichten geht, ist keine – wie für das Strafrecht vorgeschlagene – Restriktion der Reichweite der Niederlassungsfreiheit der Artt. 49, 54 AEUV erforderlich. Es ist vielmehr zu fragen, ob die Auferlegung der Pflichten aus dem deutschen Handelsrecht inklusive der Buchführungspflichten eine Beschränkung der Niederlassungsfreiheit der Artt. 49, 54 AEUV von EU-Gesellschaften darstellt und, wenn ja, ob diese nach dem strengeren „Vier-Konditionen-Test" gerechtfertigt werden kann. Auch hat der EuGH in der Rechtssache „Inspire Art" entschieden, dass die Offenlegungspflichten nach der Zweigniederlassungsrichtlinie abschließend sind und keine darüber hinausgehenden Anforderungen gestellt werden dürfen

---

445 S. nur MK-AktG/*Altmeppen*, Europäisches Aktienrecht, B. Kap. 4 Rn. 14 und *Weiß*, S. 207 m.w.N.

446 *Ebert/Levedag*, GmbHR 2003, 1337, 1339; MK-BGB/*Kindler*, IntGesR, Rn. 206 f.; *Radtke/Hoffmann*, EuZW 2009, 404, 406; *Schumann*, ZIP 2007, 1189, 1190; vgl. *Eidenmüller/Rehberg*, § 5 Rn. 106 ff.; *Hirte/Bücker/Westhoff*, § 17 Rn. 24 ff., 55 ff.

447 *Heinz*, § 15 Rn. 2 und § 12 Rn. 25; *Hirsch/Britain*, NZG 2003, 1100, 1102; *Just*, Rn. 258; *Eidenmüller/Rehberg*, § 5 Rn. 109; *Riegger*, ZGR, 510, 515; *Rönnau*, ZGR 2005, 832, 846; *Hirte/Bücker/Westhoff*, § 17 Rn. 31 ff.; *Zimmer*, S. 186.

bzw. diese nach dem (strengen) „Vier-Konditionen-Test" gerechtfertigt werden müssten.[448]

aa. Beschränkung der Niederlassungsfreiheit der Artt. 49, 54 AEUV

Zwar haben die Buchführungspflichten des HGB nicht den Zweck, ausländischen Gesellschaften den Marktzugang zu erschweren und beträfen die inländischen Adressaten der § 238 ff. HGB in gleicher Weise wie die ausländischen Adressaten. Jedoch stellt eine doppelte Buchführungspflicht eine intensive Belastung und Beeinträchtigung dar und ist als eine den Marktzugang in tatsächlicher Hinsicht erheblich erschwerende Maßnahme zu werten. Im Vergleich zur Inlandsgesellschaft wird der Auslandsgesellschaft eine zusätzliche Buchführungspflicht auferlegt.

In der für ausländische Gesellschaften entstehenden „Doppelbelastung" – Buchführungspflichten nach englischem Recht (Sec. 386 ff. CA 2006) und Buchführungspflichten nach deutschem Recht (§§ 238 ff. HGB) – und der faktischen Nicht-Anerkennung der englischen Buchführungspflichten ist also eine erhebliche Einschränkung der Niederlassungsfreiheit gemäß Art. 49, 54 AEUV zu sehen, wobei nicht entscheidend ist, ob die deutschen Buchführungspflichten im Einzelfall strenger sind als die englischen Buchführungspflichten. Allein die Tatsache, dass der EU-Auslandsgesellschaft vom Zuzugsstaat auferlegt wird, zusätzlich die Rechnungslegungspflichten des Zuzugsstaats zu erfüllen, stellt für sich genommen schon einen Eingriff in die Niederlassungsfreiheit dar.

bb. Rechtfertigung nach dem (strengen) „Vier-Konditionen-Test"

Diese Einschränkung der Niederlassungsfreiheit ist weder nach Art. 52 AEUV – es handelt sich nicht um Gründe der öffentlichen Ordnung, Sicherheit oder Gesundheit – zu rechtfertigen noch nach dem strengen „Vier-Konditionen-Test" des EuGH. Der strenge „Vier-Konditionen-Test" ist nach dem hier zugrundegelegten Verständnis des „Inspire Art"-Urteils deshalb anzuwenden, weil

---

448 Ausführlich dazu MK-AktG/*Altmeppen*, Europäisches Aktienrecht, B. Kap. 2 Rn. 108 ff.

§ 325a HGB – als Umsetzung der Zweigniederlassungsrichtlinie –[449] die Publizitätspflicht der Rechnungslegung von Zweigniederlassungen regelt, indem er vorschreibt, dass für inländische Zweigniederlassungen von EU-Auslandsgesellschaften die Unterlagen der Rechnungslegung der Hauptniederlassung, die nach dem dort maßgeblichen Recht erstellt, geprüft und offengelegt worden sind, auch im Land der Zweigniederlassung offenzulegen sind. Obwohl § 325a HGB über eine etwaige Pflicht zur Buchführung keine Aussage trifft, muss er auch hier abschließend wirken. Die Vorschrift würde andernfalls in tatsächlicher Hinsicht wirkungslos werden. Denn hinsichtlich der Publizitätspflicht wirkt sie ausdrücklich abschließend, was zu dem befremdlichen Ergebnis führen würde, dass zwar für die Zweigniederlassung Bücher nach den §§ 238 ff. HGB geführt, aber nicht offengelegt werden müssten, gleichfalls aber auch Bücher nach den englischen Vorschriften geführt und diese publiziert werden müssten.

Die Auferlegung der deutschen Buchführungspflichten wäre zwar zunächst nicht diskriminierend. Sie würde keine Andersbehandlung von Inlands- und Auslandsgesellschaften nach sich ziehen bzw. die englische gleichermaßen wie die inländische Gesellschaft treffen. Auch könnte die Anwendung der Vorschrift noch aus zwingenden Gründen des Allgemeininteresses zu bejahen sein, da der Schutz der Interessen der Gläubiger vom EuGH wie bereits gezeigt als ein solcher Grund anerkannt wurde und auch die „Betrugsbekämpfung" als solcher anerkannt werden dürfte.[450]

Jedoch ergeben sich schon hinsichtlich der Geeignetheit der Regelung Bedenken, da – wie eben gezeigt – die nach deutschem Recht geführten Bücher wegen des abschließenden Charakters des § 325a HGB hinsichtlich der Publizitätspflicht noch nicht einmal offengelegt werden müssen. Es genügt vielmehr die Offenlegung der nach Gründungsrecht geführten Bücher. Kaum begründen lässt sich aber ferner die Erforderlichkeit i.S. des strengen „Vier-Konditionen-Tests". Da die Limited in jedem Fall die Bücher nach englischem Recht zu führen hat und die Rechnungslegungsvorschriften in Europa weitgehend har-

---

449 Elfte Richtlinie 89/666/EWG des Rates vom 21. Dezember 1989 über die Offenlegung von Zweigniederlassungen, die in einem Mitgliedstaat von Gesellschaften bestimmter Rechtsformen errichtet wurden, die dem Recht eines anderen Staates unterliegen
450 EuGH NJW 1999, 2027 Rn. 35 ff. („Centros"); EuGH NJW 2002, 3614 Rn. 92 („Überseering"); EuGH NJW 2003, 3331 Rn. 135 („Inspire Art"); vgl. dazu Eidenmüller/*Eidenmüller*, § 3 Rn. 23.

monisiert wurden,[451] ist es nicht erforderlich, dass die Buchführungspflichten der §§ 238 ff. HGB von EU-Auslandsgesellschaften zusätzlich erfüllt werden. Die Auferlegung der deutschen Buchführungspflichten stellt damit eine nicht zu rechtfertigende Einschränkung der Niederlassungsfreiheit gemäß Artt. 49, 54 AEUV von EU-Auslandsgesellschaften, wie der Limited, dar.

cc. Zwischenergebnis: Beschränkung der Niederlassungsfreiheit

Die deutschen Buchführungspflichten der §§ 238 ff. HGB können nach den getroffenen Feststellungen einer Limited mit COMI in Deutschland weder bei einer öffentlich-rechtlichen noch bei einer gesellschaftsrechtlichen Qualifizierung auferlegt werden.[452]

b. Offenlegungspflicht der Zweigniederlassung, § 325a HGB

Fraglich ist, ob ein Verstoß gegen die Buchführungspflichten dann angenommen werden kann, wenn gegen die Pflicht einer EU-Auslandsgesellschaft zur Offenlegung der Rechnungsunterlagen der Hauptniederlassung für eine Zweigniederlassung nach § 325a HGB verstoßen wurde. Damit würde jedoch die Wortlautgrenze gesprengt werden. Ausdrücklich genannt wird in den entsprechenden Varianten der §§ 283 ff. StGB die Pflicht zur Führung der Bücher und nicht die Pflicht zur Offenlegung. In der entsprechenden Bestrafung der Pflichtverletzung hinsichtlich der Offenlegung wäre deshalb ein Verstoß gegen das Analogieverbot gemäß Art. 103 Abs. 2 GG bzw. § 1 StGB zu sehen.

2. Pflichten aus englischem Handelsrecht

Um zu klären, ob sich die in den §§ 283 ff. StGB genannten handelsrechtlichen Verpflichtungen auch aus englischem Handelsrecht ergeben können, muss zunächst die umstrittene Frage nach der rechtstechnischen Einordnung der Verweise auf das Handelsrecht i.R. der §§ 283 ff. StGB beantwortet werden.

---

451 Vgl. Eidenmüller/*Eidenmüller*, § 3 Rn. 59 zum Einfluss des Harmonisierungsgrads i.R. der Rechtfertigungsprüfung von Eingriffen in die Grundfreiheiten.
452 Anders *Kienle*, GmbHR, 2007, 696, 698 („aufgrund" der „größeren Transparenz vorzugswürdig"); vgl. auch LK-StGB/*Tiedemann*, § 283 Rn. 92; ohne Begründung S/S/*Heine*, § 283 Rn. 29.

Im Fall der §§ 283 Abs. 1 Nr. 5-7 StGB und 283b Abs. 1 Nr. 1-3 StGB handelt es sich um Ausformungen der sog. Außenverweisung.[453] Zum einen könnte es sich bei dieser Verweisung[454] – bzw. verweisenden Akzessorietät[455] – auf das Handelsrecht um ein normatives Tatbestandsmerkmal handeln, zum anderen könnten die auf das Handelsrecht und die Buchführungspflicht(en) verweisenden Tatbestandsvarianten aber auch als Blankettstraftatbestände eingestuft werden.

a. Blankettmerkmale oder normative Tatbestandsmerkmale

Die Abgrenzung der normativen Tatbestandsmerkmale von den Blankettmerkmalen gestaltet sich schon grundsätzlich schwierig und trotz einer jahrzehntelang andauernden Diskussion in der Strafrechtswissenschaft konnten umfassend zufriedenstellende Abgrenzungskriterien bisher nicht entwickelt werden.[456] Die Einordnung der auf das Handelsrecht verweisenden Varianten der §§ 283 Abs. 1, 283b Abs. 1 StGB ist im Speziellen umstritten.

Blankettstraftatbestände enthalten nur eine Sanktionsnorm und verweisen für die Voraussetzungen der Strafbarkeit auf andere Rechtsquellen – hauptsächlich handelt es sich dabei um die sog. Verwaltungsrechtsakzessorietät und um die Zivilrechtsakzessorietät des Strafrechts.[457] Blankettverweisungen sind in zwei Varianten denkbar: zum einen in der Form der „unechten" Blankettverweisung, die vorliegt, wenn der Straftatbestand auf eine andere von derselben legislativen Instanz normierte Ergänzungsvorschrift verweist,[458] zum anderen in der Form der „echten" Blankettverweisung, die vorliegt, wenn der Gesetzgeber die Ausfüllung der Norm einem anderen Organ, das der Materie näher steht, überlässt.[459] Bei den auf die Buchführungspflicht verweisenden Tatbestandsvarianten des § 283 Abs. 1 Nr. 5 und Nr. 6 StGB und § 283b Abs. 1 Nr. 1 StGB handelt es sich danach allenfalls um eine sog. „unechte" Blankettverweisung.

---

453 Zur Abgrenzung von der Binnenverweisung *Enderle*, S. 15.
454 Zu diesem Oberbegriff *Enderle*, S. 11.
455 *Cornils*, S. 11; *Lohberger*, S. 14 ff.
456 Vgl. dazu *Dietmeier*, S. 222, speziell für die Irrtumslehre, der unter anderem die neuen Ansätze in der Literatur von *Puppe*, *Backes*, *Warda* und *v. d. Heide* neben der h.M. darstellt.
457 *Mankowski/Bock*, ZStW 120 (2008), 704 ff.; *Kühl*, FS-Lackner, 815, 819.
458 *Cornils*, S. 17; *Lohberger*, S. 20 f.
459 *Cornils*, S. 18; *Lohberger*, S. 22.

Aber auch bei sog. normativen Tatbestandsmerkmalen kann sich eine solche Zivilrechts- bzw. Verwaltungsrechtsakzessorietät ergeben.[460] Ein normatives Tatbestandsmerkmal – und kein Fall eines Blankettstrafgesetzes – liegt dort vor, wo einzelne Tatbestandsmerkmale einer Strafrechtsnorm außerstrafrechtliche Rechtsbegriffe und Rechtsregeln voraussetzen, z.b. beim Begriff „Fremdheit" der Sache in § 242 StGB, welche nach den Normen der zivilrechtlichen Sachenrechtsordnung zu bestimmen ist.[461] Zu unterscheiden sind die normativen Tatbestandsmerkmale von den deskriptiven Tatbestandsmerkmalen. Deskriptiv sind die Merkmale, deren Feststellung durch die sinnliche Wahrnehmung möglich ist, normativ dagegen solche, die wertend und wertausfüllungsbedürftig sind. Dem Umstand, dass diese Unterscheidung der klassischen Erkenntnistheorie widerspricht, die von der Sprachphilosophie und der experimentellen Wahrnehmungspsychologie gestützt wird,[462] muss insofern Rechnung getragen werden, als dass deskriptive Merkmale nicht als „rein" deskriptiv zu verstehen sind, sondern als „eher" deskriptiv und normative Merkmale nicht als „rein" normativ, sondern als „eher" normativ. Denn jede Tatsachenfeststellung setzt zunächst eine Wahrnehmung, dann aber auch noch eine Bewertung voraus. Andererseits weist auch jedes normative Merkmal Aspekte auf, die ohne Normenhinzuziehung bestimmt werden können bzw. nicht der Wertung bedürfen, und damit eigentlich deskriptiv sind.[463] Der Unterschied zwischen den normativen und deskriptiven Merkmalen kann vielmehr dahingehend verstanden werden, dass bei normativen Tatbestandsmerkmalen noch eine oder mehrere zusätzliche (vorstraf-)rechtliche Normen herangezogen werden müssen, um bei der wertenden Betrachtung zu einem Ergebnis und damit zu einer Tatsachenfeststellung gelangen zu können.

Zur Abgrenzung von Blankettmerkmal und normativem Tatbestandsmerkmal wurden einige Modelle vorgeschlagen. Diese grundlegende Diskussion[464] soll hier ausgeblendet werden. Die Verweise auf das Handelsrecht, respektive auf die Buchführungspflichten im Rahmen der §§ 283 ff. StGB, stellen nur nach einer Minderansicht normative Tatbestandsmerkmale dar.[465] Die auf die Buch-

---

460 *Mankowski/Bock*, ZStW 120 (2008), 704, 705.
461 Maunz/Dürig/*Schmid-Aßmann*, Art. 103 Rn. 200.
462 NK-StGB/*Puppe*, § 16 Rn. 41; *Hinderer*, JA 2009, 864 ff.
463 *Baumann/Weber/Mitsch*, § 8 Rn. 18.
464 Vgl. dazu ausführlich *Dietmeier*, S. 174.
465 *Liebelt*, NStZ 1989, 182; vgl. S/S/*Sternberg-Lieben*, § 15 Rn. 103; *Enderle*, S. 239 für § 283b StGB.

führungspflicht verweisenden Tatbestandsvarianten des § 283 Abs. 1 Nr. 5 und Nr. 6 StGB und des § 283b Abs. 1 Nr. 1 StGB verweisen nach dieser Ansicht nicht „blankettartig" auf andere Normen, sondern legen lediglich fest, dass bei der Wertung seiner Tatbestandsmerkmale andere Normen heranzuziehen seien. Begründet wird dies insbesondere damit, dass sich bereits aus den auf das Handelsrecht verweisenden Tatbestandsvarianten der §§ 283 ff. StGB inhaltlich näher bestimmte Verhaltensweisen ergeben, die unter Strafe gestellt werden (z.b. „Unterlassen des Führens von Handelsbüchern").

Die h.M. hingegen sieht die Tatbestandsvarianten der §§ 283 ff. StGB, welche Verweise auf das Handelsrecht bzw. handelsrechtliche Pflichten enthalten, zu Recht als Blankettstrafgesetze an.[466] Dafür spricht nicht nur, dass sich ein hinreichend verhaltensorientierender Normbefehl nach den auf die Buchführungspflicht verweisenden Tatbestandsvarianten des § 283 Abs. 1 StGB und § 283b Abs. 1 StGB erst durch ein Hineinlesen der handelsrechtlichen Buchführungspflichten in den Straftatbestand ergibt. Es handelt sich bei den auf das Handelsrecht verweisenden Tatbestandsmerkmalen der § 283 Abs. 1 Nr. 5-7 StGB um den Verweis auf außerstrafrechtliche – handelsrechtliche – Normen bzw. Wertungen, die den Tatbestand erst inhaltlich gestalten, die Strafbestimmung also „vervollständigen",[467] und nicht lediglich um die Heranziehung der Auslegungsmethodik einer aus einem anderen Rechtsgebiet stammenden Norm.

Die auf das Handelsrecht verweisenden Tatbestandsvarianten enthalten vielmehr einen typischen Fall der Blankettverweisung – die sog. „ausdrücklich verweisende Akzessorietät".[468] Hierbei wird jedoch nicht auf eine bestimmte Norm zur Ausfüllung verwiesen – sog. „Handeln entgegen einer formellgesetzlichen Bundesvorschrift".[469] Bei §§ 283 Abs. 1 Nr. 5-6 StGB sowie 283b Abs. 1 Nr. 1-2 StGB werden die Pflichten, auf die Bezug genommen wird, „generisch"[470] angegeben („gesetzliche Pflicht, Handelsbücher zu führen").

---

466 Offengelassen vom BVerfGE 48, 48, 57, 60 f.; für Blankettverweisung: OLG Karlsruhe NStZ 1985, 317; MK-StGB/*Ambos*, § 7 Rn. 8; *Cornils*, S. 54 zum alten § 240 Nr. 3 KO; *Dietmeier*, S. 51; SK-StGB/*Hoyer*, § 283 Rn. 110: vorstrafrechtliche Ordnung; *Lackner/ Kühl*, § 283 Rn. 16; *Rönnau*, ZGR 2005, 832, 848; *Schüppen*, S. 130, 131, 151; vgl. auch LK-StGB/*Tiedemann*, § 283 Rn. 111, 188, 244; *Worm*, S. 79.

467 Diesen Ausdruck gebrauchend: *Cornils*, S. 11.

468 Vgl. *Cornils*, S. 11.

469 Im StGB ist eine Außenverweisung mit Paragraphenzitat nicht zu finden.

470 *Enderle*, S. 16: „generische Angabe".

Für § 283 Abs. 1 Nr. 7 StGB und § 283 Abs. 1 Nr. 3 StGB wird zumindest auf die Kodifikation, in der sich die Pflichten befinden, verwiesen („entgegen Handelsrecht"). In § 283 Abs. 1 Nr. 5 StGB wird dabei ausdrücklich auf diejenige „Verpflichtung, Handelsbücher zu führen" abgestellt, die „gesetzlich" sein muss – gleiches gilt für § 283b Abs. 1 Nr. 1 StGB. Dass mit diesen gesetzlichen Verpflichtungen, Handelsbücher zu führen, nur die des Handelsrechts gemeint sein können,[471] ergibt sich nicht aus dem Wortlaut, jedoch aus der systematischen Interpretation.[472] Dafür spricht auch, dass bereits in Nr. 6 festgestellt wird, woraus sich die Pflichten zur Aufbewahrung von Handelsbüchern oder sonstigen Unterlagen „nur" ergeben können. Es muss sich nach § 283 Abs. 1 Nr. 6 StGB bzw. § 283b Abs. 1 Nr. 2 StGB um eine Verpflichtung nach „Handelsrecht" handeln. Dieselbe Konkretisierung findet sich in Nr. 7 des § 283 Abs. 1 StGB, wenn es heißt, dass sich strafbar macht, wer „entgegen Handelsrecht" eine der dort beschriebenen Handlungen vornimmt, vgl. auch § 283b Abs. 1 Nr. 3 StGB.[473] Dieser letztgenannte Verweisungstyp – „Handeln ‚entgegen' eines Rechtsgebiets oder einer Kodifikation" ist in der Gesetzgebungspraxis der praktisch bedeutsamste Typ der Blankettverweisung.[474]

Als erstes Zwischenergebnis ist festzuhalten, dass es sich bei den auf das Handelsrecht verweisenden Tatbestandsvarianten der §§ 283 ff. StGB um Blankettstrafgesetze handelt, die „unechte" ausdrückliche Verweisungen enthalten.

b. Ausländisches Recht als Ausfüllungsnormen

Hält man mit der hier vertretenen Ansicht die auf die Buchführungspflichten verweisenden Tatbestandsvarianten des § 283 StGB und § 283b StGB für Blanketttatbestände, ist im Folgenden zu klären, ob auch ausländische Normen zur Ausfüllung eines Blanketts in Betracht kommen.

Mit der Frage, ob ein Deutscher nach § 283b Abs. 1 Nr. 1 StGB bestraft werden kann, wenn er es als Direktor einer schweizerischen Aktiengesellschaft bis zur Konkurseröffnung unterlässt, Geschäftsbücher zu führen, hatte sich bereits

---

471 H.M.; *Lackner/Kühl*, § 283 Rn. 16; LK-StGB/*Tiedemann*, § 283 Rn. 92; vgl. auch MK-StGB/*Radtke*, § 283 Rn. 43; alle m.w.N.
472 *Dietmeier*, S. 51, 52.
473 *Dietmeier*, S. 50 ff.
474 Vgl. *Dietmeier*, S. 50 dort in Fn. 149 mit weiteren Beispielen und S. 51.

im Jahr 1985 das OLG Karlsruhe zu beschäftigen. Das AG Lörrach hatte als Vorinstanz diese Frage noch verneint, wohingegen das OLG Karlsruhe in seiner Revisionsentscheidung eine Strafbarkeit für möglich hielt.

Zunächst stellt das OLG jedoch fest, dass es sich bei § 283b Abs. 1 Nr. 1 StGB um ein „unechtes" Blankettgesetz handle,[475] welches nicht durch ausländisches Recht ausgefüllt werden könne. Im zu entscheidenden Fall hätte Art. 934, 957 Bundesgesetz betreffend die Ergänzung des Schweizerischen Zivilgesetzbuches (Obligationenrecht) eine Buchführungspflicht für in das Handelsregister einzutragende Firmen enthalten. Nach Ansicht des OLG entnähme man aber im Fall der Ausfüllung des Blankettstrafgesetzes durch ausländische Normen ohne erforderliche Rechtsgrundlage[476] Tatbestandsmerkmale unmittelbar dem ausländischen Gesetz und würde damit deutsches und ausländisches Recht gleichzeitig anwenden. Da sich keine Anhaltspunkte dafür finden lassen, dass in § 283b Abs. 1 Nr. 1 StGB auch auf ausländische Gesetze Bezug genommen werden sollte, konnte nach Ansicht des Senats nicht angenommen werden, dass der Geltungsanspruch ausländischer Gesetze auf inländischem Rechtssetzungswillen beruht.[477] Stimmen in der Literatur,[478] die auch ein ausländisches Gesetz für geeignet halten, die in §§ 283 Abs. 1 Nr. 5, 283b Abs. 1 Nr. 1 StGB erwähnte gesetzliche Verpflichtung zur Buchführung zu begründen und den Täterkreis damit zu bestimmen, will der Senat nicht zustimmen. Dass das OLG Karlsruhe trotzdem zur Strafbarkeit des Angeklagten gelangen konnte, ist dem Umstand geschuldet, dass es die Strafvorschrift, die sich aus den Buchführungspflichten des Handelsrechts und der Blankettnorm des § 283b I Nr. 1 StGB zusammensetzt, unverkürzt dahingehend liest, dass sich strafbar mache, wer als Vorstand einer Aktiengesellschaft deren Handelsbücher zu führen unterlässt oder so führt, dass die Übersicht über den Vermögensstand erschwert wird. Im Ergebnis stellt das OLG danach fest, dass die Strafvorschrift des § 283b Abs. 1 Nr. 1 StGB i.V.m Buchführungspflichten des AktG auch die Auslandsstraftat eines Deutschen erfasst.

475 Vgl. dazu o. S. 128 ff.; s. erneut *Lohberger*, S. 5, 22; *Cornils*, S. 17, 54.
476 BGHSt 21, 277; vgl. *Lackner*, JR 1968, 268 ff.
477 Vgl. dazu auch *Nowakowski*, JZ 1971, 633, 636.
478 Namentlich führt das OLG Karlsruhe an: *Binding*, Lehrb. des Gemeinen Dt. Strafrechts, BT, 2. Aufl. (1902), 1. Bd. S. 433 und LK-StGB/*Tiedemann*, 10. Aufl., § 283 Rn. 92 jetzt in der 12. Aufl., § 283 Rn. 244.

Dabei ist zuzugeben, dass die Entscheidung BGHSt 21, 277, auf die das OLG Karlsruhe verweist, aus dem Jahre 1967 stammt und das damals geltende Recht richtig angewendet wurde. Denn auf der Grundlage der NS-Geltungsbereichsverordnung vom 6.5.1940[479] ging das damalige Strafrecht von einem absoluten aktiven Personalitätsprinzip als Regelprinzip und damit von einer – völkerrechtlich kaum mehr tragbaren – universellen Bewertungsfunktion des deutschen Strafrechts aus.[480] Die heute seit 1.1.1975 geltende – auf § 6 E 1962 zurückgehende – Fassung des § 7 StGB sieht deswegen ein eingeschränktes aktives Personalitätsprinzip vor, welches über die Staatsangehörigkeit des Täters hinaus eine „identische Strafnorm" am Tatort erfordert.[481] Das deutsche Strafrecht gilt danach für Taten, die im Ausland begangen werden, wenn die Tat am Tatort mit Strafe bedroht ist und der Täter zur Zeit der Tat Deutscher war oder es nach der Tat geworden ist. Voraussetzung für die Strafbarkeit nach §§ 283, 283b StGB sind deshalb vergleichbare englische Straftatbestände.

Da es sich bei § 7 StGB um eine Ausprägung des Grundsatzes stellvertretender Strafrechtspflege handelt, sollen die außerstrafrechtlichen Ausfüllungsnormen daher der ausländischen Rechtsordnung entnommen werden können bzw. müssen, ein Blankettstrafgesetz also nicht nur durch deutsche Normen, sondern auch durch ausländisches Recht ausgefüllt werden können. Zwar ist unbestritten, dass die deutschen Gerichte grundsätzlich nur deutsches Strafrecht und nicht etwa englisches Strafrecht anwenden,[482] es handle sich jedoch auch dann noch um deutsches Strafrecht, wenn der deutsche Blankettstraftatbestand durch die Heranziehung ausländischer vorstrafrechtlicher Normen ausgefüllt werde.[483] Eine noch weitergehende Ansicht hält die Beschränkung auf rein inländische Ergänzungsnormen sogar für „europarechtswidrig".[484] Damit könnte wegen §§ 283 Abs. 1 Nr. 5 Var. 1 StGB und 283b Abs. 1 Nr. 1 Var. 1 StGB auch bestraft werden, wer Handelsbücher, zu deren Führung er nach englischem Recht gesetzlich verpflichtet ist, zu führen unterlässt, also auf die Verletzung der englischen Buchführungspflichten abgestellt werden. Wegen §§ 283 Abs. 1 Nr. 7b StGB und 283b Abs. 1 Nr. 3b StGB könnte bestraft werden, wer es

---

479 RGBl. I S. 754.
480 Vgl. dazu *Schröder*, ZStW 61 (1942), 57 ff., 90.
481 MK-StGB/*Ambos*, Vor §§ 3-7, Rn. 37 und § 7 Rn. 2; *Lackner/Kühl*, § 7 Rn. 2.
482 BGHSt 21, 277, 282.
483 LK-StGB/*Tiedemann*, § 283 Rn. 244, 245.
484 Ohne nähere Begründung *Worm*, S. 77.

entgegen englischem Handelsrecht unterlässt, die Bilanz seines Vermögens oder das Inventar in der vorgeschriebenen Zeit aufzustellen.

Zwar mag die Überprüfung, ob eine identische Tatnorm im Ausland existiert, eine Prüfung des ausländischen Strafrechts und damit eine „Art" Fremdrechtsanwendung darstellen.[485] Diese Prüfung, ob die Tat von einer ausländischen Norm unter Strafe gestellt wird, dient jedoch lediglich der Eröffnung der deutschen Strafgewalt, welche nur das deutsche Strafrecht anwendet.[486] Die ausfüllenden Normen sind deshalb grundsätzlich auch nur dem deutschen Recht zu entnehmen. Eine Ausfüllung eines Blankettgesetzes durch ausländisches Recht kommt insofern regelmäßig nicht in Betracht.[487]

Da das Gesetzlichkeitsprinzip des Art. 103 Abs. 2 GG, § 1 StGB bei Blankettstraftatbeständen nach ganz h.M. für beide Teile, also sowohl für die Sanktions- als auch für die Ausfüllungsnorm gilt,[488] stellt sich insbesondere die Frage nach der Vereinbarkeit der Fremdrechtsausfüllung eines Blankettstraftatbestands mit dem Bestimmtheitsgrundsatz sowie nach einem etwaigen Verstoß gegen den Parlamentsvorbehalt.

Mit dem zum Bestimmtheitsgebot in allen StGB-Kommentaren[489] zu findenden und ständiger Bundesverfassungsgerichts-Rechtsprechung[490] entnommenen Satz: „Das Bestimmtheitsgebot verpflichtet den Gesetzgeber, die Voraussetzungen der Strafbarkeit so genau zu umschreiben, dass Tragweite und Anwendungsbereich der Straftatbestände für den Normadressaten schon aus dem Gesetz selbst zu erkennen sind und sich durch Auslegung ermitteln und konkretisieren lassen",[491] werden beide Funktionen des Gesetzlichkeitsprinzips benannt. Zum einen muss „jeder" vorhersehen können, welches Verhalten bei Strafe

---

485 Vgl. MK-StGB/*Ambos*, Vor §§ 3-7 Rn. 76.

486 Vgl. auch *Henrich*, S. 80.

487 MK-StGB/*Ambos*, § 7 Rn. 5, der auf OLG Karlsruhe NStZ 1985, 317 m. Anm. *Liebelt*, NStZ 1989, 182; LK-StGB/*Gribbohm*, § 7 Rn. 8 verweist.

488 Speziell zur Bestimmtheit bei Verweisungs- und Blanketttatbeständen BVerfGE 23, 265, 270; 75, 329; 78, 374; BVerfG NJW 1992, 35; 1993, 1909 und 2006, 2684; BGHSt 37, 266, 272; 41, 127; 50, 105, 114; BGH NJW 1996, 3220; *Lackner/Kühl*, § 1 Rn. 2; *Lenzen*, JR 1980, 133; MK-StGB/*Schmitz*, § 1 Rn. 49; *Otto*, FS-Seebode, S. 84 f.; *Volkmann*, ZRP 1995, 220; näher *Enderle*, S. 205 ff.

489 Vgl. nur LK-StGB/*Dannecker*, § 1 Rn. 179; *Fischer*, § 1 Rn. 5; *Lackner/Kühl*, § 1 Rn. 2; MK-StGB/*Schmitz*, § 1 Rn. 39.

490 BVerfGE 71, 108, 114; 73, 206, 234; 75, 329, 340; 78, 374, 382; 105, 135, 157; Anmerkungen zum Bestimmtheitsgrundsatz bei *Kühl*, FS-Seebode, S. 69 m.w.N.

491 BVerfG NJW 2003, 1030.

verboten ist (dazu unter c.),[492] zum anderen wird mit dem sog. Parlamentsvorbehalt die alleinige Entscheidungskompetenz über die Strafbarkeit dem „Gesetzgeber" zuerkannt (dazu unter d.). Einschränkend wird jedoch hinzugefügt, dass „die Verwendung von Begriffen, die im besonderen Maße der Deutung durch den Richter bedürfen, nicht generell" ausgeschlossen ist. „Unbedenklich" sei das „allerdings nur …, wenn die Norm eine zuverlässige Grundlage für ihre Auslegung und Anwendung bietet oder wenn sie eine gefestigte Rechtsprechung übernimmt und damit aus dieser Rechtsprechung hinreichende Bestimmtheit gewinnt".[493]

c. Vereinbarkeit mit dem Bestimmtheitsgebot

Das Gesetzlichkeitsprinzip gemäß Art. 103 Abs. 2 GG und § 1 StGB enthält als Kern die Gesetzesbestimmtheit der Strafbarkeit als Tatbestandsbestimmtheit (*nullum crimen sine lege*) und als Strafandrohungsbestimmtheit (*nulla poena sine lege*).[494] Nach Art. 103 Abs. 2 GG und dem gleichlautenden § 1 StGB kann eine Tat nur bestraft werden, wenn „die Strafbarkeit gesetzlich bestimmt" ist.[495] Wem die Verhängung einer scharfen Missbilligungsstrafe droht, muss wissen, welches Verhalten er unterlassen bzw. welche Pflicht er erfüllen muss.[496]

Hinsichtlich der Vereinbarkeit einer Blankettstrafnorm mit dem Bestimmtheitsgebot sieht das BVerfG[497] kein grundsätzliches Problem. Die Blankettausfüllung muss jedoch hinreichend bestimmt sein. Hinreichend bestimmt ist eine Blankettausfüllung dann, wenn diejenigen, die mit dem ausfüllenden Rechtsgebiet vertraut sind, die Möglichkeit haben, sich über die blankettausfüllenden Vorschriften zu informieren, auch wenn damit der Vorwurf erhoben werden könnte, das Strafrecht setze *de facto* die Verletzung einer Informationspflicht mit dem Verstoß gegen den Blanketttatbestand gleich.[498] Entscheidend ist demnach grundsätzlich, ob deutlich wird, welches Recht angewendet werden wird

---

492   LK-StGB/*Dannecker*, § 1 Rn. 179: „Orientierungsgewissheit für den Bürger".
493   BVerfGE 45, 363, 371; 48, 48, 56; 86, 288, 311; vgl. *Kühl*, FS-Seebode, S. 61, 69.
494   Maunz/Dürig/*Schmid-Aßmann*, Art. 103 Rn. 178.
495   Näher dazu *Kühl*, FS-Seebode, S. 61 ff.
496   *Kühl*, FS-Volk, S. 275, 285 ff.
497   Vgl. BVerfGE 14, 245, 252; 75, 329, 342 f.; 78, 374, 382 f.; BVerfG NJW 1992, 2624; vgl. BGHSt 37, 266, 272.
498   MK-StGB/*Schmitz*, § 1 Rn. 39.

und ebenso, wie die tatsächlichen Möglichkeiten ausgestaltet sind, sich über dieses Recht zu informieren.

Dabei bestehen in der hier zugrundegelegten Konstellation der EU-Schein-auslandsgesellschaft wohl schon kaum Zweifel daran, dass derjenige, der sich einer EU-Auslandskapitalgesellschaft zur Unternehmensführung bedient, um „in den Genuss" der Geltung des Gründungsrechts zu gelangen, klar erkennen kann, welches Gesellschaftsrecht auf „seine" Gesellschaft angewendet werden wird. Das entsprechende ausländische Recht wurde ja gerade von ihm selbst als rechtliche Grundlage seiner wirtschaftlichen Betätigung in einer bestimmten Rechtsform gewählt.[499] Der Deutsche, der sich bewusst auf der Grundlage der englischen Gesellschaftsform „Limited" in Deutschland wirtschaftlich betätigt, hat die Anforderungen des englischen Gesellschaftsrechts – „grundsätzliches Bestehen einer Buchführungspflicht" – zu kennen und soll damit das Zusammenspiel von deutschem Straf- und englischem Gesellschaftsrecht ebenso eindeutig vorhersehen können wie das Organ einer nach deutschem Recht gegründeten Gesellschaft das Zusammenspiel von deutschem Straf- und deutschem Gesellschaftsrecht.[500] Dabei bereitet es auch keine nennenswerten Schwierigkeiten, sich über die blankettausfüllenden Normen des englischen Handelsrechts zu informieren. Der CA 2006 ist sowohl in Schriftform als auch über das Internet ohne viel Aufwand abzurufen. Untermauert wird dieses Ergebnis – hinreichende Bestimmtheit bei der Heranziehung des englischen Handelsrechts – dadurch, dass die Rechnungslegungsvorschriften in Europa weitgehend harmonisiert wurden[501] und insofern kaum völlig unvorhersehbare Ausformungen der Buchführungspflichten auf die Gesellschaft zukommen werden.

Im Endeffekt kommt es hinsichtlich der Bestimmtheit der Strafbarkeit der §§ 283 Abs. 1 Nr. 5 Var. 1 StGB und 283b Abs. 1 Nr. 1 Var. 1 StGB gar nicht auf die Herkunft der Buchführungspflicht an. Denn, dass Buchführungspflichten bestehen, ist in jedem Fall für den Geschäftsleiter der In- als auch Auslandskapitalgesellschaft mit begrenzter Haftung voraussehbar. Bei den Tatbestandsvarianten des vollständigen Unterlassens der Buchführung i.S. der §§ 283 Abs. 1 Nr. 5 Var. 1 StGB und 283b Abs. 1 Var. 1 StGB reicht schon die Kenntnis, dass die Pflicht zur Buchführung überhaupt besteht. Dahinstehen

---

499 *Radtke*, GmbHR 2008, 729, 734 zur Pflichtwidrigkeit i.R. des § 266 StGB.
500 *Radtke*, GmbHR 2008, 729, 735 zur Pflichtwidrigkeit i.R. des § 266 StGB.
501 Vgl. Eidenmüller/*Eidenmüller*, § 3 Rn. 59 ff.

kann deswegen, ob die nach englischem Handelsrecht auferlegten Buchführungspflichten vollständig unterlassen werden oder diejenigen, die den Kaufmann nach deutschem Handelsrecht treffen.

Im Ergebnis ist deshalb festzustellen, dass auch bei einer etwaigen Ausfüllung der §§ 283 Abs. 1 Nr. 5 Var. 1 StGB und 283b Abs. 1 Nr. 1 Var. 1 StGB durch Buchführungspflichten gemäß ausländischem Recht – hier aus CA 2006 – hinsichtlich der Bestimmtheit des Strafgesetzes i.S. des Art. 103 Abs. 2 GG und des § 1 StGB keine durchgreifenden Bedenken bestehen. Vielmehr hat der Gesetzgeber das bei Strafe verbotene Verhalten und die jeweils angedrohte Strafe so konkret umschrieben, dass die Strafbarkeit und der Anwendungsbereich der Tatbestände vom „typisierten Normunterworfenen" unter „zumutbarem Aufwand"[502] erkennbar und durch Auslegung zu ermitteln sind.[503]

d. Vereinbarkeit mit dem Parlamentsvorbehalt

Die hinreichende Bestimmtheit des Strafgesetzes gibt jedoch keinen Aufschluss über die zweite, sog. kompetenzwahrende Funktion[504] des Art. 103 Abs. 2 GG, dem sog. Gesetzes- oder Parlamentsvorbehalt, bei dem es darum geht, die Bestimmungsmacht des Parlaments festzulegen und zu garantieren, da die Entscheidungen über Beschränkungen von Grundrechten dem Gesetzgeber und nicht (den) anderen staatlichen Gewalten obliegen sollen. Erhebliche Zweifel drängen sich auf, ob der Rückgriff auf ausländisches Gesellschaftsrecht zur inhaltlichen Konkretisierung der Buchführungspflichten mit diesem Parlamentsvorbehalt vereinbar ist, da nach Art. 103 Abs. 2 GG eine Tat nur dann bestraft werden kann, wenn die Strafbarkeit des Verhaltens gesetzlich bestimmt war, bevor die Tat begangen wurde. Gesetz im Sinne des Art. 103 Abs. 2 GG ist das förmliche Gesetz des deutschen Parlaments.[505] Da dieser Parlamentsvorbehalt als Schutzgewährleistung jedoch sowohl für die Sanktions- als auch für die Ausfüllungsnorm in der Gestalt gilt, dass Blankettsanktionsnorm und Ausfüllungsnorm zusammengenommen („summativ") die Bestimmtheitsanforderungen des Art. 103 Abs. 2 GG erfüllen müssen – auch wenn es dabei weit-

---

502 Vgl. *Satzger*, S. 247.
503 Auch „Expertenstrafrecht" genannt: BVerfGE 26, 186, 204; 48, 48, 57; *Worm*, S. 81.
504 Maunz/Dürig/*Schmid-Aßmann*, Art. 103 Rn. 180, 183.
505 BVerfGE 95, 267, 307; 83, 130, 152; 98, 218, 251; vgl. nur *Jarass/Pieroth*, Art. 20 Rn. 54 m.w.N.

gehend der gesetzgebenden Disposition überlassen ist, wie sie intern die Gewichte verteilt –[506] könnte ein Verstoß gegen den Parlamentsvorbehalt i.S. des Art. 103 Abs. 2 GG darin gesehen werden, dass das unrechtsprägende Element der Verpflichtung zur Buchführung inhaltlich durch das englische Handelsrecht ausgefüllt würde, auch wenn der Bankrotttatbestand gemäß § 283 StGB durch ein förmliches nationales Parlamentsgesetz, welches den Anforderungen des Art. 103 Abs. 2 GG genügt, bestimmt ist.

Für die Möglichkeit der Heranziehung des englischen Handelsrechts und der sich hieraus ergebenden englischen Buchführungspflichten gemäß Sec. 386 ff. CA 2006 kann zugegebenermaßen angeführt werden, dass die ins Auge gefassten Tatbestandsvarianten der §§ 283 ff. StGB nicht von „deutschem" Handelsrecht und „deutschen" Buchführungspflichten sprechen und insofern nicht schon der Wortlaut einer Ausfüllung mit „ausländischem" Handelsrecht entgegensteht.[507] Damit kann aber kaum der Wille des Gesetzgebers unterstellt und damit „fingiert" werden, er habe die fraglichen Tatbestände bewusst so offen formuliert, um die Möglichkeit der Fremdrechtsausfüllung zu ermöglichen. Vielmehr war zum Zeitpunkt der Entstehung nicht mit einem dergestaltigen Auslandsbezug im Gesellschaftsrecht zu rechnen, der durch die EuGH-Rechtsprechung in den Sachen „Centros" bis „Inspire Art" entstand. Nach einer solchen Ansicht wären die gesamten Verweisungen in Form von Blanketttatbeständen des StGB, die nicht ausdrücklich auf deutsches Recht beschränkt sind, grundsätzlich auch durch ausländisches Recht ausfüllbar.

Auch dem Hinweis, dass sich die handelsrechtlichen Pflichten in den Straftatbestand dergestalt „eingliedern" würden, dass es sich um ausschließlich deutsches Strafrecht handle,[508] kann entgegnet werden, dass die Bestimmung des Art. 103 Abs. 2 GG für beide Teile des Blankettstraftatbestands, also für die Ausfüllungsnorm ebenso wie für die Sanktionsnorm gilt. Ein Zusammenlesen von Sanktions- und Ausfüllungsnorm, so dass die Ausfüllungsnorm keine eigenständige Bedeutung mehr haben soll, würde das Gesetzlichkeitsprinzip des Art. 103 Abs. 2 GG konterkarieren.

Sofern es hier um die Ausfüllung eines deutschen Blankettstraftatbestands durch englisches Handelsrecht geht, könnte außerdem problematisch werden,

---

506 BVerfGE 73, 329, 342; vgl. Maunz/Dürig/*Schmid-Aßmann*, Art. 103 Rn. 207.
507 LK-StGB/*Tiedemann*, § 283 Rn. 244; *Worm*, S. 85.
508 *Worm*, S. 85.

dass es sich um das Gesellschaftsrecht eines *common law*-Staates handelt. Da jedoch das englische Gesellschafts- und Handelsrecht ausnahmsweise zu größten Teilen kodifiziert ist, könnte man immerhin von ausländischem Parlamentsrecht sprechen.

Möglicherweise ist aber gemäß der sog. Wesentlichkeitstheorie der Parlamentsvorbehalt gewahrt, wonach der Gesetzgeber nur die *wesentlichen* Entscheidungen selbst zu treffen hat.[509] Das deutsche Parlament könnte hier diese wesentlichen Entscheidungen selber getroffen und eine Spezifizierung dem Handelsrecht überlassen haben. Dennoch ist auch hier kein Grund dafür ersichtlich, dass das Parlament auch ausländisches Handelsrecht zur Spezifizierung berufen wollte, vielmehr hatte es nur das deutsche Handelsrecht im Blick. Auch die Zustimmung des deutschen Gesetzgebers zur EuInsVO kann nicht dahingehend verstanden werden, dass zur Ausfüllung der Blankettstraftatbestände der §§ 283 ff. StGB englisches Gesellschaftsrecht herangezogen werden soll. Es findet sich keine gesetzgeberische Stellungnahme, mit der die Zustimmung zum Europäischen Insolvenzprozessrecht so gedeutet werden könnte, dass auch das englische Handelsrecht und damit die englischen Rechnungslegungs- und Publizitätspflichten, die gegenüber dem deutschen Handelsrecht zum Teil strenger ausgestaltet sind, in die auf das Handelsrecht verweisenden Straftatbestände der §§ 283 ff. StGB einzubeziehen sind.[510]

Zwar ergibt ein Vergleich mit § 170 StGB, bei dem die gesetzliche Unterhaltspflicht grundsätzlich auf dem deutschen BGB beruht, sich aber nach der Rspr.[511] und wohl h.M. in der Literatur[512] auch aus ausländischem Unterhaltsrecht als Grundlage ergeben können soll, dass es grundsätzlich möglich ist, einen Blankettstraftatbestand auch durch ausländische Ausfüllungsnormen zu ergänzen. Jedoch nimmt § 170 StGB eine besondere Stellung ein. Die Strafbarkeit der Verletzung der Unterhaltspflicht gemäß § 170 StGB dient dem Schutz des Unterhaltsberechtigten vor Gefährdung seines materiellen Lebensbedarfs

---

509 Aus der Rspr. expl. nur BGH NJW 1996, 3220, 3221; vgl. auch *Satzger*, S. 269 und *Worm*, S. 85.
510 *Rönnau*, ZGR 2005, 832, 849 Fn. 88.
511 BGH JR 1980, 380; OLG Saarbrücken NJW 1975, 507; OLG Stuttgart NJW 1977, 1601; Bay OLG NJW 1982, 1243.
512 Vgl. LK-StGB/*Dippel*, § 170 Rn. 15; SK-StGB/*Günther*, § 170 Rn. 17; *Lackner/Kühl*, § 170 Rn. 2; S/S/*Lenckner*, § 170 Rn 2; *Oehler*, JR 1980, 381 ff., noch anders *ders.*, JR 1975, 292, 294 und 1978, 381 ff.: nur auf deutschem Recht beruhende Unterhaltspflichten; MK-StGB/ *Ritscher*, § 170 Rn. 6.

und daneben zweitrangig der Verhinderung unberechtigter Inanspruchnahme öffentlicher Mittel.[513] Er bewehrt damit ausnahmsweise strafrechtlich die Verletzung eines zivilrechtlichen Anspruchs. Schon i.R. des § 170b StGB a.F. (identische Vorgängervorschrift des § 170 StGB) musste ein beachtlicher Begründungsaufwand geleistet werden, weshalb auch die ausländische Unterhaltspflicht eine gesetzliche Unterhaltspflicht i.S. des § 170 StGB darstellen sollte. Dafür wurde hauptsächlich angeführt, dass die Bundesrepublik nicht dulden könne, dass Ausländer als Unterhaltsberechtigte in Deutschland keinen Unterhalt von dem Verpflichteten erhalten, da in diesem Fall die deutsche Allgemeinheit eintreten muss. Deshalb müsse der Begriff „gesetzliche Unterhaltspflicht" i.S. des § 170 StGB so verstanden werden, dass es sich zum einen um einen gesetzlichen deutschen Anspruch handeln kann, andererseits aber auch um einen Unterhaltsanspruch eines Ausländers im Inland, ohne dass es dabei darauf ankommen kann, woraus sich dessen Unterhaltsanspruch ergibt. Bei der Formulierung „wer sich einer gesetzlichen Unterhaltspflicht entzieht" gemäß § 170 StGB handelt es sich ferner um eine gegenüber den §§ 283 ff. StGB erheblich offenere Verweisung.

Im Gegensatz dazu sprechen die §§ 283 ff. StGB vom Unterlassen der durch Gesetz verpflichteten Führung von „Handelsbüchern" und dem Unterlassen entgegen „Handels"-Recht und begrenzen die Ausfüllung der §§ 283 ff. StGB damit zwar nicht ausdrücklich aber doch konkludent auf das deutsche Handelsrecht, da dem Begriff „Handelsbücher" mit den §§ 238 ff. HGB immerhin ein eigenes Buch im HGB mit der Überschrift „Handelsbücher" gewidmet ist.

Für die Möglichkeit der Heranziehung des ausländischen Unterhaltsanspruchs zur Ausfüllung des § 170 StGB spricht letztlich aber insbesondere, dass kollisionsrechtlich dem Verpflichteten auch eine deutsche Unterhaltspflicht auferlegt werden könnte. Denn gemäß Art. 18 EGBGB sind auf Unterhaltspflichten die Sachvorschriften des Rechts anzuwenden, welches am jeweiligen gewöhnlichen Aufenthalt des Unterhaltsberechtigten gilt.[514] Damit wäre im Fall der Verletzung der Unterhaltspflicht gegenüber einem in Deutschland unterhaltsberechtigten Ausländer also ohnehin das deutsche Familien- bzw. Unterhaltsrecht zur Klärung der Sachfragen berufen. Den Verpflichteten würde also eine deutsche Unterhaltspflicht treffen, die in den Fällen, dass eine auslän-

---

513 H.M.; vgl. BVerfGE 50, 142 m.w.N.; vgl. statt aller: *Lackner/Kühl*, § 170 Rn. 1.
514 Vgl. MK-BGB/*Siehr*, EGBGB, Art. 18 Rn. 13 ff.

dische Unterhaltspflicht schon besteht und festgestellt werden kann, durch diese ersetzt wird. Für die Buchführungspflichten besteht eine solche Möglichkeit der Anwendung der deutschen Buchführungspflichten – wie oben gezeigt (vgl. S. 113 ff.) – gerade nicht. Es würde sich insofern nicht bloß um ein „rechtliches Entgegenkommen"[515] bei dem Rückgriff auf die ausländischen Pflichten handeln, obwohl auch eine deutsche Verpflichtung bestünde.

Damit bleibt abschließend festzuhalten, dass die Ausfüllung der Blankettstraftatbestände der §§ 283 ff. StGB durch ausländische Handelsrechtsvorschriften nicht mit dem Parlamentsvorbehalt in Einklang gebracht werden kann.[516] Die außerstrafrechtliche Rechtsnorm ist nicht durch den nationalen Gesetzgeber hinreichend demokratisch legitimiert. Jedenfalls sind keine Gründe für die Annahme ersichtlich, dass der deutsche Gesetzgeber auch ausländische Buchführungspflichten in Deutschland absichern wollte.[517] Der Limited-Director kann sich insofern nicht wegen §§ 283 Abs. 1 Nr. 5 Var. 1 oder 283b Abs. 1 Nr. 1 Var. 1 i.V.m. CA 2006 strafbar machen.

III. Ergebnis für § 283 Abs. 1 Nr. 5-7

Der Director einer Limited kann sich nach der hier vertretenen Ansicht nicht wegen Bankrotts i.S. der Handlungsvarianten der Nummern 5-7 des § 283 Abs. 1 StGB bzw. wegen Verletzung der Buchführungspflicht gemäß § 283b StGB strafbar machen. Ihn treffen nicht die Pflichten aus dem deutschen Handelsrecht, §§ 238 ff. HGB. Die Pflichten aus dem englischen Recht gemäß Sec. 386 ff. CA 2006 können nicht zur Ausfüllung der Blankettstraftatbestände herangezogen werden.

---

515 Zutreffend *Oehler*, JR 1980, 381, 382 zu § 170b StGB a.F.
516 OLG Karlsruhe NStZ 1985, 317; MK-StGB/*Ambos*, § 7 Rn. 8; *Cornils*, S. 105 ff.; *Schlösser*, wistra 2006, 81, 87; vgl. auch LK-StGB/*Werle/Jeßberger*, Vor § 3 Rn. 334.
517 *Rönnau*, ZGR 2005, 832, 849 m.w.N.

Verpflichtung aus deutschem Handelsrecht	• Der Limited-Director ist nicht aus §§ 238 ff. HGB zur Buchführung verpflichtet.
	• Eine Verpflichtung zur Buchführung nach deutschem Recht würde zu einer „Doppelbelastung" führen, die nicht nach europarechtlichen Maßstäben gerechtfertigt werden kann.
Verpflichtung aus englischem Handelsrecht	• Die auf das Handelsrecht verweisenden Blankettstraftatbestände der §§ 283 ff. StGB können nicht durch englisches Handelsrecht ausgefüllt werden, da dies mit dem Parlamentsvorbehalt nicht vereinbar ist.

E. § 283 Abs. 1 Nr. 8 StGB

Die Vorschrift schließt die Nummern 1-7 des § 283 Abs. 1 StGB durch eine Generalklausel ab.[518] Gemäß Variante 1 macht sich strafbar, wer in einer anderen, den Anforderungen einer ordnungsgemäßen Wirtschaft grob widersprechenden Weise seinen Vermögensstand verringert oder nach Variante 2, wer seine wirklichen geschäftlichen Verhältnisse verheimlicht oder verschleiert. Erfasst werden sollen alle Handlungen, die nicht schon unter § 283 Abs. 1 Nr. 1-7 StGB gefasst werden können, den dort aufgezählten Handlungen aber gleichstehen.[519] Erforderlich ist dieser Auffangtatbestand, da sich in der Praxis gezeigt hat, dass die „kasuistische Aufzählung" der Handlungsvarianten in § 283 Abs. 1 Nr. 5-7 StGB nicht geeignet ist, alle denkbaren Ausprägungen der als strafwürdig zu erachtenden Handlungen in der Insolvenz zu erfassen.[520]

---

518 Vgl. BR-Dr. 5/75, S. 33, 36; zu deren Problematik u.a. BT-Dr. 7/3441, S. 36; aus der Lit.: *Heinz*, GA 1977, 193, 217; *Tiedemann*, KTS 84, 539, 551; krit. *Fischer*, § 283 Rn. 30.

519 BT-Dr. 7/3441, S. 36; MK-StGB/*Radtke*, § 283 Rn. 65.

520 S/S/*Heine*, § 283 Rn. 49; LK-StGB/*Tiedemann*, § 283 Rn. 155 ff.

I. Verringerung des Vermögensstands (§ 283 Abs. 1 Nr. 8 Var. 1 StGB)

Der Director kann eine Tathandlung i.S. des § 283 Abs. 1 Nr. 8 Var. 1 StGB grundsätzlich vornehmen. Jede Verminderung der Aktiven oder Erhöhung der Passiven der Gesellschaft durch ein Verhalten des Directors kann ein Verringern des Vermögensstandes des Schuldners „Limited" i.S. des § 283 Abs. 1 Nr. 8 Var. 1 StGB darstellen.[521]

Für die Schutzbereichseröffnung der Niederlassungsfreiheit gemäß Artt. 49, 54 AEUV sowie für die Rechtfertigung dieser Einschränkung nach den Maßgaben des strengen „Vier-Konditionen-Tests" gilt dasselbe wie im Rahmen der Nummern 1-4 des § 283 StGB (vgl. S. 59 ff.). Die Anwendung des § 283 Abs. 1 Nr. 8 Var. 1 StGB schränkt die Niederlassungsfreiheit i.S. der Artt. 49, 54 AEUV nach einem faktischen und einem gesellschaftsrechtsakzessorischen Beschränkungsbegriff ein und ist nur eine aus Gründen des Allgemeinwohls teilweise zu rechtfertigende Maßnahme des Zuzugsstaats. Nach den hier vorgestellten Methoden der Restriktion der Reichweite der Niederlassungsfreiheit – Übertragung der „Keck"-Formel, Begrenzung des Schutzbereichs auf das Diskriminierungsverbot, modifizierter „Vier-Konditionen-Test" –, stellt § 283 Abs. 1 Nr. 8 Var. 1 StGB insgesamt jedoch keine (ungerechtfertigte) Beschränkung der Niederlassungsfreiheit der Artt. 49, 54 AEUV dar.

II. Verheimlichen oder Verschleiern (§ 283 Abs. 1 Nr. 8 Var. 2 StGB)

Fraglich erscheint aber, ob § 283 Abs. 1 Nr. 8 Var. 2 StGB möglicherweise dazu dienen kann, doch den Verstoß gegen das englische Handelsrecht respektive der englischen Buchführungspflichten zu erfassen.

1. Verheimlichen oder Verschleiern durch aktives Tun

Auch der Director einer Limited kann die wirklichen geschäftlichen Verhältnisse verheimlichen oder verschleiern i.S. des § 283 Abs. 1 Nr. 8 Var. 2 StGB. Unter geschäftlichen Verhältnissen i.S. des § 283 Abs. 1 Nr. 8 Var. 2 StGB sind dabei alle Gegebenheiten zu verstehen, welche entweder die Grundlage für

---

521 *Lackner/Kühl*, § 283 Rn. 21; MK-StGB/*Radtke*, § 283 Rn. 66.

die Einschätzung der wirtschaftlichen Unternehmenssituation darstellen,[522] oder die für die Beurteilung der Kreditwürdigkeit des Schuldners erheblich sind.[523] Im Fall des Verheimlichens muss der Director die wirklichen geschäftlichen Verhältnisse der Kenntnis der Gläubiger oder des Insolvenzverwalters entziehen.[524] Beim Verschleiern der wirklichen Vermögensverhältnisse muss er diese durch ein irreführendes Verhalten verbergen.[525] Auch das Tatbestandsmerkmal des Erfordernisses des groben Widerspruchs zu einer ordnungsgemäßen Wirtschaft findet auf § 283 Abs. 1 Nr. 8 Var. 2 StGB Anwendung, da die Auffangfunktion der Vorschrift auf gravierende Eingriffe zu beschränken ist.[526]

Damit erscheint es durchaus möglich, das übersichtserschwerende (aktive) Führen und Verändern von Handelsbüchern i.S. des § 283 Abs. 1 Nr. 5 Var. 2 StGB und die Bilanzaufstellung i.S. des § 283 Abs. 1 Nr. 7a StGB unter die Tatbestandsvarianten des Verheimlichens oder Verschleierns der wirklichen geschäftlichen Verhältnisse zu subsumieren, sollten englische Handelsbücher geführt oder verändert bzw. Bilanzen nach englischem Recht in Vermögensübersicht erschwerender Art aufgestellt werden.

Obwohl dieses Ergebnis zunächst im Widerspruch zu den bei § 283 Abs. 1 Nr. 5-7 StGB ermittelten Ergebnissen zu stehen scheint,[527] ist hier auch kein Verstoß gegen den Parlamentsvorbehalt festzustellen, welcher der Strafbarkeit nach der Generalklausel des § 283 Abs. 1 Nr. 8 Var. 2 StGB grundsätzlich entgegenstünde. Anders als bei der untersuchten Ausfüllung der Blankettstraftatbestände des § 283 Abs. 1 Nr. 5-7 StGB mit englischem Handelsrecht wird i.R. des § 283 Abs. 1 Nr. 8 Var. 2 StGB eben kein Blankettmerkmal durch englisches Recht ausgefüllt, d.h. nicht der Verstoß gegen das englische Handelsrecht – so bei § 283 Abs. 1 Nr. 5-7 StGB gegen den Companies Act 2006 – bestraft, sondern vielmehr wird bei den (eher) deskriptiven Merkmalen des Verheimlichens oder Verschleierns von Vermögensverhältnissen, die tatsächli-

---

522 NK-StGB/*Kindhäuser*, § 283 Rn. 94; LK-StGB/*Tiedemann*, § 283 Rn. 172 f.

523 RGSt 38, 195, 199; MK-StGB/*Radtke*, § 283 Rn. 67.

524 RGSt 64, 138; vgl. SK-StGB/*Hoyer*, § 283 Rn. 94; NK-StGB/*Kindhäuser*, § 283 Rn. 95; *Lackner/Kühl*, § 283 Rn. 10.

525 SK-StGB/*Hoyer*, § 283 Rn. 95; NK-StGB/*Kindhäuser*, § 283 Rn. 95; *Lackner/Kühl*, § 283 Rn. 21.

526 *Lackner/Kühl*, § 283 Rn. 21; a.M. NK-StGB/*Kindhäuser*, § 283 Rn. 89; jeweils m.w.N.

527 Vgl. o. S. 136 ff.: Dort wurde wegen eines Verstoßes gegen den Parlamentsvorbehalt immerhin gegen die Möglichkeit der Ausfüllung der Blankettmerkmale durch englisches Handelsrecht plädiert.

che Kenntnisentziehung der wirklichen Vermögensverhältnisse, die sich unabhängig vom englischen Recht aus der falschen Buchführung ergibt, unter Strafe gestellt. Die Generalklausel hat der Gesetzgeber gerade geschaffen, um auch strafwürdige Fälle erfassen zu können, an die er bei der Einfügung der §§ 283 ff. StGB ins Gesetz noch nicht gedacht hat. Das Phänomen der EU-Scheinauslandskapitalgesellschaft mit COMI in Deutschland und der mit dem grundsätzlichen Ausschluss der persönlichen zivilrechtlichen Haftung der Gesellschafter und Geschäftsleiter verbundenen erhöhten Kriminalitätsanfälligkeit, kann durchaus ein solcher Fall bezeichnet werden.

Die Handlungsvarianten der Nummern 5-7 des § 283 Abs. 1 StGB, die ein aktives Tun voraussetzen, können damit nach der hier vertretenen Ansicht also über § 283 Abs. 1 Nr. 8 StGB erfasst werden. Es kommt hier nicht darauf an, ob den Director eine Pflicht aus englischen oder deutschen Rechnungslegungsvorschriften trifft, sondern ob er durch die Tathandlung die wirklichen geschäftlichen Vermögensverhältnisse der Limited verheimlicht oder verschleiert.

2. Verheimlichen oder Verschleiern durch Unterlassen

In der Praxis bedeutsamer ist allerdings das vollständige Unterlassen der Buchführung i.S. des § 283 Abs. 1 Nr. 5 Var. 2 StGB und das vollständige Unterlassen der Aufstellung der Bilanz des Vermögens oder des Inventars.[528]

a. Beschränkung des § 283 Abs. 1 Nr. 8 StGB auf aktives Tun

Nach einer Ansicht soll aus dem Wortlaut des § 283 Abs. 1 Nr. 8 StGB wegen des „Verheimlichens" und des „Verschleierns" folgen, dass die Strafnorm ein aktives Tun voraussetzt.[529] Damit könnte die Generalklausel der Nr. 8 für die oben behandelten echten Unterlassungsdelikte der Tatbestandsvarianten der Nr. 5 Var. 1 und Nr. 7b des § 283 Abs. 1 StGB keine „direkte" Auffangfunktion erfüllen. Erst in Zusammenschau mit § 13 StGB in Form eines unechten Unterlassungsdelikts könnte man zu einer Strafbarkeit des Limited-Directors wegen Verheimlichens der wirklichen geschäftlichen Verhältnisse der Limited

---

528 Vgl. insofern auch das AG Stuttgart, das sich nur mit § 283 Abs. 1 Nr. 5 (wohl Var. 1) und 7b StGB beschäftigt hat.
529 NK-StGB/*Kindhäuser*, § 283 Rn. 95; LK-StGB/*Tiedemann*, § 283 Rn. 155, 158, 171; jeweils m.w.N.

gelangen. Dass es sich bei allen Tathandlungen des § 283 Abs. 1 StGB nur um schlichte Tätigkeitsdelikte handelt, die keinen Erfolg i.e.S. voraussetzen, ist dabei unschädlich. Obwohl § 13 StGB verlangt, dass ein Erfolg eingetreten sein muss („Wer es unterlässt, einen Erfolg abzuwenden...")[530] könnten alle Tathandlungen des § 283 Abs. 1 StGB erfasst werden, da es sich zumindest um abstrakte Gefährdungsdelikte handelt.

Bei einem unechten Unterlassungsdelikt nach § 13 StGB muss jedoch zur Nichtvornahme der gebotenen und physisch-real möglichen Rettungshandlung, die mit an Sicherheit grenzender Wahrscheinlichkeit zur Verhinderung der Tatbestandsverwirklichung geführt hätte,[531] hinzukommen, dass der Täter rechtlich dafür einzustehen hat, dass der Erfolg nicht eintritt. Zusätzliche Voraussetzung für eine Strafbarkeit wegen unterlassener Buchführung oder unterlassener Aufstellung der Bilanz seines Vermögens oder des Inventars gemäß einem unechten Unterlassungsdelikt i.S. des § 283 Abs. 1 Nr. 8 Var. 2 StGB ist damit also eine Garantenpflicht gegenüber den Gläubigern,[532] deren grundsätzliche Notwendigkeit in Rspr. und Lehre weitgehend anerkannt ist.[533] Zwar ist die in § 13 Abs. 1 StGB enthaltene Formulierung unter dem Gesichtspunkt der gesetzlichen Bestimmtheit der Strafbarkeitsvoraussetzungen (Art. 103 Abs. 2 GG) eine „bedenklich offene" Formulierung,[534] das Bundesverfassungsgericht sieht das Bestimmtheitsgebot jedoch als gewahrt an.[535]

Voraussetzung für eine Garantenpflicht ist die sog. „Garantenstellung".[536] Eine Garantenstellung ist eine besondere Pflichtenstellung, welche die Rechtsprechung auf folgende – sich oftmals überschneidende –[537] Entstehungsgründe

---

530 BGHSt 38, 325, 328 (zu § 326 Abs. 1 Nr. 3 StGB); 46, 212 (zu § 130 StGB); NStZ 1997, 545 (zu § 326 Abs. 1 StGB); Bay OLG JR 1979, 289 mit krit. Anm. *Horn*; *Tenckhoff*, FS-Spendel, S. 347; a.M. LK-StGB/*Jescheck*, § 13 Rn. 14 und *ders.*, FS-Tröndle, S. 795.

531 *Lackner/Kühl*, Vor § 13 Rn. 12, 14.

532 *Rönnau*, ZGR 2005, 832, 851; allgemein zum unechten Unterlassungsdelikt *Lackner/Kühl*, § 13 Rn. 2 ff.

533 Aus dem Schrifttum expl.: *Gallas*, Studien zum Unterlassungsdelikt, 1989; *Herzberg*, Die Unterlassung im Strafrecht und das Garantenprinzip, 1972; *Jakobs*, Die strafrechtliche Zurechnung von Tun und Unterlassen, 1996; *Armin Kaufmann*, Die Dogmatik der Unterlassungsdelikte, 1959; *Schünemann*, Grund und Grenzen der unechten Unterlassungsdelikte, 1971; *Schöne*, Unterlassene Erfolgsabwendungen und Strafgesetz, 1974; *Vogel*, Norm und Pflicht bci den unechten Unterlassungsdelikten, 1993.

534 *Kühl*, § 18 Rn. 41.

535 BVerfG NJW 2003, 1030.

536 Zusf. *Schünemann*, ZStW 96 (1984), 287, 304; *Otto/Brammsen*, Jura 85, 530, 592, 646.

537 Vgl. *Arzt*, JA 1980, 647, 648 und *ders.* zum Verdienst der Rspr., BGH-FG, S. 755, 761.

zurückführt:[538] Sie kann sich danach aus Gesetz ergeben,[539] aus freiwilliger Übernahme,[540] aus Familien-, Lebens- oder Gefahrengemeinschaft[541] und schließlich aus sog. Ingerenz, d.h. aus pflichtwidrigem Vorverhalten.[542] Dass im Schrifttum schon die Kernfrage umstritten ist, aus welchen Grundgedanken die Garantenpflichten herzuleiten sind,[543] kann in diesem Rahmen nur kurz angesprochen werden. Orientierung bieten die sog. Entstehungsgründe (Rechtsquellen) der Garantenstellungen.[544]

Nach der vorherrschenden „funktionellen Zweiteilung"[545] gibt es zum einen Beschützergaranten mit Obhutspflichten für bestimmte Rechtsgüter, die ein bestimmtes Rechtsgut gegen Angriffe aus allen Richtungen zu beschützen haben, und zum anderen Überwachungsgaranten mit Sicherungspflichten in Bezug auf bestimmte Gefahrenquellen. Der Überwachungsgarant ist allen möglichen Betroffenen gegenüber verpflichtet zu verhindern, dass aus einer Gefahrenquelle eine Gefahr oder gar ein Schaden wird.[546] Zugrundegelegt werden sollen in der vorliegenden Arbeit jedoch die eben genannten konsensual anerkannten Fallgruppen der Garantenstellung, ohne dass es auf deren dogmatische Herleitung ankäme.

aa. Garantenpflicht i.S. des § 13 StGB aus deutschem Recht

In Betracht kommt für die etwaige Garantenstellung des Schuldners gegenüber seinen Gläubigern hinsichtlich des Führens von Handelsbüchern i.S. des § 13 StGB aus Gesetz zunächst eine Buchführungspflicht i.S. der § 283 ff. HGB. Dass diese deutschen Buchführungspflichten i.S. der §§ 238 ff. HGB jedoch die Limited nicht treffen, da dies mit der Niederlassungsfreiheit gemäß Artt.

---

538 Statt vieler vgl. die Darstellungen bei *Lackner/Kühl*, § 13 Rn. 7 ff. und S/S/*Stree*, § 13 Rn. 7 ff.
539 *Lackner/Kühl*, § 13 Rn. 8 m.w.N.
540 *Lackner/Kühl*, § 13 Rn. 9 m.w.N.
541 *Lackner/Kühl*, § 13 Rn. 10 m.w.N.
542 *Lackner/Kühl*, § 13 Rn. 11 m.w.N.
543 *Lackner/Kühl*, § 13 Rn. 11; vgl. auch *Otto/Brammsen*, Jura 1985, 530, 532, welche die verschiedenen Lehren zusammenfassen sowie NK-StGB/*Wohlers*, § 13 Rn. 30-37.
544 So *Lackner/Kühl*, § 13 Rn. 7-11.
545 Aus der Rspr. vgl. nur BGHSt 48, 77, 82 und 301; OLG Stuttgart, NJW 1998, 3131; *Kühl*, FS-Herzberg, S. 177, 185 und *Lackner/Kühl*, § 13 Rn. 12 m.w.N.; vgl. *Roxin*, AT II § 32 Rn. 6; krit. *Schlüchter*, FS-Salger, S. 139, 145 und SSW-StGB/*Kudlich*, § 13 Rn. 16.
546 *Kühl*, § 18 Rn. 45.

49, 54 AEUV nicht vereinbar wäre, wurde bereits gezeigt (vgl. S. 119). Die daraus resultierende Doppelbelastung der EU-Auslandsgesellschaft – Buchführungspflichten nach deutschem Recht einerseits und zusätzlich Buchführungspflichten nach englischem Recht – ließe sich nicht nach europarechtlichen Maßstäben rechtfertigen.

Damit kann auch eine Garantenstellung aus Gesetz nicht aus den §§ 238 ff. HGB für die Limited bzw. deren Director abgeleitet werden. Eine Garantenstellung i.s. des § 13 StGB kann sich ferner auch nicht aus den anderen genannten Rechtsquellen bzw. Entstehungsgründen (freiwillige Übernahme/Familien-, Lebens- oder Gefahrengemeinschaft/Ingerenz) ergeben. Im Ergebnis bleibt festzuhalten, dass sich eine Garantenstellung des Directors einer Limited i.s. einer Rechtspflicht zur Verhinderung der Tatbestandsverwirklichung durch Buchführung oder Bilanz- bzw. Inventaraufstellung i.S. des § 13 StGB nicht aus deutschem Recht ableiten lässt.

bb. Garantenpflicht i.s. des § 13 StGB aus englischem Recht

Die strafrechtliche Verantwortlichkeit für ein Unterlassen ist im englischen Recht ebenso wie im deutschen Recht nicht der Regelfall.[547] Neben einer Reihe von speziell geregelten begehungsgleichen echten Unterlassungsdelikten – z.B. für das Eltern-Kind-Verhältnis in Sec. 1 Children and Young Persons Act 1933 oder im Bereich des Straßenverkehrsrechts etwa in Sec. 6 (4) Road Traffic Act 1988 – kommt eine, der deutschen sehr ähnliche,[548] unechte Unterlassungsstrafbarkeit nach englischem Recht nur dann in Betracht, wenn eine Rechtspflicht zum Handeln (*duty to act*) besteht.[549]

Eine Garantenstellung aus englischem Recht i.s. einer allgemeinen Rechtspflicht zum Handeln gegenüber den Gläubigern der Limited ist kaum anzunehmen. Eine die Limited treffende Rechtspflicht könnte sich aber aus den englischen Bilanzierungs- und Buchführungsvorschriften ergeben. Dabei begegnet eine solche Ableitung der Garantenpflicht i.s. des § 13 StGB aus den englischen Bilanzierungs- und Buchführungsvorschriften – wie schon die Aus-

---

547 MK-StGB/*Freund*, § 13 Rn. 36; *Jescheck*, FS-Tröndle, S. 795, 801 ff.; Mansdörfer/*Paul*, S. 35 ff.; *Smith/Hogan*, S. 43 ff.
548 Mansdörfer/*Paul*, S. 36.
549 *Vogel*, GA 1998, 127, 140 m.w.N. in Fn. 83.

füllung der Blankettstraftatbestände des § 283 Abs. 1 Nr. 5-7 StGB – nicht unerheblichen Bedenken.[550]

Zunächst ist zu klären, ob ausländische Rechtsquellen grundsätzlich als Entstehungsgründe für eine Garantenstellung i.S. des § 13 StGB in Betracht kommen. Da sich die Rechtspflicht zur Erfolgsabwendung, von der § 13 StGB spricht, aus anderen Rechtsteilen ergibt, ist dazu zu untersuchen, welche Art der Verweisung bzw. verweisenden Akzessorietät § 13 StGB enthält. Um eine „direkte Verweisung", die nicht von einer Blankettvorschrift zu unterscheiden wäre, würde es sich handeln, wenn man diese Rechtspflicht mit dem Tatbestandsmerkmal der Garantenpflicht gleichsetzen würde, aus der sich u.a. die Strafbarkeit wegen eines unechten Unterlassungsdelikts ergibt.[551] Die Ausfüllung der Rechtspflicht, auf die § 13 StGB verweist, durch englisches Recht würde dann denselben Bedenken begegnen wie im Zusammenhang der Ausfüllung des § 283 Abs. 1 Nr. 5-7 StGB, also dem Problem, ob eine Heranziehung ausländischen Rechts mit dem Bestimmtheitsgebot des Art. 103 Abs. 2 GG, § 1 StGB vereinbar ist.

Da jedoch die rechtlichen Handlungspflichten nicht gleichzusetzen sind mit den Garantenpflichten, sondern vielmehr einen Teil der Garantenstellung darstellen, also nur als Voraussetzung der Garantenpflicht zu bewerten sind,[552] ist § 13 StGB nicht als Blankettstraftatbestand zu sehen, bei dem die Ausfüllung der rechtlichen Handlungspflicht nur anhand deutschen Rechts vorgenommen werden darf. Vielmehr stellt sich die Frage, ob bei einer im Ausland begangenen unterlassenen Buchführung – die Limited hat es immerhin im Sitzstaat unterlassen, ihre Bücher zu führen – auch das rechtliche Handlungsgebot der fremden Rechtsordnung die Rechtspflicht i.S. des § 13 StGB darstellen kann.[553] Der Verweis auf die Rechtspflicht in § 13 StGB, den Erfolgseintritt zu verhindern, ist als sog. „indirekte Akzessorietät"[554] weder eine ausdrückliche noch eine stillschweigende Verweisung auf ein anderes Rechtsgebiet.

So wurde von *Liebelt* vertreten,[555] die Frage, ob ein Deutscher im Ausland eine Garantenstellung inne hat und damit von einer Garantenpflicht getroffen

---

550 Ausführlich *Cornils*, S. 31 ff.; bejahend *Liebelt*, S. 243 f. und *Jescheck/Weigend*, S. 164.
551 *Cornils*, S. 33; *Schöne*, S. 329.
552 *Herzberg*, S. 209; *Kaufmann*, S. 284.
553 Vgl. *Cornils*, S. 34.
554 *Cornils*, S. 12.
555 *Liebelt*, S. 243, 244.

wird, könne bei einer Anknüpfung der Strafbarkeit über die – bei Auslandstaten von Deutschen gemäß § 7 Abs. 2 Nr. 1 StGB vorherrschende[556] – eingeschränkte aktive Personalitätsmaxime „allein" von den Rechtsnormen des Tatorts beantwortet werden. Ein vermittelnder Ansatz meint,[557] die Begründung der Garantenstellung müsse sich nicht zwangsläufig aus der deutschen Rechtsordnung ergeben, sondern könne sich „auch" nach den am Tatort, an dem fremdes Recht gilt, vorherrschenden Vorstellungen über die Garantenstellung und der daraus resultierenden Pflicht ergeben. Der Tatort ist hier sowohl nach deutschem als auch nach englischem internationalem Strafrecht der Gründungsstaat der Limited, da nach § 9 StGB eine Tat an jedem Ort begangen ist, an dem der Täter im Falle des Unterlassens hätte handeln müssen. Hier hätte der Director in England seinen gesellschaftsrechtlichen Pflichten gemäß Sec. 386 ff. CA 2006 nachkommen müssen. Damit ist auch der nach englischem Recht vorausgesetzte wesentliche Bestandteil der Tat in England gelegen und insofern englisches Recht anwendbar.

In Betracht könnte nach dieser Ansicht hier also eine Strafbarkeit des Limited-Directors wegen Verheimlichens oder Verschleierns der wirklichen geschäftlichen Verhältnisse durch Unterlassen gemäß § 283 Abs. 1 Nr. 8 Var. 2 i.V.m. § 13 StGB kommen, wenn er es unterlässt, Handelsbücher zu führen, zu deren Führung er nach englischem Handelsrecht verpflichtet ist. Dabei ist aber zu beachten, dass die Buchführungspflichten zunächst die juristische Person Limited treffen, insofern also diese Pflicht wiederum auf den Director übergewälzt werden müsste. Insbesondere problematisch ist, ob die Garantenpflicht bei unechten Unterlassungsdelikten tat- oder täterbezogen ist. Denn gemäß § 14 StGB lassen sich nur sog. besondere persönliche Merkmale überwälzen. Die besonderen persönlichen Merkmale des § 14 StGB sind mit denen des § 28 StGB zwar nicht gleichbedeutend,[558] jedoch kann auch die Garantenstellung der Limited nur auf ihren Vertreter angewendet werden,[559] wenn sie als besonderes persönliches Merkmal angesehen wird.

---

556 BGH NStZ-RR 2000, 208.
557 Dafür *Cornils*, S. 38; *Jescheck/Weigend*, S. 164; zu Recht krit. *Rönnau*, ZGR 2005, 832, 851; ablehnend für den Rechtfertigungsgrund des § 127 StPO, OLG Köln MDR 1973, 688.
558 *Lackner/Kühl*, § 14 Rn. 9, § 28 Rn. 3: „Ihr sachlicher Gehalt ist noch nicht abschließend geklärt" m.w.N.; vgl. auch *Bruns*, GA 1982, 1, 13; 110; SK-StGB/*Hoyer*, § 14 Rn. 27; S/S/*Lenckner/Perron*, § 14 Rn. 8.
559 Dazu o. S. 38 ff.

Für § 28 Abs. 1 StGB wird zum einen angenommen, dass die Garantenstellung ein täterbezogenes Merkmal und damit ein besonderes persönliches Merkmal sei.[560] Die Garantenpflicht unterscheide sich strukturell nicht von den Pflichten des Amtsträgers oder des Täters der Untreue, die wie der Unterlassungstäter Garanten der ihnen anvertrauten Güter seien.[561] Darüber, dass diese als besondere persönliche Merkmale zu sehen sind, besteht Einigkeit. Dagegen wendet sich zwar ein Teil des Schriftums,[562] welcher die Garantenstellung als tatbezogen ansieht, mit gewichtigen Argumenten, da die Garantenpflicht (als eines von zwei Gleichstellungskriterien) die Bedeutung habe, positives Tun und Unterlassen bei der Zurechnung des tatbestandsmäßigen Erfolgs gleichzustellen. Sie diene nur zur Einschränkung des Täterkreises, welcher für die Tat in Betracht kommt und sei daher als tatbezogen zu sehen. Die Garantenstellung der Limited gegenüber ihren Gläubigern könnte damit nicht auf den Limited-Director übertragen werden.

Jedoch trägt der Garant der unechten Unterlassungsdelikte vielfach die Verantwortung für einen bestimmten Lebensbereich, seine Haftung beruht häufig auf einer vorstrafrechtlichen Sonderpflicht mit einem starken persönlichen Einschlag.[563] Garantenstellungen umschreiben gerade nicht ein strafrechtliches Jedermann-Gebot, sondern gelten für einen Personenkreis, der durch individuelle Merkmale gekennzeichnet ist, und sind deshalb beim unechten Unterlassungsdelikt als täterbezogene Merkmale zu sehen.[564]

Damit erscheint im vorliegenden Fall bei der Bewertung der Garantenstellung als täterbezogenes – und damit als besonderes persönliches – Merkmal eine Überwälzung der aus der englischen Buchführungspflicht der Limited gemäß Sec. 386 ff. CA 2006 entstehenden Garantenstellung i.S. des § 13 Abs. 1 StGB auf den Director grundsätzlich möglich.

Gegen dieses „Konstrukt" könnten sich jedoch wiederum Bedenken hinsichtlich des Parlamentsvorbehalts ergeben. Denn eine Strafbarkeit des Limited-Directors wegen unterlassener Buchführung nach § 283 Abs. 1 Nr. 8 Var. 2 i.V.m. § 13 Abs. 1 StGB würde wiederum einen Verstoß gegen die englischen Buchführungspflichten gemäß Sec. 386 ff. CA 2006 erfordern. Dennoch wäre

---

560 *Arzt*, JA 1980, 553, 557; *Fischer*, § 28 Rn. 6.
561 Vgl. LK-StGB/*Roxin*, 11. Aufl., § 28 Rn. 64.
562 S/S/*Cramer/Heine*, § 28 Rn. 19; *Lackner/Kühl*, § 28 Rn. 6.
563 BGHSt 41, 1, 4, 5; vgl. zur Streitdarstellung auch SSW-StGB/*Murmann*, § 28 Rn. 8.
564 Vgl. *Hinderer*, JA 2009, 25, 27 f. m.w.N.

kein solcher Verstoß gegen den Parlamentsvorbehalt anzunehmen. Zum einen würde nicht ein Blankettstraftatbestand durch englisches Recht erweitert werden, ohne dass dies vom Gesetzgeber vorausgesehen wurde bzw. gewollt war. Zum anderen kann nach ganz h.M. nicht der gleiche Maßstab im Allgemeinen Teil des StGB angelegt werden wie im Bereich des Besonderen Teils des StGB.

b. Keine Beschränkung des § 283 Abs. 1 Nr. 8 StGB auf aktives Tun

Ob jedoch tatsächlich § 13 Abs. 1 StGB zu bemühen ist, ist fraglich. Denn für eine Beschränkung der Generalklausel des § 283 Abs. 1 Nr. 8 StGB auf aktives Tun spricht gerade nicht der Wortlaut dieser Norm. Ein Verheimlichen i.S. des § 283 Abs. 1 Nr. 8 StGB soll vielmehr gleichbedeutend mit der Nummer 1 des § 283 Abs. 1 StGB sein. Danach kann ein Verheimlichen aber auch durch Unterlassen bei pflichtwidriger Verletzung einer Auskunfts- oder Anzeigepflicht verwirklicht werden.[565] Die Buchführungspflicht lässt sich als Auskunfts- oder Anzeigepflicht verstehen, stellt sie doch die kodifizierte Pflicht zur regelmäßigen „schriftlichen Auskunftserteilung" gegenüber den Gläubigern dar.

Damit kann § 283 Abs. 1 Nr. 8 Var. 2 StGB auch auf die Fälle der unterlassenen Buchführung des Directors einer Limited erstreckt werden. Wird durch § 283 Abs. 1 Nr. 5 Var. 1 StGB und § 283 Abs. 1 Nr. 7b StGB nach der hier vertretenen Ansicht nur das deutsche Handelsrecht geschützt, bewehrt hingegen auch § 283 Abs. 1 Nr. 8 Var. 2 StGB nicht die Verletzung der englischen Rechnungslegungsvorschriften gemäß Sec. 386 ff. CA 2006 mit Strafe, sondern vielmehr die tatsächliche Kenntnisentziehung der wirklichen Vermögensverhältnisse, die sich unabhängig vom englischen Recht aus der unterlassenen Buchführung ergibt. Anders als bei einer – hier abgelehnten – Ausfüllung der Blankettstraftatbestände des § 283 Abs. 1 Nr. 5 Var. 1 und 7b StGB mit englischem Handelsrecht wird i.R. des § 283 Abs. 1 Nr. 8 Var. 2 StGB auch im Fall des Unterlassens kein Blankettmerkmal durch englisches Recht ausgefüllt.

---

565 SSW-StGB/*Bosch*, § 283 Rn. 6, 32; *Lackner/Kühl*, § 283 Rn. 10; MK-StGB/*Radtke*, § 283 Rn. 18, 67.

III. Keine unzulässige Einschränkung der Niederlassungsfreiheit

Nach den hier vorgestellten drei Möglichkeiten zur Restriktion der Reichweite der Niederlassungsfreiheit der Artt. 49, 54 AEUV – Übertragung der „Keck"-Formel, Begrenzung auf das Diskriminierungsverbot und modifizierter „Vier-Konditionen-Test" – ist davon auszugehen, dass die Strafandrohung durch § 283 Abs. 1 Nr. 8 StGB im Fall der Verletzung der ihm nach englischem Recht obliegenden Buchführungspflichten durch den Director einer Limited mit COMI in Deutschland keine gemeinschaftsrechtswidrige Beschränkung der Niederlassungsfreiheit von EU-Scheinauslandsgesellschaften darstellt.

Hingegen dürfte auch nach dem oben vorgestellten zu weiten Verständnis der Niederlassungsfreiheit auch § 283 Abs. 1 Nr. 8 StGB nur teilweise nach dem strengen „Vier-Konditionen-Test" des EuGH gerechtfertigt werden können, da sich die Erforderlichkeit für die Strafbarkeit im Fall der bloßen Zahlungseinstellung nur schwer begründen lässt. Zwar stellt Sec. 206 (1) (c), (d) und (e) IA 1986 die Verletzung der Buchführungspflichten in einem sehr weiten Sinn unter Strafe, jedoch ist Sec. 206 IA 1986 – wie ebenfalls gezeigt – auf die Tatsituation des *winding up* begrenzt und die bloße Zahlungseinstellung im Gegensatz zu § 283 Abs. 1 StGB nicht ausreichend, weswegen die Erforderlichkeit der Erweiterung der Tatsituation im Hinblick auf das englische Recht kaum zu begründen ist.

IV. Ergebnis für § 283 Abs. 1 Nr. 8 StGB

Die in den Nr. 5-7 des § 283 Abs. 1 StGB normierten Verstöße können von der Generalklausel des § 283 Abs. 1 Nr. 8 Var. 2 StGB erfasst werden. Damit erscheint es durchaus möglich, dass der Generalklausel des § 283 Abs. 1 Nr. 8 StGB in der Praxis in Zukunft wohl – bleibt es bei der jetzigen Gesetzeslage – eine größere Bedeutung zukommen wird.[566]

---

566 Zu möglichen Gründen LK-StGB/*Tiedemann*, § 283 Rn. 155.

F. § 283 Abs. 2-5 StGB und §§ 283a-283d StGB

Sofern die weiteren Tatbestandsvarianten der §§ 283 ff. StGB keinen Verweis auf das – nach der hier vertretenen Ansicht deutsche – Handelsrecht enthalten, kann der Limited-Director sie tatbestandlich erfüllen. Ein ungerechtfertigter Verstoß gegen die Niederlassungsfreiheit der Artt. 49, 54 AEUV ist nach der hier vertretenen Ansicht nicht zu sehen.

Unbedenklich strafbar ist daher also auch die Herbeiführung der Überschuldung oder Zahlungsunfähigkeit gemäß § 283 Abs. 2 StGB durch eine in Absatz 1 bezeichnete Handlung,[567] mit Ausnahme der in § 283 Abs. 1 Nr. 5-7 StGB bezeichneten Handlungen. Auch die in § 283 Abs. 3 StGB geregelte Versuchsstrafbarkeit ist für den Limited-Director möglich. Ebenso begegnet nach der hier vertretenen Ansicht die strafrechtliche Fahrlässig- bzw. Leichtfertigkeitshaftung des § 283 Abs. 4 StGB, mit Ausnahme der in Nummern 5-7 des § 283 Abs. 1 StGB bezeichneten Handlungen, keinen durchgreifenden Bedenken. Für § 283 Abs. 5 StGB gilt dasselbe.

Die beiden Regelbeispiele des besonders schweren Falls des Bankrotts gemäß § 283a Nr. 1 und Nr. 2 StGB, die i.R. der Strafzumessung zu berücksichtigen sind,[568] gelten auch für den Limited-Director.

§ 283b StGB findet auf den Limited-Director wegen des Verweises auf das Handelsrecht, das nach der hier vertretenen Ansicht nur deutsches Handelsrecht sein kann, wie oben gezeigt keine Anwendung. Da § 283b StGB auch keine dem § 283 Abs. 1 Nr. 8 StGB vergleichbare Generalklausel enthält, kann sich der Limited-Director nach der geltenden Gesetzesfassung nicht wegen Verletzung der Buchführungspflicht gemäß § 283b StGB strafbar machen.

Der Strafbarkeit wegen Gläubigerbegünstigung gemäß § 283c StGB steht hingegen wiederum nach der hier vertretenen Ansicht nicht die Niederlassungsfreiheit der Artt. 49, 54 AEUV entgegen. Die Schuldnerbegünstigung gemäß § 283d StGB stellt ohnehin eine Ausnahme dar, da die Vorschrift die Gesamtheit der Gläubiger vor einer Verringerung der Aktivmasse durch Eingriffe schützt, die nicht vom Schuldner, sondern mit seiner Einwilligung oder zu seinen Gunsten von Dritten ausgehen.[569]

---

567 Frankfurt NStZ 1997, 551 mit krit. Bespr. *Krause*, NStZ 1999, 161; *Lackner/Kühl*, § 283 Rn. 22 sowie vor § 13 Rn. 9 ff.
568 *Lackner/Kühl*, § 283a Rn. 1, § 46 Rn. 6-21.
569 *Lackner/Kühl*, § 283d Rn. 1.

3. Kapitel: Untreue (§ 266 StGB)

Obwohl im Rahmen der §§ 283 ff. StGB hinsichtlich der Überwälzung des Schuldnermerkmals nach § 14 StGB gezeigt wurde, dass der BGH dazu neigt, die „Interessenformel" aufzugeben, muss im Folgenden der Vollständigkeit wegen die Möglichkeit der Strafbarkeit des Directors einer Limited wegen Untreue gemäß § 266 StGB untersucht werden. In den Fällen, in denen die Interessentheorie des BGH einer Strafbarkeit des Organs bzw. des Beauftragten einer juristischen Person gemäß §§ 283 ff. StGB entgegenstand – das Schuldnermerkmal konnte mangels Handelns „als" Vertreter nicht gemäß § 14 StGB übergewälzt werden – erlangte § 266 StGB nach Ansicht des BGH und der h.M. in der Literatur zumindest eine „indirekte" Gläubigerschutzfunktion. Eine Strafbarkeit des Vertreters wegen Bankrotts durch Schmälerung der Insolvenzmasse in einer Krise durch eine der in § 283 Abs. 1 StGB genannten Handlungen war davon abhängig, ob das Handeln des Vertreters im Interesse des Inhabers des betroffenen Vermögens erfolgte. Anderenfalls verblieb „lediglich" die Möglichkeit einer Strafbarkeit des Vertreters wegen Untreue gemäß § 266 StGB – freilich zum Nachteil des von ihm zu betreuenden Vermögens.[570]

A. Tatbestandsimmanente Beschränkung und internationales Strafrecht

Da die Untreue gemäß § 266 StGB nach ganz h.M. ein Vermögensdelikt darstellt,[571] weist auch sie keine tatbestandsimmanente Begrenzung auf einen rein inländischen Rechtsgüterschutz auf. Ebenso gelangt die Untreue i.S. des § 266 StGB nach dem deutschen internationalen Strafrecht gemäß § 3 i.V.m. § 9 StGB generell zur Anwendung auf Directors in Deutschland ansässiger Limiteds, sofern die Tathandlung im deutschen Inland begangen worden ist. Für die hier zugrundegelegte Konstellation der EU-Scheinauslandsgesellschaft mit

---

570 Aus der Rspr. vgl. nur: BGHSt 28, 371, 372; 30, 127; 34, 221; vgl. MK-StGB/*Radtke*, § 14 Rn. 59; krit. LK-StGB/*Schünemann*, § 14 Rn. 51; für eine Rechtsprechungsänderung der 3. Strafsenat des BGH NJW 2009, 225 m. Anm. *Link*.

571 H.M.; vgl BGHSt 43, 293, 297; NK-StGB/*Kindhäuser*, § 266 Rn. 1; *Lackner/Kühl*, § 266 Rn. 1; LK-StGB/*Schünemann*, § 266 Rn. 28; eingehend *Schramm*, S. 24 ff.

COMI in Deutschland wird der Tatort der beiden Handlungsvarianten des § 266 Abs. 1 StGB regelmäßig in Deutschland liegen, was eine Anwendbarkeit der deutschen Strafrechtsnorm des § 266 StGB nach sich zöge.

B. Tatbestandsvoraussetzungen des § 266 StGB

§ 266 StGB enthält zwei Handlungsvarianten zum Schutz des Vermögens – namentlich den Missbrauchstatbestand gemäß § 266 Abs. 1 Var. 1 StGB und den Treubruchstatbestand gemäß § 266 Abs. 1 Var. 2 StGB.[572] Beide Tatbestände setzen als tauglichen Täter einen dem Vermögensträger gegenüber Treuepflichtigen voraus, wobei die Treuepflicht auf einem rechtlichen oder tatsächlichen Verhältnis beruhen kann.[573] Diese auch sog. Vermögensbetreuungspflicht muss der Täter verletzen und dadurch dem fremden Vermögen, welches ihm anvertraut ist, einen Schaden zufügen. Da sich die Treuepflichten[574] i.R. der Untreue regelmäßig aus dem vorgelagerten Zivil- bzw. Gesellschaftsrecht[575] ergeben und damit zur Ausfüllung des Merkmals „Vermögensbetreuungspflicht" andere Rechtsvorschriften herangezogen werden müssen, enthält also auch § 266 StGB eine Verweisung bzw. eine verweisende Akzessorietät, die der dogmatischen Einordnung bedarf. Daran schließt sich die Frage an, ob die maßgeblichen Regelungen für die inhaltliche Ausfüllung dem deutschen Recht oder dem Recht des Gründungsstaats zu entnehmen sind. Sollte der Limited-Director grundsätzlich alle Tatbestandsmerkmale des § 266 StGB erfüllen können, ist zu klären, ob die Anwendung des § 266 StGB auf den Director einer Limited mit der Niederlassungsfreiheit der Artt. 49, 54 AEUV vereinbar ist.

---

572 Vgl. *Lackner/Kühl*, § 266 Rn. 5-15; SSW-StGB/*Saliger*, § 266 Rn. 6 ff.; SK-StGB/*Samson/Günther*, § 266 Rn. 3-5.

573 *Lackner/Kühl*, § 266 Rn. 2; *Radtke/Hoffmann*, GA 2008, 535, 537; SSW-StGB/*Saliger*, § 266 Rn. 12; eingehend *Schramm*, S. 34.

574 Ausführlicher zur Qualität der Vermögensbetreuungspflichten S/S/*Lenckner/Perron*, § 266 Rn. 23 ff.; LK-StGB/*Schünemann*, § 266 Rn. 73 ff., alle m.w.N.

575 Vgl. nur BGHSt 47, 295, 297; aus der Lit. *Radtke/Hoffmann*, GA 2008, 535 ff. und *Tiedemann*, FS-Tröndle, S. 319, 326.

I. Vermögensbetreuungspflicht aus deutschem Recht

Ob die Vermögensbetreuungspflicht i.S. des § 266 StGB auch im Hinblick auf das Verhältnis von Limited und ihrem Director durch deutsches Recht ausgefüllt werden kann, ist zunächst zu klären.

Dass der Geschäftsführer „seiner" deutschen GmbH gegenüber vermögensbetreuungspflichtig ist, ergibt sich in erster Linie aus seiner Pflichtenstellung i.S. der §§ 35, 43 Abs. 2 GmbHG.[576] Der BGH hat dies dahingehend konkretisiert, dass dem Organ bzw. Beauftragten einer Gesellschaft bei den Entscheidungen, die er in Ausfüllung dieser Pflichten getroffen hat, zwar ein weiter Ermessensspielraum zuzubilligen ist, eine Verletzung gesellschaftsrechtlicher Pflichten und damit eine Pflichtwidrigkeit i.S. des § 266 StGB jedoch dann vorliegt, sollten die äußersten Grenzen unternehmerischer Entscheidungsfreiheit überschritten und damit eine Hauptpflicht gegenüber dem zu betreuenden Unternehmen verletzt worden sein.[577]

Für Einwilligungen des Treugebers, die im Missbrauchstatbestand den Missbrauch der Verfügungsbefugnis und im Treubruchstatbestand die Pflichtverletzung ausschließen,[578] sind die Grenzen bei solchen Handlungen des Täters zu finden, die nach dem Gesellschaftsrecht zum Schutz des Vermögensbestandes unzulässig sind oder die Existenz der juristischen Person gefährden wie z.B. die Kapitalerhaltungsvorschrift des § 30 GmbHG. Der 2. Zivilsenat des BGH hat im Jahr 2001 in diesem Zusammenhang in der „Bremer Vulkan"-Entscheidung richtungsweisende Grundsätze über die Haftung wegen eines sog. existenzvernichtenden Eingriffs entwickelt.[579] Danach soll sich der Schutz einer [...] GmbH gegenüber Eingriffen ihres Alleingesellschafters [...] auf die Erhaltung ihres Stammkapitals im Sinne der §§ 30 f. GmbHG sowie auf die Gewährleistung des Bestandsschutzes der Gesellschaft beschränken. Das bedeutet, dass ein Alleingesellschafter bei Eingriffen in das Vermögen und die

---

576 BGH MDR 1979, 456; BGH wistra 1993, 301; OLG Hamm NStZ 1986, 119; vgl. MK-StGB/ *Radtke*, § 266 Rn. 79.

577 BGHSt 47, 148, 150; 47, 187, 195; BGH NStZ 2006, 221, 222; vgl. dazu *Schünemann*, NStZ 2005, 473, 475; *Beckemper*, NStZ 2002, 324, 326.

578 Vgl. BGH NJW 2000, 154, anders noch BGHSt 9, 203, 216; MK-StGB/*Dierlamm*, § 266 Rn. 129; zu den Wirksamkeitsvoraussetzungen des tatbestandsausschließenden Einverständnisses eingehend *Schramm*, S. 74.

579 BGHZ 149, 10, 16; dazu *Radtke/Hoffmann*, GA 2008, 535, 542 ff. und *Schramm*, S. 112, 121, 159.

Geschäftschancen der Gesellschaft angemessene Rücksicht auf die Belange zu nehmen hat, die seiner Disposition entzogen sind. Konkretisierend stellt der BGH fest, dass es „an einer solchen angemessenen Rücksichtnahme auf die Eigenbelange der abhängigen GmbH" fehle, „wenn diese infolge der Eingriffe ihres Alleingesellschafters ihren Verbindlichkeiten nicht mehr nachkommen kann ([...])."[580]

Handlungen dieser Art bleiben dann regelmäßig missbräuchlich bzw. pflichtwidrig i.S. des § 266 StGB.[581] *Radtke* führt insofern zutreffend aus, es könne für inländische Gesellschaften festgehalten werden: „Untreuestrafrechtlich pflichtwidriges Handeln von Organen inländischer Gesellschaften setzt eine gravierende Verletzung von Organpflichten des inländischen Gesellschaftsrechts voraus. Gleichzeitig hängen auch die strafrechtlichen Konsequenzen einer Zustimmung der Anteilseigner zu einer bestimmten Disposition von (inländischen) gesellschaftsrechtlichen Vorgaben ab".[582] Damit ist zunächst aber nur eine Aussage darüber getroffen, nach welchem nationalen Recht sich die Pflichten des Geschäftsführers einer deutschen GmbH richten.

Dass sich für den Geschäftsleiter einer EU-Auslandsgesellschaft diese Vermögensbetreuungspflichten jedoch grundsätzlich nach dem Gesellschaftsrecht bzw. den gesellschaftsrechtlichen Vorgaben des Herkunftsstaates – im Fall der Limited also nach englischem Recht – bestimmen, ergibt sich wiederum *sub specie* der bisherigen Rechtsprechung des EuGH (u.a. „Centros", „Überseering" und „Inspire Art") aus der Niederlassungsfreiheit der Artt. 49, 54 AEUV und der daraus geschlussfolgerten „gesellschaftsrechtlichen Kollisionsnorm": Eine EU-Auslandsgesellschaft ist auch im Zuzugsstaat grundsätzlich nach ihrem Gründungsrecht zu behandeln.

Für die Fälle der Existenzvernichtungshaftung des Directors gegenüber „seiner" Limited finden sich bereits zivilrechtliche Urteile, so unter anderem zu § 11 GmbHG. Nach Ansicht des BGH richtet sich „die Haftung des Geschäftsführers für rechtsgeschäftliche Verbindlichkeiten einer [...] *private limited company* mit tatsächlichem Verwaltungssitz in der Bundesrepublik Deutsch-

---

580   BGHZ 149, 10, 16.
581   BGHSt 34, 379; einschr. BGHSt 35, 333; BGH NStZ 1995, 185; BGH NJW 2000, 154 und 2003, 2996, 2998; krit. zur Rspr. *Achenbach*, BGH-FG IV, S. 596; *Gribbohm*, ZGR 1990, 1 ff.; a.M. *Arloth*, NStZ 1990, 570; *Nelles*, S. 229, 553; *Birkholz*, S. 84, 151; *Schramm*, S. 113, 122 zu entsprechenden Reformvorschlägen; *Radtke*, GmbHR 1998, 311, 365; *Zieschang*, FS-Kohlmann, S. 351.
582   *Radtke*, GmbHR 2008, 729, 732.

land [...] nach dem am Ort ihrer Gründung geltenden Recht."[583] Anderes mag
für die zivilrechtliche Durchgriffshaftung des Limited-Directors gelten, hat
doch das LG Kiel im Jahr 2006 entschieden, dass sich Ansprüche von Gläubigern einer englischen Limited wegen existenzvernichtenden Eingriffs, Unterkapitalisierung und Insolvenzverschleppung bei Geschäftstätigkeit in Deutschland auch nach deutschem Recht richten können.[584]

Im Ergebnis ist festzuhalten, dass das Merkmal der untreuestrafrechtlichen
Pflichtwidrigkeit des Directors gegenüber „seiner" Limited durch die Anforderungen, die sich aus dem englischen Gesellschaftsrecht ergeben, auszufüllen
ist. Deutsches Gesellschaftsrecht findet hingegen grundsätzlich keine Anwendung.[585]

II. Vermögensbetreuungspflicht aus englischem Recht

Strafbar wegen Untreue gemäß § 266 StGB könnte sich der Limited-Director
demnach nur machen, wenn § 266 StGB auch die Verletzung einer Pflicht aus
dem englischen Gesellschaftsrecht unter Strafe stellt. *Schlösser* spricht „bild-
lich" von einer „(Sanktions-)Hülle" des § 266 StGB, „deren Inhalt durch englisches Gesellschaftsrecht ausgefüllt wird".[586]

Dabei ist zunächst zu untersuchen, woraus sich nach englischem Recht die
Vermögensbetreuungspflicht ergeben könnte. Sodann muss sich dem Problem
der Fremdrechtsanwendung i.R. des § 266 StGB zugewendet werden. Namentlich muss das Merkmal der Vermögensbetreuungspflicht bzw. die Pflichtwidrigkeit als Blankettmerkmal oder normatives Tatbestandsmerkmal eingeordnet
werden. Schließlich ist zu klären, ob die Ausfüllung des Merkmals mit ausländischem Recht mit dem Gesetzlichkeitsprinzip i.S. des Art. 103 Abs. 2 GG
bzw. des § 1 StGB vereinbar ist.

---

583 BGH NJW 2005, 1648.
584 LG Kiel DZWIR 2006, 390.
585 H.M.: BGH ZIP 2010, 1233 mit Anm. *Bittmann*, wistra 2010, 303 ff., *Beckemper*, ZJS 2010,
     554 ff. und *Schramm/Hinderer*, ZIS 2010, 494 ff.; vgl. schon *Radtke*, GmbHR 2008, 729,
     734; *Riegger*, ZGR 2004, 510, 526; *Rönnau*, ZGR 2005, 832, 838; *Worm*, S. 115.
586 *Schlösser*, wistra 2006, 81, 86.

1. Einschlägiger Pflichtenkatalog, Sec. 171 ff. CA 2006

Bis zur Neuregelung des Companies Act 2006 traf die Directors hauptsächlich eine Reihe unkodifizierter Treuepflichten gegenüber der Limited, die sog. *fiduciary duty*. Danach musste der Director der Limited zum einen die Befugnisse, die ihm eingeräumt wurden, redlich und im guten Glauben ausüben *(duty to act in good faith and bona fide in the interest of the company)* sowie bei der Ausübung die ihm obliegende Sorgfalt und Gewissenhaftigkeit beachten *(duty of skill and care)*.[587] In den Sec. 171 ff. CA 2006 findet sich nunmehr ein ganzer Pflichtenkatalog.[588]

Sec. 171 CA 2006 *(duty to act within powers)* kodifiziert den schon bisher geltenden *ultra vires*-Grundsatz, also den allgemeinen Grundsatz, dass der Director nur in Übereinstimmung mit der *companies constitution* handeln und seine Befugnisse nur für die Zwecke ausüben darf, wofür sie ihm gewährt worden sind.[589] Überschreitet der Director seine ihm zustehenden Befugnisse – z.B. bei einer wirksamen Verpflichtung der Limited gegenüber dem gutgläubigen Geschäftspartner –, haftet er der Gesellschaft auf Schadensersatz.

Die Vorschrift Sec. 172 CA 2006 kodifiziert den Teil der Treuepflichten *(fiduciary duties)* des Directors, die ihm eingeräumten Befugnisse redlich und im guten Glauben auszuüben *(duty to promote the success of the company)*. Der Director hat danach die Pflicht, nach Treu und Glauben so zu handeln, dass seine Tätigkeit den Erfolg der Gesellschaft zu Gunsten der Gesamtheit der Gesellschafter am wahrscheinlichsten fördert und muss bei der Ausübung dieser Tätigkeit unter anderem folgendes beachten: (a) die voraussichtlichen langfristigen Konsequenzen jeder Entscheidung, (b) die Interessen der Arbeitnehmer der Gesellschaft, (c) die Notwendigkeit der Förderung und Pflege des Verhältnisses der Gesellschaft zu Lieferanten, Kunden und sonstigen Personen, (d) die Auswirkungen der betrieblichen Tätigkeit der Gesellschaft auf das Gemeinwesen und die Umwelt, (e) das wünschenswerte Ziel, dass die Gesellschaft ein gutes Ansehen in Bezug auf ihre Geschäftstätigkeit bewahrt, (f) die Notwendigkeit, die Gesellschafter fair und gleich zu behandeln.[590]

---

587 Vgl. zur alten Rechtslage des CA 1985: *Just*, 2. Auflage, 2006, Rn. 157 ff.; *Maul/Schmidt*, BB 2003, 2297, 2298, 2299.
588 Vgl. *Just*, Rn. 158; ausführlich *Ladiges/Pegel*, DStR 2007, 2069 ff.
589 *Ladiges/Pegel*, DStR 2007, 2069, 2071.
590 Vgl. *Ladiges/Pegel*, DStR 2007, 2069, 2071, 2072.

Die Pflicht des Directors zur unabhängigen Entscheidungsfindung und Beurteilung gemäß Sec. 173 CA 2006 (*duty to exercise independent judgement*) dürfte für den vorliegenden Fall keine Rolle spielen. Anderes gilt für die – bereits früher als sog. *fiduciary duty* unkodifiziert geltende – Pflicht des Directors, die Geschäfte der Limited mit der angemessenen Sorgfalt und nach bestem Wissen und Gewissen zu führen (*duty to exercise reasonable care, skill and diligence*), die im CA 2006 in Sec. 174 kodifiziert wurde. Maßgeblich ist dabei nunmehr, welche objektive Sorgfalt von einer Person in der Position eines Directors erwartet werden kann.[591] Gemäß Sec. 175 CA 2006 (*duty to avoid conflicts of interest*) hat der Director die Pflicht, grundsätzlich Situationen zu vermeiden, in denen seine persönlichen Interessen in direkter oder in indirekter Weise mit denen der Gesellschaft kollidieren oder kollidieren könnten. Sec. 176 (1) CA 2006 (*duty not to accept benefits from third parties*) enthält ferner das Verbot für den Director, Leistungen anzunehmen, die ihm von Dritten anlässlich seiner Stellung als Director oder für das Ausüben bzw. Unterlassen einer Tätigkeit als Director erbracht werden. Gemäß Sec. 177 (1) CA 2006 (*duty to declare interest in proposed transaction or arrangement*) muss ein Director die Art und den Umfang eines persönlichen Interesses an einer zukünftigen Vereinbarung oder einem sonstigen Rechtsgeschäft den übrigen Directors mitteilen.[592]

2. Blankettmerkmal oder normatives Tatbestandsmerkmal

Fraglich ist nunmehr, ob sich der Director der Limited wegen Untreue gemäß § 266 StGB strafbar machen kann, wenn er eine ihm obliegende Pflicht i.S. der Sec. 171 ff. CA 2006 verletzt. Ob und in welchem Umfang zur Ausfüllung einer deutschen Strafnorm ausländisches Recht herangezogen werden kann, entscheidet sich – wie bereits gezeigt – „auch" über deren dogmatische Einordnung.[593] Wurde i.R. des § 283 Abs. 1 Nr. 5-7 StGB bereits dargestellt, welche Auswirkungen die Einordnung als Blankettmerkmal oder normatives Tatbestandsmerkmal haben kann, ist auch die Vermögensbetreuungspflicht bzw. Pflichtwidrigkeit i.S. des § 266 StGB daraufhin zu untersuchen.

---

591 Vgl. *Ladiges/Pegel*, DStR 2007, 2069, 2072, 2073.
592 Vgl. *Ladiges/Pegel*, DStR 2007, 2069, 2073, 2074.
593 Etwa LK-StGB/*Werle/Jeßberger*, Vor § 3 Rn. 334; *Rönnau*, ZGR 2005, 832 ff.

a. § 266 StGB als Blankettstraftatbestand

Die Untreue wird von Teilen der Literatur als Blankettstraftatbestand[594] oder auch als „blankettartiges"[595] Delikt eingestuft. Für die auf das Handelsrecht verweisenden Nummern 5-7 des § 283 Abs. 1 StGB wurde gezeigt, welchen Anforderungen ein Straftatbestand, der als Blankettstraftatbestand ausgestaltet ist, im Hinblick auf das Gesetzlichkeitsprinzip des Art. 103 Abs. 2 GG bzw. § 1 StGB genügen muss. Es müssen sowohl der Blankettstraftatbestand – hier also die Untreue gemäß § 266 StGB – als auch die zur Ausfüllung herangezogenen Normen dem Bestimmtheitsgebot genügen sowie mit dem Parlamentsvorbehalt im Einklang stehen.

Auch i.R. des § 266 StGB und dessen Ausfüllung durch das englische Gesellschaftsrecht ist in der hier zugrundegelegten Konstellation der EU-Scheinauslandsgesellschaft anzunehmen, dass derjenige, der sich einer EU-Auslandskapitalgesellschaft zur Unternehmensführung bedient, um „in den Genuss" der Geltung des Gründungsrechts zu gelangen, voraussehen kann, welches Gesellschaftsrecht auf „seine" Gesellschaft angewendet werden wird. Deshalb ist festzustellen, dass sich auch bei einer etwaigen Ausfüllung der Vermögensbetreuungspflicht bzw. Pflichtwidrigkeit i.R. der Untreue gemäß § 266 StGB durch ausländische gesellschaftsrechtliche Pflichten – hier aus CA 2006 – hinsichtlich der Bestimmtheit des Strafgesetzes i.S. des Art. 103 Abs. 2 GG, § 1 StGB keine durchgreifenden Bedenken ergeben.

Schwierigkeiten dürften sich aber auch hier im Hinblick auf die Vorschriften des CA 2006 als Ausfüllungsnormen vor dem Hintergrund des Parlamentsvorbehalts ergeben. § 266 StGB spricht zunächst nicht von „deutschen" Vermögensbetreuungspflichten, weshalb insofern nicht schon der Wortlaut einer Ausfüllung mit „ausländischem" Gesellschaftsrecht entgegensteht.[596] Jedoch könnte gegen den Parlamentsvorbehalt als Schutzgewährleistung verstoßen werden, wenn das unrechtsprägende Element der Vermögensbetreuungspflicht inhaltlich durch das englische Gesellschaftsrecht ausgefüllt wird. Handelt es sich seit Inkrafttreten des CA 2006 zumindest noch um ein Parlamentsgesetz, so wäre doch kaum zu begründen, dass der deutsche Gesetzgeber im Rahmen des § 266

---

594 *Deiters*, ZIS 2006, 152, 159; *Dierlamm*, StraFo 2005, 397, 401; *Nelles*, S. 505; *Renthrop*, S. 1; *Sax*, JZ 1977, 663, 664.
595 MK-StGB/*Dierlamm*, § 266 Rn. 229, *ders.*, StraFo 2005, 397, 401.
596 LK-StGB/*Tiedemann*, § 283 Rn. 244; *Worm*, S. 85.

StGB die Kompetenz zur Ausfüllung des deutschen Straftatbestands der Untreue gemäß § 266 StGB dem englischen Gesetzgeber übertragen wollte.[597] Die ausländischen Ausfüllungs-Rechtsvorschriften müssten vielmehr als Teil des Strafgesetzes gewertet werden, der nicht durch den nationalen Gesetzgeber hinreichend demokratisch legitimiert ist.

Wer die Untreue gemäß § 266 StGB als Blankettstraftatbestand versteht, kann – nach der hier schon i.R. des § 283 Abs. 1 Nr. 5-7 StGB vertretenen Auffassung – eine Ausfüllung der Vermögensbetreuungspflicht bzw. des Pflichtverstoßes kaum mit dem Gesetzlichkeitsprinzip des Art. 103 Abs. 2 GG in Einklang bringen.

b. Vermögensbetreuungspflicht als normatives Tatbestandsmerkmal

Da es sich nach der hier zugrundegelegten h.M. jedoch bei der Vermögensbetreuungspflicht bzw. Pflichtwidrigkeit um ein normatives Tatbestandsmerkmal handelt,[598] ist die Ausfüllung des § 266 StGB durch ausländisches Recht jedoch anders zu bewerten als die Ausfüllung der auf das Handelsrecht verweisenden Bankrottdelikte der §§ 283 ff. StGB.

Hält man mit der h.M. die Pflichtwidrigkeit für ein normatives Merkmal, ergeben sich gegen die Ausfüllung der Norm durch ausländische Treuepflichten nur geringe Bedenken, zumindest, wenn man für das untreuestrafrechtliche Kriterium der Pflichtwidrigkeit i.S. des § 266 StGB annimmt, dass es den Anforderungen des Art. 103 Abs. 2 GG (und des Art. 20 Abs. 3 GG) genügt.[599]

Verweist eine Norm durch ein normatives Tatbestandsmerkmal auf außerstrafrechtliche Rechtsverhältnisse, die zu den Tatumständen gehören, kann zur Klärung der sich daraus ergebenden Inzidentfragen fremdes Recht herangezogen werden. Dieses Vorgehen ist in etwa für die Ausfüllung des normativen Tatbestandsmerkmals „fremd" i.S. des Diebstahls gemäß § 242 StGB weitgehend anerkannt, wenn z.B. die Verwirklichung des Diebstahls von den sachen-

---

597 LK-StGB/*Werle/Jeßberger*, Vor § 3 Rn. 334; MK-StGB/*Ambos*, § 7 Rn. 8, ohne sich allerdings ausdrücklich auf den Parlamentsvorbehalt zu beziehen, s. dazu jedoch *Schlösser*, wistra 2006, 81, 87.

598 *Jakobs*, NStZ 2005, 276, 277; *Rönnau*, ZStW 119 (2007), 887, 905; *Tiedemann*, § 4 Rn. 122; *ders.*, FS-Weber, S. 319, 322; LK-StGB/*Schünemann*, § 266 Rn. 153; *Fischer*, § 266 Rn. 77.

599 Vgl. LK-StGB/*Schünemann*, § 266 Rn. 29; anders MK-StGB/*Dierlamm*, § 266 Rn. 3 („mit dem Bestimmtheitsgebot nach Art. 103 Abs. 2 GG unvereinbar"); beide m.w.N.

rechtlichen Eigentumsverhältnissen im Ausland abhängt,[600] und wird in diesem Fall für verfassungsrechtlich unbedenklich gehalten.[601]

Mit der Pflichtwidrigkeit oder Treuwidrigkeit i.s. des § 266 StGB, die auf außerstrafrechtliche Pflichten des Treupflichtigen verweist, hat der deutsche Gesetzgeber das zentrale Unrechtsmerkmal des strafbaren Verhaltens bei der Untreue gemäß § 266 StGB im Kern selbst bestimmt.[602] Dabei ist insbesondere im Vergleich zu den auf das Handelsrecht verweisenden Tatbestandsvarianten der §§ 283 ff. StGB festzustellen, dass die Pflichtwidrigkeit keine „gesetzliche" Verpflichtung voraussetzt. *Rönnau* stellt zutreffend fest, dass die „konkrete *Quelle* und *Qualität* der pflichtbegründenden *Norm*" nach dem Wortlaut des § 266 StGB „offen" bleibe,[603] weshalb die Treuepflicht bzw. Pflichtwidrigkeit ebenso auf (privat-)autonomen Gestaltungen der Parteien des Rechtsverhältnisses beruhen kann[604] wie auch auf englischem Gesellschaftsrecht, dessen hier einschlägiger CA 2006 immerhin einer demokratisch legitimierten Rechtsordnung entstammt, deren Maßgeblichkeit der Täter für seine konkrete wirtschaftliche Betätigung selbst gewählt hat.[605]

c. Zwischenergebnis: Vermögensbetreuungspflicht

Die inhaltliche Ausfüllung der untreuestrafrechtlichen Pflichtwidrigkeit i.S. des § 266 StGB ist damit durch englisches Gesellschaftsrecht möglich.[606] Der Parlamentsvorbehalt steht einer Ausfüllung der von der Untreue vorausgesetzten Vermögensbetreuungspflicht durch die Pflichten aus dem englischen Companies Act 2006 nicht entgegen.[607]

---

600 Vgl. OLG Schleswig NJW 1989, 3105 zur Unterschlagung von antiken griechischen Münzen; grundlegend *Cornils*, S. 11, 20 ff., 98 f., 121 f.; vgl. auch MK-StGB/*Ambos*, § 7 Rn. 8; LK-StGB/Gribbohm, § 7 Rn. 9 ff., 25; S/S/*Eser*, Vor §§ 3 Rn. 22 f.; NK-StGB/*Lemke*, Vor §§ 3 Rn. 32 und 109; *Liebelt*, GA 1994, 20 ff.; *Oehler*, Rn. 151d.
601 LK-StGB/*Werle/Jeßberger*, Vor § 3 Rn. 335; MK-StGB/*Ambos*, § 7 Rn. 8, jeweils m.w.N.
602 *Radtke*, GmbHR 2008, 729, 735.
603 *Rönnau*, ZStW 119 (2007), 887, 903; vgl. auch SK-StGB/*Samson/Günther*, § 266 Rn. 33.
604 *Radtke*, GmbHR 2008, 729, 735; *Rönnau*, ZStW 119 (2007), 887, 903.
605 *Radtke*, GmbHR 2008, 729, 736.
606 Zweifelnd *Rönnau*, ZGR 2005, 832, 856 f. und *ders.*, ZStW 119 (2007), 887, 905 f.
607 Vgl. bereits *Cornils*, S. 70 ff., 98 f.; krit. dazu *Forkel*, S. 118 ff.; vgl. auch *Worm*, S. 115.

C. Beschränkung der Niederlassungsfreiheit der Artt. 49, 54 AEUV

I. Weiteres Verständnis der Niederlassungsfreiheit

Wer in der Anwendung des § 266 StGB auf einen Limited-Director eine Beschränkung der europarechtlich verbürgten Niederlassungsfreiheit der Artt. 49, 54 AEUV sieht, muss erneut den Vergleich mit dem englischen Recht anstellen. Sollte dabei ermittelt werden können, dass das Recht des Gründungsstaats die gleiche strafrechtliche Haftung bei der Verletzung der Vermögensbetreuungspflicht des Directors gegenüber „seiner" Limited vorsieht, ist die Anwendung des gleich strengen bzw. milderen deutschen Zuzugsrechts unbedenklich. Stellt die Anwendung des Zuzugsrechts hingegen eine Verschärfung im Vergleich zum Recht des Herkunftslandes dar, handelt es sich um eine Maßnahme, die wegen ihres beschränkenden Charakters rechtfertigungsbedürftig ist.

1. Vergleich mit dem Fraud Act 2006

Hier könnten die Strafvorschriften des seit dem 15.1.2007 geltenden Fraud Act 2006, mit dem die englischen Betrugsstraftatbestände und der Untreuestraftatbestand grundlegend reformiert wurden, die von § 266 StGB unter Strafe gestellten Fälle erfassen, sodass das Gründungsrecht den gleichen Maßstab an ein strafrechtlich relevantes Untreueverhalten legen könnte wie das Recht des Zuzugsstaates und insofern die Anwendung des § 266 StGB nach allen vertretenen Ansichten keine Beschränkung der Niederlassungsfreiheit darstellen würde.

Gemäß Sec. 1 (1) FA 2006 macht sich strafbar, wer den Tatbestand des *fraud*, also des Betrugs, der nach Sec. 1 (1) FA 2006 auf drei in Sec. 1 (2) FA 2006 genannte Arten begangen werden kann, erfüllt. Zum einen durch die Abgabe einer falschen Erklärung (*fraud by false representation*) gemäß Sec. 2 FA 2006, zum zweiten durch das Unterlassen der Mitteilung von Informationen (*fraud by failing to disclose information*) gemäß Sec. 3 FA 2006 und drittens durch den Positionsmissbrauch (*fraud by abuse of position*) gemäß Sec. 4 FA 2006.

a. Abgabe einer falschen Erklärung, Sec. 2 FA 2006

Sec. 2 FA 2006 (*fraud by false representation*) hat vier Tatbestandsvoraussetzungen. Diese sind die Abgabe einer Erklärung, die Unrichtigkeit dieser Erklärung, die Unredlichkeit des Erklärenden und dessen Absicht einen Vorteil zu erlangen, oder einen Verlust bei einem anderen zu verursachen oder diesen in die Gefahr eines solchen zu bringen (*[a] dishonestly makes a false representation, and [b] intends, by making the representation [i] to make a gain for himself or another, or [ii] to cause loss to another or to expose another to a risk of loss*). Ausreichend ist, dass der Täter eine Erklärung – *representation* wird in Sec. 2 (3) FA 2006 legaldefiniert – abgibt, einen Irrtum muss er durch die Erklärung nicht hervorrufen.[608] Die Erklärung muss aber unrichtig (*false*) sein. In Sec. 2 (2) FA 2006 findet sich die Legaldefinition dieses Begriffs. Danach ist eine Erklärung unrichtig, wenn sie unwahr oder irreführend ist, oder wenn der Erklärende weiß, dass sie unwahr oder irreführend sein könnte. Ferner muss der Erklärende unredlich (*dishonestly*) handeln. Die Unredlichkeit wird im FA 2006 nicht legaldefiniert und muss anhand des von der Rspr. entwickelten *Gosh*-Tests geklärt werden.[609] Der Täter handelt danach unredlich, wenn er objektiv nach den Standards vernünftiger und aufrichtiger Menschen unredlich gehandelt hat und in subjektiver Hinsicht festgestellt werden kann, dass er erkannt hat, dass sein Verhalten nach diesen Standards als unredlich angesehen würde.[610] Schließlich muss noch eine Vorteilserlangungs- oder Verlustverursachungsabsicht (*intent to make a gain/cause loss*) vorliegen, vgl. Sec. 5 FA 2006.

b. Unterlassen der Mitteilung von Informationen, Sec. 3 FA 2006

Auch der Betrug durch Unterlassen der Mitteilung von Informationen gemäß Sec. 3 FA 2006 (*fraud by failing to disclose information*) hat vier Tatbestandsvoraussetzungen.[611] Danach macht sich strafbar, wer es unredlich unterlässt, einer anderen Person Informationen mitzuteilen, zu deren Mitteilung eine Rechtspflicht besteht, in der Absicht, dadurch für sich oder einen anderen einen Vermögensvorteil zu erlangen oder bei einem anderen einen Verlust zu verursachen oder diesen dem Risiko eines Verlustes auszusetzen (*[a] dishonestly fails to disclose to another person information which he is under a legal duty to disclose, and [b] intends, by failing to disclose the information [i] to make a*

---

608 Vgl. Smith&Hogan/*Ormerod*, S. 838 ff.
609 Smith&Hogan/*Ormerod*, S. 779, 830 ff.
610 *Grau/Airey/Frick*, BB 2009, 1426, 1427.
611 Vgl. Smith&Hogan/*Ormerod*, S. 779, 855 ff.

gain for himself or another, or [ii] to cause loss to another or to expose another to a risk of loss).[612]

c. Positionsmissbrauch, Sec. 4 FA 2006

Soweit mit den Sec. 2 und Sec. 3 FA 2006 Verhaltensweisen erfasst werden, die eine strukturelle Ähnlichkeit mit dem Betrug gemäß § 263 StGB aufweisen, handelt es sich beim Betrug bzw. der Untreue durch Missbrauch einer Vertrauensposition gemäß Sec. 4 FA 2006 *(fraud by abuse of position)* um eine der deutschen Untreue gemäß § 266 StGB ähnliche bzw. vergleichbare Vorschrift.[613]

Die Strafbarkeit wegen *fraud by abuse of position* hat wiederum vier Tatbestandsvoraussetzungen. Der Täter muss eine Vertrauensposition inne haben, die er unredlich und mit Vorteilserlangungs- oder Verlustverursachungsabsicht missbraucht *([1] a person is in breach of this section if he [a] occupies a position in which he is expected to safeguard, or not to act against, the financial interests of another person, [b] dishonestly abuses that position, and [c] intends, by means of the abuse of that position [i] to make a gain for himself or another, or [ii] to cause loss to another or to expose another to a risk of loss).*

Die Vertrauensposition kann auch als „finanzielle Vertrauensposition" bezeichnet werden,[614] wird doch an das Bestehen einer Vertrauensposition angeknüpft, in welcher erwartet wird, ein Vermögen zu beschützen, vgl. Sec. 4 (1) (a) FA 2006. Eine solche Position nimmt der Director gegenüber „seiner" Limited ein. Ihn treffen die oben genannten Pflichten der Sec. 171 ff. CA 2006, insbesondere die allgemeine Treuepflicht gemäß Sec. 171 CA 2006 *(fiduciary duty)*, die eine Vertrauensposition i.S. von Sec. 4 FA 2006 in jedem Fall begründen dürfte.[615]

Mit dem weiter vorausgesetzten Missbrauch der Vertrauensposition ist ein Handeln entgegen den finanziellen Interessen des Vermögensinhabers gemeint, vorausgesetzt wird also ein Verstoß gegen die aus der Vertrauensposition erwachsenden Pflichten. Im Fall des Limited-Directors dürfte damit jede Verletzung einer Pflicht i.S. der Sec. 171 ff. CA 2006 einen solchen Missbrauch der

---

612 *Grau/Airey/Frick*, BB 2009, 1426, 1428.
613 *Grau/Airey/Frick*, BB 2009, 1426, 1429 ff.; *Worm*, S. 186 ff.
614 *Grau/Airey/Frick*, BB 2009, 1426, 1429.
615 Vgl. Smith&Hogan/*Ormerod*, S. 779, 860 ff.

Vertrauensposition i.S. von Sec. 4 FA 2006 darstellen. Die Unredlichkeit des Missbrauchs der Vertrauensposition bestimmt sich wiederum nach dem *Gosh*-Test.[616] Da auch für Sec. 4 FA 2006 eine Vorteilserlangungs- oder Verlustverursachungsabsicht ausreicht, und nicht etwa der tatsächliche Eintritt eines Vermögensvorteils oder -verlustes erforderlich ist, ist die englische Strafvorschrift deutlich weiter als die Untreue gemäß § 266 StGB, wonach ein Nachteil für das Vermögen des Betreuten durch die Tathandlung sowohl im Falle des Missbrauchs- wie auch des Treubruchstatbestandes verursacht worden sein muss.[617] Sec. 4 FA 2006 ist damit der deutschen Untreuestrafbarkeit gemäß § 266 StGB erheblich vorgelagert.[618]

2. Zwischenergebnis: Kein Eingriff in die Niederlassungsfreiheit

Wegen des Fraud Act 2006 ist keine Beschränkung der Niederlassungsfreiheit der Artt. 49, 54 AEUV durch die Anwendung der Untreuestrafbarkeit gemäß § 266 StGB i.V.m. Sec. 171 ff. anzunehmen.[619] Insbesondere ist dabei zu beachten, dass mit den genannten Vorschriften gerade auch die Verstöße gegen die Pflichten der Sec. 171 ff. CA 2006 unter Strafe gestellt werden. Ein dem § 266 StGB vergleichbarer Straftatbestand, der Pflichtverstöße des Directors gegenüber „seiner" Limited unter Strafe stellt, ist auch im englischen Recht zu finden. Neben den oftmals strengeren zivilrechtlichen Haftungsfolgen, die an Pflichtverletzungen geknüpft werden, findet sich mit Sec. 4 FA 2006 ein Straftatbestand, der im Vergleich zu § 266 StGB sogar noch strenger ist, da er auf den Eintritt eines Vermögensschadens verzichtet, und damit Pflichtverstöße erfassen kann, die der Untreuestrafbarkeit gemäß § 266 StGB noch vorgelagert sind.

II. Engeres Verständnis der Niederlassungsfreiheit

Auch nach den hier vorgestellten drei Methoden zur (erforderlichen) Restriktion der Reichweite der Niederlassungsfreiheit der Artt. 49, 54 AEUV – enger

---

616 Vgl. oben und Smith&Hogan/*Ormerod*, S. 865.
617 H.M.; *Lackner/Kühl*, § 266 Rn. 16 m.w.N.
618 *Grau/Airey/Frick*, BB 2009, 1426, 1429 („immense Vorverlagerung der Strafbarkeit").
619 Zum gleichen Ergebnis kommt *Worm*, S. 188.

Beschränkungsbegriff i.S. von „Keck", Einschränkung des Schutzbereichs der Niederlassungsfreiheiten auf das Diskriminierungsverbot i.R. des Strafrechts und Unverhältnismäßigkeit i.e.S. als Grenze der Strafbarkeit –, ist davon auszugehen, dass die Anwendung der Untreue-Strafbarkeit gemäß § 266 StGB keine gemeinschaftsrechtswidrige Beschränkung der Niederlassungsfreiheit der Artt. 49, 54 AEUV darstellt.

Unter Anwendung der „Keck"-Formel ließe sich die Untreuestrafbarkeit des § 266 StGB auch trotz Gesellschaftsrechtsbezug durchaus aus dem Beschränkungsbegriff ausnehmen und als allgemeines Verkehrsrecht bewerten. § 266 StGB stellt danach keine Beschränkung der Niederlassungsfreiheit der Artt. 49, 54 AEUV dar. Die Strafbarkeit des Limited-Directors wegen Untreue gemäß § 266 StGB ist damit nicht gemeinschaftsrechtswidrig.

Wer für das Strafrecht einen engeren Schutzbereich annimmt und i.R. des Strafrechts ein bloßes Diskriminierungsverbot annimmt, käme zur Nichteröffnung des Schutzbereichs. Tatsächlich trifft die Strafvorschrift des § 266 StGB inländische Geschäftsleiter, wie z.B. Geschäftsführer von GmbH's, in gleichem Maße wie Directors von englischen Limiteds und gleichermaßen alle Geschäftsleiter von EU-Gesellschaften mit begrenzter Haftung. § 266 StGB versperrt damit in keiner Weise den Marktzugang für EU-Auslandsgesellschaften durch eine Andersbehandlung gegenüber den Inlandsgesellschaften. Vielmehr ist von einer potentiellen Erschwerung wegen der niederlassungsrechtlich gebotenen Gleichbehandlung von vergleichbaren Inlands- und Auslandsgesellschaften auszugehen. Dies kann nicht dazu führen, dass die EU-Auslandsgesellschaft ihr Strafrecht als Maximum mit in den Zuzugsstaat bringt und damit der Herkunftsstaat der Gesellschaft eine Kriminalstrafrechtsetzungskompetenz erlangt. Die Anwendung der Strafvorschrift des § 266 StGB auf EU-Auslandsgesellschaften eröffnet danach nicht den Schutzbereich der Niederlassungsfreiheit der Artt. 49, 54 AEUV.

Einer Rechtfertigung der Strafvorschrift der Untreue gemäß § 266 StGB bedarf es nach dem modifizierten „Vier-Konditionen-Test" hingegen nach allen vertretenen Ansichten nicht, da keine Beschränkung der Niederlassungsfreiheit der Artt. 49, 54 AEUV festgestellt werden konnte. Selbst eine solche Rechtfertigung würde jedoch gelingen, da die Strafvorschrift des § 266 StGB kaum als unverhältnismäßig i.e.S. bewertet werden kann.

D. Ergebnis für § 266 StGB

Die Strafvorschrift des § 266 StGB ist wegen seiner uniformen Wirkung nach der „Keck"-Formel oder bei der Begrenzung auf das Diskriminierungsverbot i.R. des Strafrechts auf den Limited-Director anwendbar, ohne dass darin ein unzulässiger Eingriff in den Schutzbereich der Niederlassungsfreiheit der Artt. 49, 54 AEUV zu sehen wäre.

Sollte auch i.R. des Strafrechts eine Marktzugangserschwerung in der Form der bloßen Beschränkung als ausreichend für die Eröffnung des Schutzbereichs der Niederlassungsfreiheit gesehen werden, gelangt man bei einem Vergleich von § 266 StGB mit den englischen Strafvorschriften zu dem Schluss, dass die Untreue auch in tatsächlicher Hinsicht nicht zu einer solchen Beschränkung führt und damit der Schutzbereich der Artt. 49, 54 AEUV nicht eröffnet wird.

Im Ergebnis ist damit festzuhalten, dass die Anwendung des § 266 StGB auf ein vermögensschädigendes Verhalten eines Directors zulasten „seiner" Limited mit COMI in Deutschland bei einer Verletzung seiner ihm gemäß Sec. 171 ff. CA 2006 obliegenden Pflichten möglich ist.

E. Tabellarische Zusammenfassung

deutsche Treuevorschriften	• Die gesellschaftsrechtlichen Treuepflichten des Directors einer englischen Limited ergeben sich grundsätzlich aus englischem Recht und nicht aus deutschem Recht.
	• Der Limited-Director kann sich grundsätzlich nicht wegen Untreue gemäß § 266 StGB aufgrund eines Verstoßes gegen Vermögensbetreuungspflichten aus deutschem Recht strafbar machen.
englische Treuevorschriften	• Die Treuepflicht i.S. des § 266 StGB ist ein normatives Tatbestandsmerkmal.
	• Die Ausfüllung der Treuepflicht bzw. Treuwidrigkeit kann über englisches Gesellschaftsrecht erfolgen.
	• Der Limited-Director kann sich wegen § 266 StGB strafbar machen, wenn er eine Pflicht aus Sec. 171 ff. CA 2006 verletzt.

4. Kapitel: Insolvenzverschleppung (§ 15a Abs. 4 InsO)

A. Geschichtlicher Hintergrund

Bis zum Inkrafttreten des MoMiG am 1. November 2008 konnte sich der Director einer Limited nach weit überwiegender Auffassung nicht wegen Insolvenzverschleppung strafbar machen. Der Begriff des Directors sollte wegen des entgegenstehenden Analogieverbots gemäß Art. 103 Abs. 2 GG bzw. § 1 StGB nicht unter den Begriff des Geschäftsführers i.S. des § 84 Abs. 1 Nr. 2 GmbHG a.f. subsumierbar sein.[620] Da der Limited-Director nicht Normadressat des GmbHG war, hatte er auch nicht die Pflicht zur Stellung eines Insolvenzantrags, die den Geschäftsführer einer GmbH gemäß § 64 Abs. 1 GmbHG a.F. traf.

Nur nach einer Minderansicht in der Literatur[621] kam eine Strafbarkeit des Limited-Directors wegen Insolvenzverschleppung in Betracht. Diese hatte aber zwei Hürden zu überwinden. Sie musste zum einen den Geschäftsführerbegriff anhand erweiternder Auslegungsmethoden[622] so verstehen, dass sie den Limited-Director unter den Geschäftsführerbegriff i.S. des § 84 GmbHG a.F. subsumieren konnte – was mit einigem Begründungsaufwand durchaus überzeugend gelingen konnte[623] – und sich damit noch im Bereich der zulässigen Auslegung befand, damit also kein Verstoß gegen das Analogieverbot aus Art. 103 Abs. 2 GG vorlag. Ferner musste sie dem Limited-Director aber auch noch die Insolvenzantragspflicht gemäß § 64 Abs. 1 GmbHG a.F. auferlegen. In § 64 Abs. 1 GmbHG a.F. war die Verpflichtung des Geschäftsführers vorgesehen, bei eingetretener Überschuldung oder vorhandener Zahlungsunfähigkeit ohne schuldhaftes Zögern die Eröffnung des Insolvenzverfahrens zu beantragen.

---

620 Vgl. etwa Eidenmüller/Eidenmüller, § 9 Rn. 34; Horn, NJW 2004, 893, 899; Kienle, GmbHR 2007, 696; Mock/Westhoff, DZWIR 2004, 23, 27; Müller-Gugenberger, FS-Tiedemann, S. 1013 ff.; Rönnau, ZGR 2005, 832, 839; Schlösser, wistra 2006, 81, 84; Spindler/Berner, RIW 2004, 7, 15; Wachter, GmbHR 2003, 1254, 1257 und ders. GmbHR 2004, 88, 101; Zimmer, NJW 2003, 3585, 3590.

621 Soweit ersichtlich wohl in strafrechtlicher Hinsicht für den Limited-Director nur Weiß, S. 89.

622 Vgl. o. S. 34 ff. zu § 14 StGB.

623 Ausführlich begründet bei Weiß, S. 157 ff.; vgl. auch Gross/Schork, NZI 2006, 10, 13, die aber eine Strafbarkeit mangels Anwendbarkeit des § 64 Abs. 1 GmbHG a.F. ablehnten.

Dabei konnte nur zu einer Strafbarkeit des Limited-Directors wegen Insolvenz-verschleppung gelangen, wer die Insolvenzantragspflicht als insolvenzrechtlich klassifizierte.[624]

Hat sich das Problem der Tätertauglichkeit mit dem Inkrafttreten des MoMiG nunmehr erledigt, bleibt hinsichtlich der Insolvenzantragspflicht weiterhin fraglich, ob diese den Limited-Director trifft.

B. Allgemeine Voraussetzungen des Straftatbestandes des § 15a Abs. 4 InsO

I. Insolvenzantragspflicht gemäß § 15a Abs. 1 InsO

Mit § 15a Abs. 1 S. 1 InsO hat der Gesetzgeber durch das MoMiG eine rechts-formneutrale Insolvenzantragspflicht eingeführt.[625] Strafbar gemäß § 15a Abs. 4 InsO macht sich ein Mitglied des Vertretungsorgans oder ein Abwickler, das bzw. der entgegen § 15a Abs. 1 S. 1 InsO einen Insolvenzantrag nicht, nicht richtig oder nicht rechtzeitig stellt. Im Fall der Zahlungsunfähigkeit oder Über-schuldung der juristischen Person muss der Insolvenzantrag ohne schuldhaftes Zögern, spätestens aber drei Wochen nach Eintritt der Zahlungsunfähigkeit oder Überschuldung, gestellt werden.

Das alte Problem der Tätertauglichkeit eines Limited-Directors der im GmbHG a.F. enthaltenen Strafnorm der Insolvenzverschleppung ist demnach nunmehr gelöst. Der Director einer Limited ist nach erklärtem gesetzgeberi-schen Willen[626] als Geschäftsleiter „vergleichbarer Auslandsgesellschaften, die ihren Verwaltungssitz und Betrieb im Inland haben und deutschem Insolvenz-

---

624 Aus der zivilrechtlichen Rspr. zur alten Rechtslage: LG Kiel ZIP 2006, 1248, 1249; aus der zivilrechtlichen Literatur zur alten Rechtslage: *Borges*, ZIP 2004, 733, 736 ff.; *Eidenmül-ler/Eidenmüller*, § 9 Rn. 26; *Müller*, NZG 2003, 414, 416; *Weller*, IPRax 2003, 520, 522; *Zerres*, DZWIR 2006, 356, 360; *Zimmer*, NJW 2003, 3585, 3589; *Müller*, NZG 2003, 414, 416; alle m.w.N.; aus der strafrechtlichen Literatur zur alten Rechtslage wohl nur: *Weiß*, S. 119; a.M.: AG Bad Segeberg NZI 2005, 411 ff. m. Anm. *Pannen/Riedemann*; *Gross/Schork*, NZI 2006, 10, 14; *Spindler/Berner*, RIW 2004, 7, 11; *Schumann*, DB 2004, 743, 746; alle m.w.N. Aus der strafrechtlichen Literatur zur neuen Rechtslage: *Radtke/Hoffmann*, EuZW 2009, 404, 407 m.w.N.
625 Ausführlich zur strafrechtlichen Relevanz des MoMiG *Müller-Gugenberger*, FS-Tiedemann, S. 1015 ff.
626 Vgl. BT-Dr. 16/6140, S. 55 und gleichlautend BR-Dr. 354/07, S. 127.

recht unterfallen" in den Kreis der tauglichen Täter einer Insolvenzverschleppung aufgenommen. Dessen Strafbarkeit steht also nicht mehr ein unzulässiges Überschreiten der Wortlautgrenze und damit das Analogieverbot gemäß Art. 103 Abs. 2 GG bzw. § 1 StGB entgegen.

Die Anwendbarkeit der Strafnorm des § 15a Abs. 4 InsO auf Verantwortliche von Inlandsgesellschaften ausländischer Rechtsform hängt damit davon ab, ob die Pflicht zur Insolvenzanmeldung gemäß § 15a Abs. 1 S. 1 InsO auch den Director einer englischen Limited mit COMI in Deutschland trifft, oder ob sich auch nach der Neuregelung durch das MoMiG die Insolvenzantragspflicht des § 15a Abs. 1 S. 1 InsO immer noch nur auf deutsche Kapitalgesellschaften und kapitalistisch organisierte Personenhandelsgesellschaften beschränkt.

Auf die Frage, wie die deutsche Insolvenzantragspflicht kollisionsrechtlich einzuordnen ist, findet sich auch in § 15a InsO weiterhin keine klarstellende Antwort. Um zu bestimmen, welchem nationalen Recht die Insolvenzantragspflicht unterliegt, muss sie zunächst qualifiziert werden, da es für die in Betracht kommenden Rechtsgebiete – hier das Gesellschafts- und Insolvenzrecht – unterschiedliche Kollisionsnormen gibt.

Umstritten war bei § 84 Abs. 1 Nr. 2 GmbHG a.F. hinsichtlich der Formulierung „entgegen § 64 Abs. 1", ob den Limited-Director die Pflicht aus § 64 Abs. 1 GmbHG a.F. treffen konnte. Die Insolvenzantragspflicht des § 64 Abs. 1 GmbHG a.F. sollte den Limited-Director nur bei insolvenzrechtlicher Einordnung treffen,[627] da dann kollisionsrechtlich das deutsche Recht Anwendung finden sollte (vgl. EuInsVO), nicht hingegen bei gesellschaftsrechtlicher Einordnung,[628] da in diesem Fall das englische Gründungsrecht, welches keine Insolvenzantragspflicht kennt, vorgehen sollte.

Die Pflicht aus § 15a Abs. 1 S. 1 InsO soll den Limited-Director gleichfalls nur treffen, wenn diese insolvenzrechtlich eingeordnet wird und damit nach der EuInsVO das deutsche (Insolvenz-)Recht inklusive § 15a Abs. 1 InsO Anwendung findet, nicht hingegen, wenn § 15a Abs. 1 InsO gesellschaftsrechtlich eingeordnet wird und damit nicht § 15a Abs. 1 InsO sondern das englische (Gesellschafts-)Recht Anwendung findet. Dass im Fall der gesellschaftsrechtlichen Qualifikation grundsätzlich das Gründungsrecht Anwendung finden soll,

---

627 Ebenso LG Kiel ZIP 2006, 1248, 1249; *Müller*, NZG 2003, 414, 416; *Zerres*, DZWIR 2006, 356, 360; *Weiß*, S. 119.
628 So etwa AG Bad Segeberg NZI 2005, 411 ff. m. Anm. *Pannen/Riedemann*; *Gross/Schork*, NZI 2006, 10, 14; *Spindler/Berner*, RIW 2004, 7, 11; *Schumann*, DB 2004, 743, 746.

deckt sich auch mit der geplanten Kodifikation des internationalen Gesellschaftsrechts.

Der Referentenentwurf „Gesetz zum Internationalen Privatrecht der Gesellschaften, Vereine und juristischen Personen" sieht in Art. 10 Abs. 1 EGBGB vor,[629] dass Gesellschaften, Vereine und juristische Personen des Privatrechts primär dem Recht des Staates unterstehen sollen, in dem sie in ein öffentliches Register eingetragen sind. Aus dem geplanten Art. 10 Abs. 2 Nr. 8 EGBGB ergibt sich konkretisierend, dass das nach Art. 10 Abs. 1 EGBGB anzuwendende Recht insbesondere maßgebend für die Haftung wegen der Verletzung gesellschaftsrechtlicher Pflichten sein soll. Im Fall der gesellschaftsrechtlichen Qualifikation der Insolvenzantragspflicht soll sie dem Director einer englischen Limited damit nicht auferlegt werden können.

Die unterinstanzlichen Gerichte haben zur Einordnung der Insolvenzantragspflicht unterschiedlich entschieden. Eine eindeutige Klärung durch die höchstrichterliche Rspr. oder durch den Gesetzgeber steht (noch) aus, obwohl in der Gesetzesbegründung zum MoMiG der Wille des Gesetzgebers zum Ausdruck kommt, die Insolvenzantragspflicht insolvenzrechtlich zu qualifizieren. „[...] Anlässlich der Reform des GmbH-Rechts ist es geboten, auf den Sinn und Zweck der Insolvenzantragspflicht abzustellen. Dieser ist ein insolvenzrechtlicher. [...]").[630]

1. Gesellschaftsrechtliche Qualifikation

Keinen Bestand mehr haben die rechtssystematischen Erwägungen, welche die Ansicht in der Literatur anführte, die den § 64 Abs. 1 GmbHG a.F. als gesellschaftsrechtliche Norm qualifizierte.[631] Mochte vor Inkrafttreten des MoMiG für eine gesellschaftsrechtliche Qualifikation der Insolvenzantragspflicht noch sprechen, dass sie in den verschiedenen gesellschaftsrechtlichen Einzelgesetzen (alte Fassungen des AktG, GmbHG, GenG, HGB, BGB und VAG) und nicht etwa zentral in der InsO enthalten war,[632] ist dieses Argument nunmehr entkräf-

---

629 Ausführlich zum RefE und seinen möglichen strafrechtlichen Folgen: *Altenhain/Wietz*, NZG 2008, 569 ff.
630 BT-Dr. 16/6140, S. 55.
631 *Ulmer*, NJW 2004, 1201, 1207; *Schumann*, DB 2004, 743, 746; *Mock/Schildt*, ZInsO 2003, 396, 399; ähnlich *Spindler/Dreher*, RIW 2004, 7, 12.
632 Vgl. statt aller *Zerres*, DZWIR 2006, 356, 358 m.w.N.

tet. Nun muss diese Ansicht vielmehr ihrerseits ins Feld führen, dass der Standort im Gesetz kein entscheidendes Kriterium ist und insofern die Verortung in der InsO nicht zwingend gegen eine gesellschaftsrechtliche und für eine insolvenzrechtliche Qualifikation spricht. Einigkeit besteht darin, dass, obwohl die Verortung einer Vorschrift auch einen unterstützenden Hinweis auf ihre Qualifikation liefern mag, sie keine „funktionelle Bewertung"[633] ersetzen kann.[634] D.h., trotz der Verschiebung in die InsO muss nach Sinn und Zweck der Norm gefragt und insofern eine Einordnung vorgenommen werden.

Immer noch für eine gesellschaftsrechtliche Qualifikation spricht hingegen, dass die Regelungen zur Kapitalausstattung der Gesellschaft(en), und damit eindeutig eine gesellschaftsrechtliche Materie, die Insolvenzantragspflicht begründen. Denn auch nach dem neuen § 15a Abs. 1 InsO ergibt sich die Pflicht zur Stellung eines Insolvenzantrags erst, wenn die Gesellschaft unzureichend mit Kapital ausgestattet ist. Dies folgt aus den Insolvenzgründen der InsO in Zusammenschau mit den spezialgesetzlichen Regelungen hinsichtlich des Kapitals für die einzelnen Gesellschaften. Für eine gesellschaftsrechtliche Qualifikation der Insolvenzantragspflicht spricht ferner, dass sie eine Organpflicht der Geschäftsleiter – nach der neuen Formulierung des § 15 Abs. 1 InsO eine Pflicht der „Mitglieder des Vertretungsorgans" – darstellt und damit wiederum eine Materie betrifft, die unzweifelhaft das Gesellschaftsrecht betrifft.[635] Die Regelungen der Organpflichten sind nicht Gegenstand der EuInsVO, bzw. sind nicht im Katalog des Art. 4 Abs. 2 EuInsVO, der die Vorschriften benennt, die nach der Verordnung ausdrücklich dem Insolvenzrecht zuzuordnen sind, enthalten und könnten daher immer noch dem Gesellschaftsrecht zugeordnet werden.[636]

633 MK-BGB/*Sonnenberger*, EGBGB, Einl. Rn. 493 ff.
634 *Haas*, NZI 2001, 1, 10; MK-BGB/*Kindler*, IntGesR, Rn. 638; *Müller*, NZG 2003, 414, 416; vgl. *Zimmer*, NJW 2003, 3585, 3590; wohl nicht berücksichtigt von *Ulmer*, NJW 2004, 1201, 1207.
635 *Spindler/Dreher*, RIW 2004, 7, 12.
636 *Schumann*, DB 2004, 743, 746; s. auch *Spindler/Berner*, RIW 2004, 7, 12.

2. Insolvenzrechtliche Qualifikation

Die überwiegende Auffassung[637] qualifizierte schon die Insolvenzantragspflicht aus § 64 Abs. 1 GmbHG a.f. – zu Recht – als insolvenzrechtliche Norm. Dafür sprechen in erster Linie die mehrfachen Bezüge der Norm zum Insolvenzverfahren. Nun kann diese Ansicht auch das systematische Argument für sich in Stellung bringen. So lässt nicht nur die Verschiebung der Insolvenzantragspflicht in die InsO auf den Willen des Gesetzgebers schließen, die Materie dem richtigen Regelungskomplex zuzuordnen, auch der erklärte gesetzgeberische Wille ist es, die Insolvenzantragspflicht nach ihrem Sinn und Zweck insolvenzrechtlich zu qualifizieren.[638]

Auch spricht gegen eine gesellschaftsrechtliche Qualifikation ein gewichtiges Argument. Unstreitig ist das Insolvenzantragsrecht dem Insolvenzrecht zuzuordnen, was zu dem unpraktikablen Ergebnis führen würde, dass sich das Antragsrecht, welches dem Insolvenzstatut unterfällt, nach dem deutschen Insolvenzrecht bestimmen würde, die Antragspflicht hingegen bei gesellschaftsrechtlicher Qualifikation nach dem Gesellschaftsstatut und damit kollisionsrechtlich nach englischem Gesellschaftsrecht.[639] Woraus sich dann die Insolvenzgründe ergeben sollen, ist nicht geklärt. In Betracht kämen zwei unterschiedliche Rechtsordnungen.

Das Hauptargument für eine insolvenzrechtliche Qualifikation ergibt sich aber bei einer funktionell-teleologischen Betrachtung,[640] also bei der Frage nach Sinn und Zweck der Vorschrift des § 15a InsO. Im Blick hat § 15a InsO in erster Linie den Schutz der Gläubiger. Geschützt werden sollen zum einen die sog. Altgläubiger der insolventen bzw. insolvenzgefährdeten Gesellschaften vor einer (weiteren) Verringerung der Insolvenzquote. Zum anderen sollen potentielle Neugläubiger durch Fernhalten dieser Gesellschaften vom Geschäftsverkehr geschützt und so die Aufnahme von Geschäftsbeziehungen mit

---

637　LG Kiel DZWIR 2006, 390; *Bayer*, BB 2003, 2357, 2365; *Borges*, ZIP 2004, 733, 736 ff.; Eidenmüller/*Eidenmüller*, § 9 Rn. 26; *Habersack/Verse*, ZHR 168 (2004), 174, 207; *Kuntz*, NZI 2005, 424, 426; *Lieder*, DZWIR 2005, 399, 405; *Müller*, NZG 2003, 414, 416; *Pannen/Riedemann*, NZI 2005, 413, 414; *Radtke/Hoffmann*, EuZW 2009, 404, 407, 408; *Zimmer*, NJW 2003, 3585, 3589.

638　BT-Dr. 16/6140, S. 55.

639　*Radtke/Hoffmann*, EuZW 2009, 404, 408; *Zerres*, DZWIR 2006, 356, 359.

640　Vgl. dazu MK-BGB/*Sonnenberger*, EGBGB, Einl. Rn. 493 ff.

diesen verhindert werden.[641] Diese „klassische Reinigungsfunktion" hat den Zweck, „lebensunfähige" Unternehmen aus der Wirtschaft auszuscheiden, damit diese nicht andere, gesunde Unternehmen mit in den Untergang reißen.[642] Die Insolvenzantragspflicht, jetzt gemäß § 15a Abs. 1 InsO, hat damit den Zweck, insolvenzbedingte Gefährdungen der Gläubigerinteressen durch insolvenzreife Gesellschaften zu vermeiden. Das entspricht auch der Rechtsprechung des EuGH,[643] der bereits 1979 in der Rechtssache „Gourdain/Nadler" das der deutschen Insolvenzverschleppungshaftung funktional entsprechende französische Verfahren der *action en comblement du passif* dem Insolvenzrecht zuordnete.[644]

3. Zwischenergebnis: Insolvenzrechtliche Qualifikation

Gegen eine gesellschaftsrechtliche Einordnung ist anzuführen, dass zwar die Vorschrift früher im Gesellschaftsrecht zu finden war, jedoch der Bezug zum Insolvenzrecht unabhängig von der Gesellschaftsform ist. Da das Insolvenzstatut i.S. des Art. 4 EuInsVO möglichst weit zu fassen ist, um das reibungslose Funktionieren des Binnenmarkts zu gewährleisten, indem eine kollisionsrechtlich einheitliche Behandlung aller Gläubiger sichergestellt wird, sind Zweifel zu Gunsten des Insolvenzstatuts zu lösen.[645] *Kindler* stellt zutreffend im Ergebnis fest: „Selbst wenn man sich auf ein Herauspicken einzelner Tatbestandsmerkmale zu Qualifikationszwecken einlassen wollte, so überwögen doch die Berührungspunkte zum Insolvenzrecht".[646]

Überzeugend ist es daher, die Insolvenzantragspflicht – so, wie sie nun auch verortet ist – dem Insolvenzrecht zuzuordnen. Damit ergibt sich gemäß EuInsVO die grundsätzliche Anwendung des deutschen Insolvenzrechts für den Limited-Director. Diesen trifft demnach die von § 15a Abs. 4 InsO geforderte Pflicht zur rechtzeitigen Stellung eines Insolvenzantrags gemäß § 15a Abs. 1 InsO.

---

641 Vgl. BGH NZG 2003, 923; BGHZ 126, 181, 194 ff.; BGHZ 138, 211 ff.; *Borges*, ZIP 2004, 733, 738; Eidenmüller/*Eidenmüller*, § 9 Rn. 26.
642 *Borges*, ZIP 2004, 733, 739; MK-BGB/*Kindler*, IntGesR, Rn. 640.
643 EuGHE 1979, 733 („Gourdain/Nadler").
644 MK-BGB/*Kindler*, IntGesR, Rn. 653; vgl. auch *Zerres*, DZWIR 2006, 356, 360.
645 MK-BGB/*Kindler*, IntGesR, Rn. 417.
646 MK-BGB/*Kindler*, IntGesR, Rn. 643.

II. Keine Beschränkung durch die Insolvenzantragspflicht

Fraglich könnte noch sein, ob die Insolvenzantragspflicht des § 15a Abs. 1 InsO die Niederlassung von EU-Gesellschaften in Deutschland gemeinschaftsrechtswidrig beschränkt und daher nicht mit der Niederlassungsfreiheit gemäß Artt. 49, 54 AEUV vereinbar ist.

In der Auferlegung der Insolvenzantragspflicht ist jedoch kein Eingriff in die Niederlassungsfreiheit zu sehen.[647] Im Wege einer Restriktion der Reichweite der Niederlassungsfreiheit ist eine EU-Scheinauslandsgesellschaft, wie die Limited, damit nicht vor den nationalen Regelungen, etwa des Insolvenz- oder Deliktsrechts, geschützt.[648] Keinesfalls soll die Niederlassungsfreiheit der Gesellschaft das Recht verleihen, trotz ihrer Zahlungsunfähigkeit und Überschuldung weiter am Wirtschaftsverkehr teilzunehmen. Vielmehr handelt es sich um eine rein tätigkeitsbezogene Maßnahme, die weder den Marktzugang der Gesellschaft in erheblicher Weise erschwert, noch die EU-Auslandsgesellschaften rechtlich oder wirtschaftlich stärker trifft als die Gesellschaften des Zuzugsstaats.[649]

C. Einschränkung der Niederlassungsfreiheit durch § 15a Abs. 4 InsO

Da der Limited-Director auch die Tathandlung des § 15a Abs. 4 InsO vornehmen kann, sofern er einen Insolvenzantrag nicht, nicht richtig oder nicht rechtzeitig stellt, ist davon auszugehen, dass er § 15a Abs. 4 InsO verwirklichen kann.

Bittmann/Gruber geben zu Recht zu bedenken, dass „völlig offen" ist, ob der EuGH eine derartige nationale Gesetzgebung billigen werde. Denn auch wenn der Limited-Director den Tatbestand des § 15a Abs. 4 InsO nunmehr verwirklichen kann, ist damit noch keine Aussage darüber getroffen, ob nicht in seiner Anwendung bzw. in der Bestrafung des Limited-Directors ein Eingriff in die

---

647 Im Ergebnis jetzt auch LG Kiel DZWIR 2006, 390, 392 mit dem Hinweis, dass es nicht um Fragen der Gründung geht, sondern um die persönliche Haftung eines Geschäftsleiters bei Verletzung der Insolvenzantragspflicht; für Rechtfertigung *Weiß*, S. 188 ff., 214; *Zerres*, DZWIR 2006, 359, 361 f.

648 *Zerres*, DZWIR 2006, 359, 361 („teleologische Eingrenzung des Anwendungsbereichs").

649 *Eidenmüller*, NJW 2005, 1618, 1621 f.

Niederlassungsfreiheit der Artt. 49, 54 AEUV zu sehen ist, und falls ja, ob diese Beschränkung gerechtfertigt werden kann.[650]

I. Mögliche Rechtfertigung bei Eröffnung des Schutzbereichs

Mit dem faktischen Beschränkungsbegriff muss die Eröffnung des Schutzbereichs der Niederlassungsfreiheit der Artt. 49, 54 AEUV bejaht werden. In tatsächlicher Hinsicht macht die Strafbarkeit wegen Verletzung der Insolvenzantragspflicht gemäß § 15a Abs. 4 InsO die Wahrnehmung der sekundären Niederlassungsfreiheit für eine englische Limited weniger attraktiv, da das englische Recht weder eine allgemeine Insolvenzantragspflicht kennt noch eine strafrechtliche Haftungsfolge vorsieht.[651]

Dasselbe gilt für die Unterscheidung nach gesellschaftsrechtsbezogenen und gesellschaftsrechtsneutralen Strafvorschriften. Wird der gesellschaftsrechtliche Bezug des § 283 Abs. 1 StGB schon wegen der Überwälzung des Schuldnermerkmals gemäß § 14 StGB bejaht, kann er hier keinesfalls bestritten werden, richtet sich doch die Strafvorschrift des § 15a Abs. 4 InsO gemäß Absatz 1 Satz 1 des § 15a InsO ausdrücklich u.a. an die „Mitglieder des Vertretungsorgans". Die Frage nach der Tätertauglichkeit enthält also eine gesellschaftsrechtliche Vorfrage hinsichtlich der Stellung des etwaigen Täters gegenüber der Gesellschaft.

Da es sich damit um eine „gesellschaftsrechtsinfizierte" Strafvorschrift handelt, liegt danach eine Beschränkung der Niederlassungsfreiheit vor, da das englische Recht im Vergleich – wie eben gezeigt – wegen des Verzichts auf eine allgemeine Insolvenzantragspflicht sowie auf eine daran anknüpfende Strafvorschrift weniger streng ausgeprägt ist. Die Anwendung des strengeren Zuzugsstrafrechts müsste also nach dem „Vier-Konditionen-Test" gerechtfertigt werden. Dabei ist zunächst festzustellen, dass von § 15a Abs. 4 InsO keine diskriminierende Wirkung ausgeht. Auch verfolgt § 15a Abs. 4 InsO mit dem Gläubigerschutz einen zwingenden Grund des Allgemeininteresses. Ebenso ist davon auszugehen, dass die Strafvorschrift auch nach der vom EuGH zugrun-

---

650 *Weiß*, S. 188 zur Vorgängervorschrift § 84 Abs. 1 Nr. 2 GmbHG.
651 Vgl. nur *Weiß*, S. 191.

degelegten Definition dazu geeignet ist, diesen Zweck zu verfolgen. Zweifel ergeben sich aber an der Erforderlichkeit der Strafvorschrift.

1. Hinreichender Schutz durch englisches Insolvenzrecht?

Da das englische Insolvenzrecht nicht zur Anwendung gelangt, kann dieses schon keine hinreichende Schutzwirkung entfalten. Weder ein zivilrechtliches Vorgehen nach Sec. 213 IA 1986 (*fraudulent trading*) noch nach Sec. 214 IA 1986 (*wrongful trading*) gegen den Limited-Director ist erfolgsversprechend, da beide Vorschriften wegen Art. 4 Abs. 1 EuInsVO unanwendbares englisches Insolvenzrecht darstellen.

2. Hinreichender Schutz durch englisches Gesellschaftsrecht?

Das englische Gesellschaftsrecht kann zwar im Fall der Insolvenzverfahrenseröffnung in Deutschland grundsätzlich anwendbar bleiben, was dazu führt, dass auch der in Sec. 993 CA 2006 enthaltene Straftatbestand *offence of fraudulent trading* weiterhin Anwendung finden kann. Von der EuInsVO ist keine *vis attractiva concursus*, d.h. keine umfassende sachliche, örtliche und auch internationale Zuständigkeit für Klagen, die mit dem Insolvenzverfahren zusammenhängen (sog. „Annexverfahren"), des Insolvenzgerichts entgegen der sonst maßgeblichen zivilverfahrensrechtlichen Zuständigkeitsverteilung vorgesehen.[652]

Das gleiche Schutzniveau wie mit der Strafandrohung des § 15a Abs. 4 InsO wird aber auch mit der Anwendung des CA 2006 nicht erreicht. Dabei stehen einer in der Praxis – wie oben gezeigt – ohnehin nur schwer nachzuweisenden Strafbarkeit wegen Sec. 993 CA 2006 die bereits i.R. der Prüfung der Erforderlichkeit der Anwendung des § 283 Abs. 1 Nr. 1-4 StGB gezeigten Durchsetzungshindernisse entgegen. Zweifel an der Erforderlichkeit der Anwendung des § 15a Abs. 4 InsO ergeben sich aber deswegen, da das im englischen Recht wohl für ausreichend erachtete Schutzniveau des Sec. 993 CA durch das deutsche Strafrecht allein mit der Strafbarkeit wegen Betrugs gemäß § 263 StGB

---

652 BGH NJW 2003, 2916, 2917; *Weiß*, S. 200 f.; vgl. *Willemer*, Vis attractiva concursus und die Europäische Insolvenzverordnung, 2006.

und der zivilrechtlichen Deliktshaftung gemäß § 823 Abs. 2 BGB i.V.m. § 263 StGB erreicht werden kann.

Nach der in der Literatur vertretenen Ansicht, wonach der Unternehmer sich im Niederlassungsstaat lediglich an die Verhaltensregeln halten muss, die für ihn im Herkunftsstaat gelten, wenn sowohl Herkunfts- als auch Niederlassungsmitgliedstaat dasselbe Schutzanliegen mit vergleichbaren Mitteln verfolgen, müsste deshalb hier wohl die Anwendung des Straftatbestands des § 15a Abs. 4 InsO als Verstoß gegen die Niederlassungsfreiheit bewertet werden, die sich mangels Erforderlichkeit i.S. des „Vier-Konditionen-Tests" nicht rechtfertigen ließe.

II. Restriktion der Reichweite der Niederlassungsfreiheit

1. Kein Eingriff wegen EU-Sekundärrecht – EuInsVO

Nach einer Ansicht in der Literatur ist die Strafvorschrift des § 15a Abs. 4 InsO – ebenso wie die Insolvenzantragspflicht gemäß Absatz 1 – wegen ihres insolvenzrechtlichen Charakters „unbedenklich" und hat keinen die Niederlassungsfreiheit beschränkenden Charakter.[653] Insolvenzrechtliche Vorschriften enthalten nach dieser Ansicht schon grundsätzlich keine Beschränkungen der Niederlassungsfreiheit, da sie sich wegen den EU-sekundärrechtlichen Kollisions-normen der Artt. 3 und 4 EuInsVO des Internationalen Insolvenzrechts „kollisionsfrei in das System der Grundfreiheiten des EU-Vertrags einfügen" lassen.[654] Mit der Sachnormverweisung des Art. 4 Abs. 1 EuInsVO haben sich die Mitgliedstaaten ausdrücklich darauf geeinigt, dass für das Insolvenzverfahren und seine Wirkungen das Insolvenzrecht des Mitgliedstaats, in dem das Verfahren eröffnet wird, gilt.

---

653 *Borges*, ZIP 2004, 733, 738 f.; *Kuntz*, NZI 2005, 424, 427; *Radtke/Hoffmann*, EuZW 2009, 404, 408.

654 *Radtke/Hoffmann*, EuZW 2009, 404, 408; MK-BGB/*Kindler*, IntGesR, Rn. 659; *Ulmer*, NJW 2004, 1201, 1207.

2. Übertragung der „Keck"-Formel

Werden die Insolvenzrechtsvorschriften als lediglich tätigkeitsbezogene und nicht korporativ wirkende Regeln – und damit als allgemeines Verkehrsrecht – gewertet, greifen sie i.s. der „Keck"-Formel nur dann in rechtfertigungsbedürftiger Weise in den Schutzbereich der Niederlassungsfreiheit ein, wenn sie ausnahmsweise eine „signifikante" Erschwerung des Marktzugangs darstellen. Konnte eine solche „signifikante" Erschwerung noch i.r. der Doppelbelastung bei der Verpflichtung, deutsche Handelsbücher zu führen, festgestellt werden, lässt sich dies für die Insolvenzantragspflicht nicht fruchtbar machen. Eine unzulässige Doppelbelastung kann hinsichtlich der Insolvenzantragspflicht schon deswegen nicht eintreten, da stets nur die Regeln eines Mitgliedstaats zur Anwendung kommen können. Die in § 15a Abs. 4 InsO normierte Strafbewehrung der Verletzung der Antragspflicht des § 15a Abs. 1 InsO verstößt damit nicht gegen die Niederlassungsfreiheit gemäß Artt. 49, 54 AEUV.

3. Begrenzung des Schutzbereichs auf das Diskriminierungsverbot

Nach dem hier vorgestellten „Modell" der Begrenzung des Schutzbereichs der Niederlassungsfreiheit i.S. der Artt. 49, 54 AEUV auf das Diskriminierungsverbot i.r. des Strafrechts ist festzustellen, dass § 15a Abs. 4 InsO keinen diskriminierenden Charakter aufweist, sondern gegenüber EU-Auslandsgesellschaftsleitern in gleichem Maße wie für Inlandsgesellschaftsleiter gilt. Damit greift der nationale Straftatbestand des § 15a Abs. 4 InsO nicht in den Schutzbereich der Niederlassungsfreiheit der Artt. 49, 54 AEUV ein. Seine Anwendung ist nicht gemeinschaftsrechtswidrig.

4. Rechtfertigung nach dem modifizierten „Vier-Konditionen-Test"

Auch gelingt eine Rechtfertigung nach dem hier für das Strafrecht entwickelten modifizierten „Vier-Konditionen-Test", bei dem die Erforderlichkeitsprüfung i.S. des strengen „Vier-Konditionen-Tests" durch die Grenze der Unverhältnismäßigkeit i.e.S. ersetzt wird. Danach kann die Anwendung der Strafvorschrift des § 15a Abs. 4 InsO gerechtfertigt werden, da sie mit dem Gläubigerschutz ein zwingendes Allgemeininteresse verfolgt, wie eben gezeigt nicht diskriminierend wirkt und ferner auch nicht unverhältnismäßig ist. Dabei kann dahinstehen, dass das Schutzniveau des Herkunftsrechts möglicherweise niedriger ist bzw. das englische Recht hier überhaupt keine Strafbewehrung der verspäteten Insolvenzantragstellung kennt.

D. Ergebnis für § 15a Abs. 4 InsO

Der Limited-Director kann sich gemäß § 15a Abs. 4 InsO wegen Verletzung seiner Insolvenzantragspflicht i.S. des § 15a Abs. 1 InsO strafbar machen.

E. Tabellarische Zusammenfassung

Begrenzung durch die „Keck"-Formel	• Nach der „Keck"-Formel kann § 15a Abs. 4 InsO als allgemeines Verkehrsrecht gewertet werden, das nicht in rechtfertigungsbedürftiger Weise in den Schutzbereich der Niederlassungsfreiheit eingreift.
Begrenzung auf das Diskriminierungsverbot	• Bei einer Begrenzung des Schutzbereichs der Niederlassungsfreiheit i.S. der Artt. 49, 54 AEUV auf das Diskriminierungsverbot i.R. des Strafrechts verstößt § 15a Abs. 4 InsO nicht gegen die Niederlassungsfreiheit
Weiterer Rechtfertigungsspielraum durch „Unverhältnismäßigkeit" als Grenze	• § 15a Abs. 4 InsO kann nach dem hier entwickelten modifizierten „Vier-Konditionen-Test" aus zwingenden Gründen des Allgemeinwohls gerechtfertigt werden, da die Strafvorschrift nicht unverhältnismäßig i.e.S. ist.

Fazit

A. Bankrottdelikte – §§ 283 ff. StGB

Nach der geltenden Gesetzesfassung kann sich nach der hier vertretenen Auffassung der Limited-Director wegen Bankrotts gemäß § 283 Abs. 1 Nr. 1-4 StGB strafbar machen, ohne dass dies europarechtlichen Bedenken begegnet. Die Niederlassungsfreiheit geht nicht so weit, dass eine Scheinauslandsgesellschaft mit COMI in Deutschland das im EU-Gründungsstaat geltende Strafrecht i.S. eines strafrechtlichen Maximums mit in den EU-Zuzugsstaat bringt. Zur Begrenzung der Wirkung der Niederlassungsfreiheit wurden i.r. der vorliegenden Arbeit drei Möglichkeiten vorgestellt (S. 93 ff.).

Der Beschränkungsbegriff ist entweder i.s. der „Keck"-Formel zu begrenzen, der Schutzbereich der Niederlassungsfreiheit der Artt. 49, 54 AEUV i.R. des Strafrechts auf das Diskriminierungsverbot zu begrenzen oder aber bei der Rechtfertigung ist ein milderer Maßstab als der strenge „Vier-Konditionen-Test" des EuGH zur Rechtfertigung aus zwingenden Gründen des Allgemeinwohls anzuwenden, hier sog. modifizierter „Vier-Konditionen-Test". Namentlich ist das Erforderlichkeitskriterium dahingehend abzuwandeln, dass auf die Unverhältnismäßigkeit i.e.S. als Grenze abzustellen ist. Dabei darf eine nationale Strafvorschrift nach der hier vertretenen Ansicht bis zur Grenze der Unverhältnismäßigkeit i.e.S. bzw. Unangemessenheit auch über das hinausgehen, was zur Erreichung des verfolgten Ziels unbedingt erforderlich ist. Ein möglicherweise niedrigeres strafrechtliches Schutzniveau eines anderen EU-Mitgliedstaates ist damit für den Zuzugsstaat vor dem Hintergrund der Niederlassungsfreiheit der Artt. 49, 54 AEUV unbeachtlich (S. 105 ff.).

Eine Strafbarkeit des Limited-Directors wegen Bankrotts bzw. unterlassener Buchführung gemäß §§ 283 Abs. 1 Nr. 5-7 StGB und 283b Abs. 1 Nr. 1-3 StGB scheidet nach der hier vertretenen Ansicht jedoch aus, da die Limited bzw. ihren Director keine Pflichten aus dem HGB treffen und eine Ausfüllung dieser Blankettstrafgesetze durch das englische Handelsrecht – namentlich Sec. 386 ff. CA 2006 (*accounting records*) – wegen des Parlamentsvorbehalts gemäß Art. 103 Abs. 2 GG, § 1 StGB nicht in Betracht kommt (S. 133 ff.).

Die auf das Handelsrecht verweisenden Tatbestandsvarianten des § 283 StGB, die durch aktives Tun begangen werden – namentlich § 283 Abs. 1 Nr. 5 Var. 2, Nr. 6 und Nr. 7a StGB – können dabei von der Generalklausel des

§ 283 Abs. 1 Nr. 8 StGB ebenso erfasst werden wie die auf das Handelsrecht verweisenden Tatbestandsvarianten des § 283 StGB, die durch Unterlassen begangen werden – namentlich § 283 Abs. 1 Nr. 5 Var. 1 und Nr. 7b StGB. Bestraft wird nicht die Verletzung einer sich aus englischem Recht ergebenden Pflicht, sondern vielmehr die faktische Kenntnisentziehung der wirklichen Vermögensverhältnisse, die sich unabhängig vom englischen Recht aus der unterlassenen Buchführung ergibt (S. 139 ff.). Die Anwendung des § 283 Abs. 1 Nr. 8 StGB ist auch nicht gemeinschaftsrechtswidrig, da die Reichweite der Niederlassungsfreiheit der Artt. 49, 54 AEUV nach einer der drei i.R. dieser Arbeit vorgestellten Methoden zu begrenzen ist.

B. Untreue – § 266 StGB

Die Strafbarkeit wegen Untreue gemäß § 266 StGB kommt für den Limited-Director in Betracht. Zwar kann die von § 266 StGB für beide Tatbestandsvarianten vorausgesetzte Treuepflicht des Directors bzw. deren Verletzung gegenüber der Limited nicht dem deutschen Pflichtenkatalog entnommen werden – eine Strafbarkeit des Directors gemäß § 266 StGB wegen der „deutschen" Existenzvernichtungshaftung oder wegen eines Verstoßes gegen die Kapitalerhaltungsregeln des GmbHG kommt insofern nicht in Betracht. Jedoch kann sich der Limited-Director wegen Verletzung einer ihm gemäß Sec. 171 ff. CA 2006 obliegenden Pflicht gemäß § 266 StGB strafbar machen (S. 158 ff.). Eine unzulässige Beschränkung der Niederlassungsfreiheit liegt nach den hier getroffenen Feststellungen nicht vor (S. 163 ff.).

C. Insolvenzverschleppung – § 15a Abs. 4 InsO

Eine Strafbarkeit des Limited-Directors kommt auch nach § 15a Abs. 4 InsO in Betracht. Den Limited-Director trifft die Insolvenzantragspflicht nach § 15a Abs. 1 InsO. Der Strafbarkeit nach § 15a Abs. 4 InsO steht die Niederlassungsfreiheit der Artt. 49, 54 AEUV nach den hier vorgestellten Möglichkeiten der Begrenzung der Reichweite der Niederlassungsfreiheit nicht entgegen (S. 179 ff.).

D. Tabellarische Zusammenfassung

§§ 283 ff. StGB	• Der Limited-Director kann sich wegen § 283 Abs. 1 Nr. 1-4 StGB strafbar machen.
	• Eine Strafbarkeit wegen §§ 283 Abs. 1 Nr. 5-7, 283b Abs. 1 Nr. 1-3 StGB kommt nicht in Betracht.
	• § 283 Abs. 1 Nr. 8 StGB entfaltet eine Auffangfunktion für § 283 Abs. 1 Nr. 5 Var. 2, Nr. 6, Nr. 7a.
	• Auch für die durch Unterlassen begangenen Verstöße gegen Buchführungspflichten gemäß § 283 Abs. 1 StGB kann § 283 Abs. 1 Nr. 8 StGB eine Auffangfunktion erfüllen.
§ 266 StGB	• Der Limited-Director kann sich wegen Untreue gemäß § 266 StGB i.V.m. Sec. 171 ff. CA 2006 strafbar machen.
§ 15a Abs. 4 InsO	• Der Limited-Director kann sich wegen Insolvenzverschleppung gemäß § 15a Abs. 4 InsO strafbar machen.

Literaturverzeichnis

Achenbach, Hans: Schwerpunkte der BGH-Rechtsprechung zum Wirtschaftsstrafrecht, in: 50 Jahre Bundesgerichtshof: Festgabe aus der Wissenschaft, Band IV Straf- und Strafprozeßrecht, S. 593 ff., München 2000 (zit.: BGH-FG IV)

– Das Strafrecht als Mittel der Wirtschaftslenkung, ZStW 119 (2007), 789 ff.

Altenhain, Karsten/Wietz, Christopher: Die Ausstrahlungswirkung des Referentenentwurfs zum Internationalen Gesellschaftsrecht auf das Wirtschaftsstrafrecht, NZG 2008, 569 ff.

Altmeppen, Holger: Schutz vor „europäischen" Kapitalgesellschaften, NJW 2004, 97 ff.

Altmeppen, Holger/Wilhelm, Jan: Gegen die Hysterie um die Niederlassungsfreiheit der Scheinauslandsgesellschaft, DB 2004, 1083 ff.

Ambos, Kai: Internationales Strafrecht: Strafanwendungsrecht, Völkerstrafrecht, europäisches Strafrecht, 2. Auflage, München 2008

Arloth, Frank: Zur Abgrenzung von Untreue und Bankrott bei der GmbH, NStZ 1990, 570 ff.

Arzt, Gunther: Beweisnot als Motor materiell-rechtlicher Innovation, in: 50 Jahre Bundesgerichtshof, S. 755 ff., München 2000 (zit.: BGH-FG IV)

– Zur Garantenstellung beim unechten Unterlassungsdelikt, JA 1980, 553 ff. und 647 ff.

Bantekas, Ilias/Nash, Susan: International Criminal Law, 2. Auflage, London 2003

Baumann, Jürgen/Weber, Ulrich/Mitsch, Wolfgang: Strafrecht: allgemeiner Teil, 11. Auflage Bielefeld 2003

Baumbach, Adolf/Hueck, Alfred: Gesetz betreffend die Gesellschaften mit beschränkter Haftung
– Kommentar, 19. Auflage, München 2010 (zit.: Baumbach/Hueck/*Bearbeiter*)

Baums, Theodor: Der Geschäftsleitervertrag, Köln 1987

Bayer, Walter: Die EuGH-Entscheidung „Inspire Art" und die deutsche GmbH im Wettbewerb der europäischen Rechtsordnungen, BB 2003, 2357 ff.

Beckemper, Katharina: Anmerkung zu BGH, Urt. v. 6.12.2001 – 1 StR 215/01 (Untreue durch Zuwendungen aus dem Vermögen einer Aktiengesellschaft zur Förderung von Kunst, Wissenschaft, Sozialwesen und Sport), NStZ 2002, 324 ff.

– Anmerkung zu BGH, Urt. v. 13.04.2010 5 StR 428/09 (Zur Untreue eines directors gegenüber einer in einem offshore-Staat gegründeten Limited und zur Verfassungsmäßigkeit des § 266 StGB), ZJS 2010, 554 ff.

Bernstorff, Christoph Graf von: Einführung in das englische Recht, 3. Auflage, München 2006

Bieneck, Klaus: Die Zahlungseinstellung in strafrechtlicher Sicht, wistra 1992, 90 ff.

– Strafrechtliche Relevanz der Insolvenzordnung und aktueller Änderungen des Eigenkapitalersatzrechts, StV 1999, 43 ff.

Biletzki, Gregor C.: Strafrechtlicher Gläubigerschutz bei fehlerhafter Buchführung durch den GmbH-Geschäftsführer, NStZ 1999, 537 ff.

Birkholz, Matthias: Untreuestrafbarkeit als strafrechtlicher „Preis" der beschränkten Haftung, Berlin 1998

Bisson, Frank: Die Strafbarkeit des Geschäftsführers oder Liquidators einer GmbH wegen Insolvenzverschleppung, GmbHR 2005, 843 ff.

Bitter, Georg: Flurschäden im Gläubigerschutzrecht durch Centros & Co.? – Eine Zwischenbilanz, WM 2004, 2190 ff.

Bittmann, Folker: Insolvenzstrafrecht: Handbuch für die Praxis, Berlin 2004 (zitiert: Bittmann/*Bearbeiter*)

– Zahlungsunfähigkeit und Überschuldung nach der Insolvenzordnung, wistra 1998, 321 ff. und 1999, 10 ff.

– Die limitierte GmbH aus strafrechtlicher Sicht, GmbHR 2007, 70 ff.

– Anmerkung zu BGH, Urt. v. 13.04.2010 5 StR 428/09 (Zur Untreue eines Directors gegenüber einer Limited), wistra 2010, 303 ff.

Böhm, Klaus Michael: Das neue Europäische Haftbefehlsgesetz, NJW 2006, 2592 ff.

Borges, Georg: Gläubigerschutz bei ausländischen Gesellschaften mit inländischem Sitz, ZIP 2004, 733 ff.

Brand, Oliver: Das Kollisionsrecht und die Niederlassungsfreiheit von Gesellschaften, JR 2004, 89 ff.

Brechmann, Winfried: Die richtlinienkonforme Auslegung: zugleich ein Beitrag zur Dogmatik der EG-Richtlinie, München 1994

Brumwell, James/Mallet, Nick: Haftungssituation in der private limited company im Vereinigten Königreich, GmbHR 1995, 647 ff.

Bruns, Hans-Jürgen: Grundprobleme der strafrechtlichen Organ- und Vertreterhaftung (§ 14 StGB, § 9 OWiG) – Zum gegenwärtigen Stand von Lehre und Rechtsprechung, GA 1982, 1 ff.

Calliess, Christian/Ruffert, Matthias: Das Verfassungsrecht der Europäischen Union mit Europäischer Grundrechtecharta, München 2007 (zit.: Callies/Ruffert/*Bearbeiter*)

Cornils, Karin: Fremdrechtsanwendung im Strafrecht, Berlin 1978

Dannecker, Gerhard: Die Entwicklung des Strafrechts unter dem Einfluß des Gemeinschaftsrechts, Jura 1998, 79 ff.

Deiters, Mark: Organuntreue durch Spenden und prospektiv kompensationslose Anerkennung, ZIS 2006, 152 ff.

Dierlamm, Alfred: Neue Entwicklungen bei der Untreue – Loslösung des Tatbestandes von zivilrechtlichen Kategorien?, StraFo 2005, 397, 401

Dietmeier, Frank: Blankettstrafrecht – Ein Beitrag zur Lehre vom Tatbestand, Marburg 2002

Dörner, Heinrich: Qualifikation im IPR – ein Buch mit sieben Siegeln?, StAZ 1988, 345 ff.

Ebert, Sabine/Levedag, Christian: Die zugezogene private company limited by shares (Ltd.) nach dem Recht von England und Wales als Rechtsformalternative für in- und ausländische Investoren in Deutschland, GmbHR 2003, 1337 ff.

Eidam, Gerd: Straftäter Unternehmen, München 1997

Eidenmüller, Horst: Ausländische Kapitalgesellschaften im deutschen Recht, München 2004 (zit. Eidenmüller/*Bearbeiter*)

– Mobilität und Restrukturierung von Unternehmen im Binnenmarkt – Entwicklungsperspektiven des europäischen Gesellschaftsrechts im Schnittfeld von Gemeinschaftsgesetzgeber und EuGH, JZ 2004, 24 ff.

– Geschäftsleiter- und Gesellschafterhaftung bei europäischen Auslandsgesellschaften mit tatsächlichem Inlandssitz, NJW 2005, 1618 ff.

Eidenmüller, Horst/Engert, Andreas: Rechtsökonomik des Mindestkapitals, GmbHR 2005, 433 ff.

Eidenmüller, Horst/Rehm, Gebhard M.: Niederlassungsfreiheit versus Schutz des inländischen Rechtsverkehrs: Konturen des Europäischen internationalen Gesellschaftsrechts, ZGR 2004, 159 ff.

Eisenhardt, Ulrich: Gesellschaftsrecht, 14. Auflage, München 2009

Elliot, Catherine/Quinn, Frances: Criminal Law, 7. Auflage, Harlow, Essex 2008

Enderle, Bettina: Blankettstrafgesetze – verfassungs- und strafrechtliche Probleme von Wirtschaftsstrafatbeständen, Frankfurt am Main (u.a.) 2000

Fischer, Thomas: Strafgesetzbuch – Kommentar, 57. Auflage, München 2010

Forkel, Hans-Walter: Grenzüberschreitende Umweltbelastungen und deutsches Strafrecht – zugleich ein Beitrag zur Lehre von der Funktion und Legitimation des Strafrechts, Kiel 1988

Franzheim, Horst: Das Tatbestandsmerkmal der Krise im Bankrottstrafrecht, NJW 1980, 2500 ff.

Fromm, Ingo E.: Zur Nichtigerklärung des Rahmenbeschlusses 2005/667/JI des Rates vom 12.07.2005, ZIS 2008, 168 ff.

Goette, Wulf: Wo steht der BGH nach Centros und Inspire Art?, DStR 2005, 197 ff.

Grabitz, Eberhard/Hilf, Meinhard: Das Recht der Europäischen Union, 37. EL, München 2008

Grau, Carsten/Airey, Simon/Frick, Stefan: Neuere Strafbarkeitsrisiken im Geschäftsverkehr mit England & Wales – The Fraud Act 2006, DB 2009, 1426 ff.

Gribbohm, Günter: Untreue zum Nachteil der GmbH – Zur Harmonisierung zivil- und strafrechtlicher Pflichten des GmbH-Geschäftsführers und -Gesellschafters, ZGR 1990, 1 ff.

Grohmann, Uwe/Gruschinske, Nancy: Beschränkungen des Wegzugs von Gesellschaften innerhalb der EU – die Rechtssache Cartesio, EuZW 2008, 463 ff.

Groeben, Hans von der/Schwarze, Jürgen: Kommentar zum Vertrag über die Europäische Union und zur Gründung der Europäischen Gemeinschaft, 6. Auflage, Baden-Baden 2003 (zit.: Groeben/Schwarze/*Bearbeiter*)

Groos, Bernd/Schork, Alexander T.: Strafbarkeit des directors einer Private Company Limited by Shares wegen verspäteter Insolvenzantragsstellung, NZI 2006, 10 ff.

Großfeld, Bernhard/König, Thomas: Das Internationale Gesellschaftsrecht in der Europäischen Gemeinschaft, RIW 1992, 433 ff.

Haas, Ulrich: Der Normzweck des Eigenkapitalersatzrechts, NZI 2001, 1 ff.

Habersack, Mathias/Verse, Dirk A.: Wrongful Trading – Grundlage einer europäischen Insolvenzverschleppungshaftung?, ZHR 168 (2004), 174 ff.

Hackner, Thomas/Schomburg, Wolfgang/Lagodny, Otto/Gleß, Sabine: Das 2. Europäische Haftbefehlsgesetz, NStZ 2006, 667 ff.

Hecker, Bernd: Europäisches Strafrecht, 2. Auflage, Berlin 2007

Heger, Martin: Die Europäisierung des deutschen Umweltstrafrechts, Tübingen 2009

Heidinger, Andreas: Der Kapitalschutz der GmbH auf dem Prüfstand, DNotZ 2005, 97 ff.

Heine, Günther: Die strafrechtliche Verantwortlichkeit von Unternehmen, Baden-Baden 1995

Heinrich, Bernd: Handlung und Erfolg bei Distanzdelikten, in: Festschrift für Ulrich Weber zum 70. Geburtstag, Bielefeld 2004, S. 91 ff. (zit.: FS-Weber)

Heinz, Volker G.: Die englische Limited: eine Darstellung des Gesellschafts- und Steuerrechts mit Gesetzesauszügen und Mustern, Baden-Baden 2006

Heinz, Wolfgang: Die Bekämpfung der Wirtschaftskriminalität mit strafrechtlichen Mitteln – unter besonderer Berücksichtigung des 1. WiKG, GA 1977, 193 ff.

Hellmann, Uwe/Beckemper, Katharina: Wirtschaftsstrafrecht, 2. Auflage, Stuttgart 2008

Henrich, Andreas: Das passive Personalitätsprinzip im deutschen Strafrecht, Freiburg im Breisgau 1994

Herzberg, Rolf Dietrich: Die Unterlassung im Strafrecht und das Garantenprinzip, Köln 1971

Herzberg, Rolf Dietrich: Die nötigende Gewalt (§ 240 StGB) – Probleme der begrifflichen Ein- und Abgrenzung, GA 1997, 251 ff.

Hilgendorf, Eric: Die Neuen Medien und das Strafrecht, ZStW 113 (2001), 650 ff.

Hilpert, Christian: Englische Ltd. und deutsche GmbH: Haftungsprivileg und Haftungsdurchgriff im Vergleich, Baden-Baden 2006

Hinderer, Patrick A.: Tatumstandsirrtum oder Verbotsirrtum, JA 2009, 864 ff.

Hirsch, Alexander/Britain, Richard: Artfully Inspired – Werden deutsche Gesellschaften englisch?, NZG 2003, 1100 ff.

Hirte, Heribert/Bücker, Thomas: Grenzüberschreitende Gesellschaften – Praxishandbuch für ausländische Kapitalgesellschaften mit Sitz im Inland, 2. Auflage, Köln 2006 (zit.: Hirte/Bücker/*Bearbeiter*)

Hirst, Michael: Jurisdiction and the ambit of the criminal law, Oxford 2003

Höffner, Dietmar: Überschuldung: Ein Tatbestandsmerkmal im Schnittpunkt von Bilanz-, Insolvenz- und Strafrecht, BB 1999, 198 ff. und 252 ff.

Höhn, Reinhard: Die Geschäftsleitung der GmbH, 2. Auflage, Köln 1995

Horn, Eckhard: Anmerkung zu BayOLG, Urt. v. 18.08.1978 – RReg 1 St 147/77 (Trunkenheit im Verkehr durch Alkoholabhängigen), JR 1979, 291 ff.

Horn, Norbert: Deutsches und europäisches Gesellschaftsrecht und die EuGH-Rechtsprechung zur Niederlassungsfreiheit – Inspire Art, NJW 2004, 893 ff.

Hug, Sabine: Die Substitution im internationalen Privatrecht: anhand von Beispielen aus dem internationalen Familienrecht, München/Florentz 1983

Hugger, Heiner: Zur strafbarkeitserweiternden richtlinienkonformen Auslegung deutscher Strafvorschriften, NStZ 1993, 421 ff.

Jakobs, Günther: Anm. zu LG Düsseldorf, Urt. v. 22.7.2004 – XIV 5/03, (Untreue-Vorwurf wegen Verletzung gesellschaftsrechtlicher Sonderpflichten – Mannesmann/Vodafone), NStZ 2005, 276 ff.

Jarass, Hans D./Pieroth, Bodo: Grundgesetz für die Bundesrepublik Deutschland – Kommentar, 10. Auflage, München 2009

Jefferson, Michael: Criminal Law, 8. Auflage, Harlow, Essex 2007

Jescheck, Hans-Heinrich: Die Behandlung der unechten Unterlassungsdelikte in neueren Strafgesetzentwürfen, in: Festschrift für Herbert Tröndle zum 70. Geburtstag am 24. August, Berlin 1989, S. 795 ff. (zit.: FS-Tröndle)

Jescheck, Hans-Heinrich/Weigend, Thomas: Lehrbuch des Strafrechts Allgemeiner Teil, 5. Auflage, Berlin 1996

Johannes, Hartmut: Zur Angleichung des Straf- und Strafprozeßrechts in der Europäischen Wirtschaftsgemeinschaft, ZStW 83 (1971), 531 ff.

Jung, Heike: Grundfragen der Strafrechtsvergleichung, JuS 1998, 1 ff.

– Konturen und Perspektiven des europäischen Strafrechts, JuS 2000, 417 ff.

Just, Clemens: Die englische Limited in der Praxis, 3. Auflage, München 2008

Jüttner, Andreas: Gesellschaftsrecht und Niederlassungsfreiheit – nach Centros, Überseering und Inspire Art, Frankfurt am Main 2005

*K*arlsruher Kommentar zur StPO, hrsg. v. *Hannich, Rolf*, 6. Auflage, München 2008 (zit.: KK-StPO/*Bearbeiter*)

Kaufmann, Armin: Die Dogmatik der Unterlassungsdelikte, 2. Auflage, Göttingen 1988

Kersting, Christian/Schindler, Clemens Philipp: Die EuGH-Entscheidung „Inspire Art" und ihre Auswirkungen auf die Praxis, RdW 2003, 621 ff.

Kienle, Florian: Zur Strafbarkeit des Geschäftsleiters einer in Deutschland ansässigen Limited englischen Rechts, GmbHR 2007, 696 ff.

Kindler, Peter: Niederlassungsfreiheit für Scheinauslandsgesellschaften? – Die „Centros"-Entscheidung des EuGH und das internationale Privatrecht, NJW 1999, 1993 ff.

Kindler, Peter: Auf dem Weg zur Europäischen Briefkastengesellschaft? – Die „Überseering"-Entscheidung des EuGH und das internationale Privatrecht, NJW 2003, 1073 ff.

Kindler, Peter: „Inspire Art" – Aus Luxemburg nichts Neues zum internationalen Gesellschaftsrecht, NZG 2003, 1086 ff.

Kleinert, Jens/Probst, Peter: Anmerkung zu EuGH, Urt. v. 30.9.2003 – Rs. C-167/01 – Inspire Art (Endgültiges Aus für Sonderanknüpfungen bei [Schein-]Auslandsgesellschaften), DB 2003, 2217 ff.

Knapp, Andreas: Überseering – Zwingende Anerkennung von ausländischen Gesellschaften? – Zugleich Anmerkungen zum Urteil des EuGH vom 5.11.2002 – Rs. C-208/00 (Überseering), DNotZ 2003, 85 ff.

Kottmann, Matthias/Wohlfahrt, Christian: Der gespaltene Wächter? – Demokratie, Verfassungsidentität und Integrationsverantwortung im Lissabon-Urteil, ZaöRV 69 (2009), 443 ff.

Kotzurek, Nathalie: Gegenseitige Anerkennung und Schutzgarantien bei der Europäischen Beweisanordnung, ZIS 2006, 123 ff.

Krause, Daniela: Zur Berücksichtigung beiseitegeschaffter Vermögenswerte bei der Feststellung der Zahlungsunfähigkeit im Rahmen des § 283 II StGB, NStZ 1999, 161 ff.

– Anmerkung zu BGH, Urt. v. 22.2.2001 – 4 StR 421/99 (Bankrott), NStZ 2002, 42 ff.

Krey, Volker: Gesetzestreue und Strafrecht – Schranken richterlicher Rechtsfortbildung ZStW 101 (1989), 838 ff.

Kropholler, Jan: Internationales Privatrecht: einschließlich der Grundbegriffe des Internationalen Zivilverfahrensrechts, 6. Auflage, Tübingen 2006

Krüger, Matthias: Anmerkung zu BGH, Urt. v. 22.2.2001 – 4 StR 421/99 (Zur Anwendbarkeit des Bankrottdelikts beim Privatkonkurs), wistra 2002, 52 ff.

Kudlich, Hans/Christensen, Ralph: Die Kanones der Auslegung als Hilfsmittel für die Entscheidung von Bedeutungskonflikten, JA 2004, 74 ff.

Kübler, Friedrich/Assmann, Heinz-Dieter: Gesellschaftsrecht – die privatrechtlichen Ordnungsstrukturen und Regelungsprobleme von Verbänden und Unternehmen, 6. Auflage, Heidelberg 2006

Kübler, Bruno M. /Prütting, Hanns/Holzer, Johannes/Pape, Gerhard: Kommentar zur Insolvenzordnung, Köln 1999 (zit.: Kübler/Prütting/*Bearbeiter*)

Kühl, Kristian: Strafrecht, Allgemeiner Teil, 6. Auflage, München 2008

– Anmerkungen zum Bestimmtheitsgrundsatz, in: Festschrift für Manfred Seebode zum 70. Geburtstag, Berlin 2008, S. 61 ff. (zit.: FS-Seebode)

– Fragmentarisches und subsidiäres Strafrecht, in: Strafrecht und Wirtschaftsstrafrecht – Dogmatik, Rechtsvergleich, Rechtstatsachen – Festschrift für Klaus Tiedemann zum 70. Geburtstag, Köln/München 2008, S. 29 ff. (zit.: FS-Tiedemann)

– Das Profil des Strafrechts, in: In dubio pro libertate – Festschrift für Klaus Volk zum 65. Geburtstag, München 2009, S. 275 ff. (zit.: FS-Volk)

– Besonders hohe Grenzen für den Strafgesetzgeber, in: Strafrechtspraxis und Reform – Festschrift für Heinz Stöckel zum 70. Geburtstag, Berlin 2010, S. 117 ff. (zit.: FS-Stöckel)

Kuntz, Thilo: Die Insolvenz der Limited mit deutschem Verwaltungssitz – EU-Kapitalgesellschaften in Deutschland nach Inspire Art, NZI 2005, 424 ff.

Labsch, Karl Heinz: Die Strafbarkeit des GmbH-Geschäftsführers im Konkurs der GmbH, wistra 1985, 59 ff.

Lackner, Karl: Anm. zu BGH, Urt. v. 26.07.1967 – 4 StR 38/67 (Zuständigkeit für Verkehrsübertretungen Deutscher in Österreich), JR 1968, 268 ff.

Lackner, Karl/Kühl, Kristian: Strafgesetzbuch – Kommentar, 26. Auflage, München 2007

Ladiges, Manuel/Pegel, Christian: Neue Pflichten für directors einer limited durch den Companies Act 2006, DStR 2007, 2069 ff.

Leible, Stefan/Hoffmann, Jochen: Wie inspiriert ist „Inspire Art"?, EuZW 2003, 677 ff.

Leipziger Kommentar – Strafgesetzbuch Großkommentar, hrsg. v. *Laufhütte, Heinrich Wilhelm/Rissing-van Saan, Ruth/Tiedemann, Klaus*, Berlin 2009 (zit.: LK-StGB/Bearbeiter)

Liebelt, Klaus-Günter.: Zum deutschen internationalen Strafrecht und seiner Bedeutung für den Einfluß außerstrafrechtlicher Rechtssätze des Auslands auf die Anwendung inländischen Strafrechts: ein Beitrag zur Lehre vom internationalen Geltungsbereich des deutschen Strafrechts, Münster 1987

– Anmerkung zu OLG Karlsruhe, Urteil vom 21.02.1985 – 4 Ss 1/85 (Verletzung der Buchführungspflicht im Ausland), NStZ 1989, 182 ff.

– Bigamie als Auslandstat eines Ausländers – Zur Behandlung außerstrafrechtlicher Inzidentfragen auf der Ebene des Tatbestandes, GA 1994, 20 ff.

Lieder, Jan: Anmerkung zu BGH, Urt. v. 14.3.2005 – II ZR 5/03 (Die Haftung der Geschäftsführer und Gesellschafter von EU-Auslandsgesellschaften mit tatsächlichem Verwaltungssitz in Deutschland), DZWIR 2005, 399 ff.

Link, Holger: Anmerkung zu BGH, Urt. v. 10.2.2009 – 3 StR 372/08 (Bankrott-Strafbarkeit eines GmbH-Geschäftsführers – Interessentheorie), NJW 2009, 228 ff.

Lohberger, Ingram Karl: Blankettstrafrecht und Grundgesetz, München 1968

Lorenz, Stephan: Zivilprozessuale Konsequenzen der Neuregelung des Internationalen Deliktsrechts: Erste Hinweise für die anwaltliche Praxis, NJW 1999, 2215 ff.

MacIntyre, Ewan: Business Law, ?. Auflage, Edinburgh Gate, Harlow 2005

Makarov, Alexander: Betrachtungen zum internationalen Strafrecht, in: Tübinger Festschrift für Eduard Kern, Tübingen 1968, S. 253 ff. (zit.: FS-Kern)

Mankowski, Peter/Bock, Stefanie: Fremdrechtsanwendung im Strafrecht durch Zivilrechtsakzessorietät bei Sachverhalten mit Auslandsbezug für Blanketttatbestände und Tatbestände mit normativem Tatbestandsmerkmal, ZStW 120 (2008), 704 ff.

Mansdörfer, Marco: Die allgemeine Straftatlehre des common law – eine Darstellung unter besonderer Berücksichtigung des englischen Strafrechts, Heidelberg 2005 (zit.: Mansdörfer/Bearbeiter)

Marxen, Klaus/Taschner, Katharina: Anmerkung zu BGH, Urt. v. 25.04.2006 – 1 StR 519/05 (Zur Untreue durch den GmbH-Geschäftsführer), EWiR 2006, 509 ff.

Maul, Silja/Schmidt, Claudia: Inspire Art – Quo vadis Sitztheorie?, BB 2003, 2297 ff.

Maunz, Theodor/Dürig, Günter (Begr.) herausg. von *Herzog, Roman/Herdegen, Matthias/Scholz, Rupert/Klein, Hans H.*: Grundgesetz – Kommentar, 55. Auflage, München 2009 (zit.: Maunz/Dürig/*Bearbeiter*)

Meilicke, Wienand: Errichtung einer Zweigniederlassung einer ausländischen GmbH in einem anderen EU-Mitgliedsstaat, GmbHR 2003, 1271 ff.

Meyer-Goßner, Lutz: Strafprozessordnung: Gerichtsverfassungsgesetz, Nebengesetze und ergänzende Bestimmungen – Kommentar, München 2009

Mock, Sebastian/Schildt, Charlotte: Insolvenz ausländischer Kapitalgesellschaften mit Sitz in Deutschland, ZInsO 2003, 396 ff.

Mock, Sebastian/Westhoff, Andre: Verwendung ausländischer Kapitalgesellschaften bei Unternehmensakquisitionen, DZWIR 2004, 23 ff.

Moosmayer, Klaus: Anmerkung zu Biletzki: Strafrechtlicher Gläubigerschutz bei fehlerhafter Buchführung durch den GmbH-Geschäftsführer, NStZ 2000, 295 ff.

Müller, Hans-Friedrich: Insolvenz ausländischer Kapitalgesellschaften mit inländischem Verwaltungssitz, NZG 2003, 414 ff.

Müller-Gugenberger, Christian: Glanz und Elend des GmbH-Strafrechts – Einige Bemerkungen zum Problem der Auslandsgesellschaften im deutschen Strafrecht, in: Strafrecht und Wirtschaftsstrafrecht – Dogmatik, Rechtsvergleich, Rechtstatsachen – Festschrift für Klaus Tiedemann zum 70. Geburtstag, Köln/München 2008, S. 1003 ff. (zit.: FS-Tiedemann)

Müller-Gugenberger, Christian/Bieneck, Klaus: Handbuch des Wirtschaftsstraf- und -ordnungswidrigkeitenrechts, 4. Auflage, Köln 2006 (zit.: M-G/B/*Bearbeiter*)

Müller, Rudolf/Wabnitz, Heinz-Bernd/Janovsky, Thomas: Wirtschaftskriminalität – Eine Darstellung der typischen Erscheinungsformen mit praktischen Hinweisen zur Bekämpfung, 4. Auflage, München 1997 (zit.: Müller/Wabnitz/Janovsky/*Bearbeiter*)

Münchener Kommentar zum Aktiengesetz in neun Bänden, hrsg. v. *Goette, Wulf/Habersack, Mathias/Kalss, Susanne* (zit.: MK-AktG/*Bearbeiter*)

– Band 2, von *Goette/Habersack/Kalss*, 3. Auflage, München 2008

Münchener Kommentar zum Bürgerlichen Gesetzbuch in 11 Bänden, hrsg. v. *Rebmann, Kurt/Säcker, Franz Jürgen/Rixecker, Roland* (zit.: MK-BGB/*Bearbeiter*)

– Band 10, von *Sonnenberger, Hans Jürgen*, 4. Auflage, München 2006

– Band 11, von *Sonnenberger, Hans Jürgen*, 4. Auflage, München 2006

Münchener Kommentar zum Strafgesetzbuch in sechs Bänden, hrsg. v. *Joecks, Wolfgang/Miebach, Klaus* (zit.: MK-StGB/*Bearbeiter*):

– Band 1, §§ 1-51, Bandredakteur: *von Heintschel-Heinegg, Bernd*, München 2003

– Band 2/2, §§ 80-184 f, Bandredakteuer: *von Heintschel-Heinegg, Bernd*, München 2005

– Band 4, §§ 263-358, §§ 1-8, 105, 106 JGG, Bandredakteure *Hefendehl, Roland/Hohmann, Olaf*, München 2006

Nelles, Ursula: Untreue zum Nachteil von Gesellschaften: zugleich ein Beitrag zur Struktur des Vermögensbegriffs als Beziehungsbegriff, Berlin 1991

Neuling, Jasper: Deutsche GmbH und englische private company: Monismus oder Dualismus im System des Kapitalgesellschaftsrechts, Köln 1997

Niemeyer, Carl Michael: Der Schutz inländischer Gläubiger bei Errichtung grenzüberschreitender Niederlassungen, Baden-Baden 2006

Nomos Kommentar zum Strafgesetzbuch in zwei Bände, hrsg. v. *Kindhäuser, Urs/Neumann, Ulfrid/Paeffgen, Hans-Ullrich*, 2. Auflage, Baden-Baden 2005 (zit.: NK-StGB/*Bearbeiter*)

Nowakowski, Friedrich: Anwendung des inländischen Strafrechts und außerstrafrechtliche Rechtssätze JZ 1971, 634 ff.

Oehler, Dietrich: Internationales Strafrecht – Geltungsbereich des Strafrechts, internationales Rechtshilferecht, Recht der Gemeinschaften, Völkerstrafrecht, 2. Auflage, Köln 1983

– Anmerkung zu OLG Saarbrücken, Urt. v. 03.10.1974 – Ss 55/74 (Strafbarkeit von Ausländern wegen Unterhaltspflichtverletzungen), JR 1975, 292 ff.

– Anmerkung zu OLG Karlsruhe, Urt. v. 17.01.1978 – 2 Ws 168/77 (Zur Strafbarkeit von Unterhaltspflichtverletzungen mit Schwergewicht im Ausland), JR 1978, 382 ff.

– Anmerkung zu BGH, Urt. v. 31.07.1979 – 1 StR 21/79 (Über die Anwendbarkeit deutschen Unterhaltsstrafrechts auf im Inland lebende Ausländer in Fällen der Unterhaltspflichtverletzung gegenüber im Ausland lebenden Berechtigten fremder Staatsangehörigkeit), JR 1980, 381 ff.

Ormerod, David: Smith&Hogan Criminal Law, 12. Auflage, Oxford 2008 (zit.: Smith&Hogan/*Ormerod*)

Otto, Harro: Der Corpus Juris der strafrechtlichen Regelungen zum Schutz der finanziellen Interessen der Europäischen, Jura 2000, 98 ff.

– Die Bedeutung des Bestimmtheitsgrundsatzes, in: Festschrift für Manfred Seebode zum 70. Geburtstag, Berlin 2008, S. 81 ff. (zit.: FS-Seebode)

Otto, Harro/Brammsen, Jörg: Die Grundlagen der strafrechtlichen Haftung des Garanten wegen Unterlassens, Jura 1985, 530 ff., 592 ff. und 646 ff.

Pannen, Klaus/Riedemann, Susanne: Anmerkung zu AG Bad Segeberg, Urt. v. 24.03.2005 – 17 C 289/04 (Zur Frage von Gläubigeransprüchen bei einer englischen Limited mit Geschäftstätigkeit in Deutschland), NZI 2005, 413 ff.

Radtke, Henning: Einwilligung und Einverständnis der Gesellschafter bei der sog GmbH-rechtlichen Untreue, GmbHR 1998, 311 ff. u. 361 ff.

– Untreue (§ 266 StGB) zu Lasten von ausländischen Gesellschaften mit faktischem Sitz in Deutschland, GmbHR 2008, 729 ff.

– Anmerkung zu BGH, Urt. v. 10.02.2009 – 3 StR 372/08 (Zur Strafbarkeit wegen Beihilfe zum Bankrott), GmbHR 2009, 875 ff.

Radtke, Henning/Hoffmann, Maike: Gesellschaftsrechtsakzessorietät bei der strafrechtlichen Untreue zu Lasten von Kapitalgesellschaften? – oder: „Trihotel" und die Folgen, GA 2008, 535 ff.

– Die Anwendbarkeit von nationalem Insolvenzstrafrecht auf EU-Auslandsgesellschaften, EuZW 2009, 404 ff.

Ransiek, Andreas: Zur deliktischen Eigenhaftung des GmbH-Geschäftsführers aus strafrechtlicher Sicht, ZGR 1992, 210 ff.

Reck, Reinhard: Auswirkungen der Insolvenzordnung auf die GmbH aus strafrechtlicher Sicht, GmbHR 1999, 267 ff.

– Die strafrechtlichen Folgen einer unterlassenen, unrichtigen oder verspäteten Bilanzaufstellung für einen GmbH-Geschäftsführer, GmbHR 2001, 424 ff.

Redeker, Rouven: Die Haftung für *wrongful trading* im englischen Recht – eine vergleichende Betrachtung der deutschen und der englischen Geschäftsleiterhaftung für Insolvenzverschleppung, Leipzig 2007

Rengeling, Hans-Werner/Middeke, Peter/Gellermann, Martin: Handbuch des Rechtsschutzes in der Europäischen Union, 2. Auflage, München 2003 (zit.: Rengeling/Middeke/Gellermann/*Bearbeiter*)

Rengier, Rudolf: Anmerkung zu BGH, Urt. v. 02.03.1994 – 2 StR 604/93 (Zum Schutzbereich von StGB § 326 Abs. 1 Nr. 3), JR 1996, 34 ff.

Renthrop, Kathrin: Untreue und Unterschlagung (§§ 266 und 246 StGB) – Reformdiskussion und Gesetzgebung seit dem 19. Jahrhundert, Berlin 2007

Riegger, Bodo: Centros – Überseering – Inspire Art: Folgen für die Praxis, ZGR 2004, 510 ff.

Richter, Hans: „Scheinauslandsgesellschaften" in der deutschen Strafverfolgungspraxis, in: Strafrecht und Wirtschaftsstrafrecht – Dogmatik, Rechtsvergleich, Rechtstatsachen – Festschrift für Klaus Tiedemann zum 70. Geburtstag, Köln/München 2008, S. 1023 ff. (zit.: FS-Tiedemann)

Röhm, Peter M.: Zur Abhängigkeit des Insolvenzstrafrechts von der Insolvenzordnung, Herbolzheim 2002

Rönnau, Thomas: Haftung der Direktoren einer in Deutschland ansässigen englischen Private Company Limited by Shares nach deutschem Strafrecht – eine erste Annäherung, ZGR 2005, 832 ff.

– Untreue als Wirtschaftsdelikt, ZStW 119 (2007), 887 ff.

Roth, Günther H./Altmeppen, Holger: Gesetz betreffend die Gesellschaften mit beschränkter Haftung – Kommentar, 6. Auflage, München 2009 (zit. Roth/Altmeppen/*Bearbeiter*)

Roxin, Claus: Strafrecht Allgemeiner Teil Band I: Grundlagen. Der Aufbau der Verbrechenslehre, 4. Auflage, München 2006 (zit.: *Roxin*, AT I)

– Strafrecht Allgemeiner Teil Band II: Besondere Erscheinungsformen der Straftat, München 2003 (zit.: *Roxin*, AT II)

Sandrock, Otto/Austmann, Andreas: Das Internationale Gesellschaftsrecht nach der Daily Mail-Entscheidung des Europäischen Gerichtshofs – Quo vadis?, RIW 1989, 249 ff.

Sandrock, Otto/Wetzler, Christoph F.: Deutsches Gesellschaftsrecht im Wettbewerb der Rechtsordnungen: nach Centros, Überseering und Inspire Art, Heidelberg 2004 (zit.: Sandrock/Wetzler/*Bearbeiter*)

Satzger, Helmut: Die Europäisierung des Strafrechts, Köln/Berlin/Bonn/München 2001

Satzger, Helmut/Schmitt, Bertram/Widmaier, Gunter: StGB – Kommentar, Köln 2009 (zit.: SSW-StGB/*Bearbeiter*)

Savigny, Carl Friedrich: System des heutigen Römischen Rechts 2, 1840

Sax, Walter: Überlegungen zum Treubruchstatbestand des § 266 StGB, JZ 1977, 663 ff.

Schack, Haimo: Rechtsangleichung mit der Brechstange des EuGH – Vom Fluch eines falsch verstandenen Diskriminierungsverbots, ZZP 108 (1995), 47 ff.

Schäfer, Carsten: Zur strafrechtlichen Verantwortlichkeit des GmbH-Geschäftsführers GmbHR 1993, 717 ff. und 798 ff.

Schilling, Simon: Das englische Insolvenzeröffnungsverfahren im Anwendungsbereich der EuInsVO und im Vergleich mit dem deutschen Insolvenzeröffnungsverfahren, DZWIR 2006, 143 ff.

Schlösser, Jan: Die Strafbarkeit des Geschäftsführers einer private company limited by shares in Deutschland, wistra 2006, 81 ff.

Schlüchter, Ellen: Tatbestandsmerkmal der Krise – überflüssige Reform oder Versöhnung des Bankrottstrafrechts mit dem Schuldprinzip?, MDR 1978, 977 ff.

– Der Kaufmann als Garant im Rahmen der unerlaubten Gewässerverunreinigung, in: Straf- und Strafverfahrensrecht, Recht und Verkehr, Recht und Medizin – Festschrift für Hannskarl Salger zum Abschied aus dem Amt als Vizepräsident des Bundesgerichtshofes, Köln 1995, S. 139 ff. (zit.: FS-Salger)

Schmitt, Rudolf: Der Anwendungsbereich von § 1 Strafgesetzbuch (Art. 103 Abs. 2 Grundgesetz), in: Festschrift für Hans-Heinrich Jescheck zum 70. Geburtstag Band 1, Berlin 1985, S. 223 ff. (zit.: Jescheck-FS I)

Schönke, Adolf (Begr.), fortgeführt von *Schröder, Horst*: Strafgesetzbuch – Kommentar, 27. Auflage, München 2006 (zit.: S/S/*Bearbeiter*)

Scholz, Franz: Kommentar zum GmbH-Gesetz, 10. Auflage, Köln 2006 (zit.: Scholz/*Bearbeiter*)

Schramm, Edward: Untreue und Konsens, Berlin 2005

– Anmerkung zu BGH, Urt. v. 22.02.2001 – 4 StR 421/00 (Kann ein Verbraucher einen Bankrott [§ 283 StGB] begehen?), wistra 2002, 55 ff.

Schramm, Edward/Hinderer, Patrick: Anmerkung zu BGH, Urt. v. 13.04.2010 – 5 StR 428/09 (Die Untreue-Strafbarkeit eines Limited-Directors, § 266 StGB, insbesondere im Lichte des Europäischen Strafrechts), ZIS 2010, 494 ff.

Schröder, Horst: Die Teilnahme im internationalen Strafrecht – Zugleich ein Beitrag zur Lehre vom Geltungsbereich des deutschen Strafrechts, ZStW 61 (1942), 57 ff.

– Grundlagen und Grenzen des Personalitätsprinzips im internationalen Strafrecht, JZ 1968, 244 ff.

Schroeder, Friedrich-Christian: Urkundenfälschung mit Auslandsberührung, NJW 1990, 1406 ff.

Schünemann, Bernd: Die Unterlassungsdelikte und die strafrechtliche Verantwortlichkeit für Unterlassungen ZStW 96 (1984), 287 ff.

– Die gravierende Pflichtverletzung bei der Untreue: dogmatischer Zauberhut oder taube Nuss?, NStZ 2005, 473 ff.

Schüppen, Matthias: Systematik und Auslegung des Bilanzstrafrechts, Köln 1993

Schumann, Alexander: Die englische Limited mit Verwaltungssitz in Deutschland: Kapitalaufbringung, Kapitalerhaltung und Haftung bei Insolvenz, DB 2004, 743 ff.

– Die englische Limited mit Verwaltungssitz in Deutschland – Buchführung, Rechnungslegung und Strafbarkeit wegen Bankrotts, ZIP 2007, 1189 ff.

– Anmerkung zu AG Stuttgart, Urt. v. 18.12.2007 – 105 Ls 153 Js 47778/05 (Zur Strafbarkeit wegen Bankrotts und Untreue bei einer ausländischen Kapitalgesellschaft), wistra 2008, 229 ff.

Schwarz, Alexandra: Die Aufgabe der Interessenformel des BGH – Alte Besen kehren gut?, HRRS 2009, 341 ff.

Sealy, Len/Worthington, Sarah: Cases and Materials in Company Law, 8. Auflage, Oxford 2008

Sieber, Ulrich: Die Zukunft des Europäischen Strafrechts – Ein neuer Ansatz zu den Zielen und Modellen des europäischen Strafrechtssystems, ZStW 121 (2009), 1 ff.

Spahlinger, Andreas/Wegen, Gerhard: Internationales Gesellschaftsrecht in der Praxis: Kollisions- und Sachrecht wesentlicher Fälle mit Auslandsberührung, Europäisches Unternehmensrecht, Wahl der Gesellschaftsform, Corporate Governance, wichtige ausländische Rechtsformen, München 2005 (zit.: Sp/W/*Bearbeiter*)

Spindler, Gerald/Berner, Olaf: Der Gläubigerschutz im Gesellschaftsrecht nach Inspire Art, RIW 2004, 7 ff.

Systematischer Kommentar zum Strafgesetzbuch, von *Rudolphi, Hans-Joachim/Wolter, Jürgen*, 120. Lieferung, Stand November 2009 (zit.: SK-StGB/Bearbeiter)

– Band 1: Allgemeiner Teil – Loseblattausgabe in zwei Ordnern

– Band 2: Besonderer Teil – Loseblattausgabe in drei Ordnern

Teichmann, Christoph: Reform des Gläubigerschutzes im Kapitalgesellschaftsrecht, NJW 2006, 2444 ff.

Tenckhoff, Jörg: Zur Anwendbarkeit des § 13 StGB auf schlichte Tätigkeitsdelikte, in: Festschrift für Günter Spendel zum 70. Geburtstag am 11. Juli 1992, Berlin 1992, S. 347 ff. (zit.: FS-Spendel)

Tiedemann, Klaus: Objektive Strafbarkeitsbedingungen und die Reform des Konkursstrafrechts, ZRP 1975, 129 ff.

– Konkursstraftaten aus der Sicht der Kreditwirtschaft, ZIP 1983, 513 ff.

– Generalklauseln im Konkursstrafrecht, KTS 1984, 539 ff.

– Europäisches Gemeinschaftsrecht und Strafrecht, NJW 1993, 23 ff.

– Handhabung und Kritik des neuen Wirtschaftsstrafrechts – Versuch einer Zwischenbilanz, in: Festschrift für Hanns Dünnebier, Berlin 1982, S. 519 ff. (zit.: FS-Dünnebier)

– Untreue bei Interessenkonflikten. Am Beispiel der Tätigkeit von Aufsichtsratsmitgliedern, in: Festschrift für Herbert Tröndle zum 70. Geburtstag am 24. August 1989, Berlin 1989, S. 319 ff. (zit.: FS-Tröndle)

– Der Untreuetatbestand – ein Mittel zur Begrenzung von Managerbezügen ? – Bemerkungen zum „Fall Mannesmann", in: Festschrift für Ulrich Weber zum 70. Geburtstag, 18. September 2004, Bielefeld 2004, S. 319 ff. (zit.: FS-Weber)

Trüg, Gerson/Habetha, Jörg: § 283 Abs 6 StGB und der „tatsächliche Zusammenhang", wistra 2007, 365 ff.

Tsambikakis, Michael: Aktuelles zum Insolvenzstrafrecht bei GmbH und GmbH & Co, GmbHR 2005, 838 ff.

Uhlenbruck, Wilhelm: Strafrechtliche Aspekte der Insolvenzrechtsreform 1994, wistra 1996, 1 ff.

Ulmer, Peter: Das Centros-Urteil des EuGH und seine Relevanz für das deutsche Internationale Gesellschaftsrecht – Schutzinstrumente gegen die Gefahren aus der Geschäftstätigkeit inländischer Zweigniederlassungen von Kapitalgesellschaften mit fiktivem Auslandssitz, JZ 1999, 662 ff.

Ulmer, Peter: Gläubigerschutz bei Scheinauslandsgesellschaften – Zum Verhältnis zwischen gläubigerschützendem nationalem Gesellschafts-, Delikts- und Insolvenzrecht und der EG-Niederlassungsfreiheit, NJW 2004, 1201 ff.

Vogel, Joachim: Elemente der Straftat – Bemerkungen zur französischen Straftatlehre und zur Straftatlehre des common law, GA 1998, 127 ff.

– Europäisches Gemeinschaftsrecht und deutsches Strafrecht: erläutert am Beispiel des Betrugs-
und Korruptionsstrafrechts in der Europäischen Union, in: 50 Jahre Grundgesetz – kritische
Würdigung, europäische Bezüge in der Strafgerichtsbarkeit, Köln 2000, S. 119 ff.

– Harmonisierung des Strafrechts in der Europäischen Union, GA 2003, 314 ff.

– Europäischer Haftbefehl und deutsches Verfassungsrecht, JZ 2005, 801 ff.

Volkmann, Uwe: Qualifizierte Blankettnormen – Zur Problematik einer legislativen Verwei-
sungstechnik, ZRP 1995, 220 ff.

Vormbaum, Thomas: Probleme der Gläubigerbegünstigung – Zur Auslegung des § 283c StGB
GA 1981, 101 ff.

Wachter, Thomas: Errichtung, Publizität, Haftung und Insolvenz von Zweigniederlassungen
ausländischer Kapitalgesellschaften nach Inspire Art – Rechtspraktische Anleitung und Weg-
weisung, GmbHR 2003, 1254 ff.

Wabnitz, Heinz-Bernd/Janovsky, Thomas: Handbuch des Wirtschafts- und Steuerstrafrechts, 3.
Auflage, München 2007 (zit.: Wabnitz/Janovsky/*Bearbeiter*)

Walter, Tonio: Einführung in das internationale Strafrecht, JuS 2006, 870 ff.

Weber, Ulrich: Gläubigerbegünstigung, Bankrott oder Untreue bei eigennützigen Handlungen
des faktischen Geschäftsführers einer KG, die das Gesellschaftsvermögen verringern?, StV
1988, 16 ff.

Weigend, Thomas: Strafrecht durch internationale Vereinbarungen – Verlust an nationaler Straf-
rechtskultur?, ZStW 105 (1993), 774 ff.

Weiß, Udo: Strafbare Insolvenzverschleppung durch den Director einer Ltd., Baden-Baden 2009

Weller, Marc-Phillippe: Einschränkung der Gründungstheorie bei missbräuchlicher Auslands-
gründung?, IPRax 2003, 520 ff.

Weller, Marc-Phillippe: Inspire Art – Weitgehende Freiheiten beim Einsatz ausländischer Brief-
kastengesellschaften, DStR 2003, 1800 ff.

Westhoff, Andre O.: Die Verbreitung der englischen Limited mit Verwaltungssitz in Deutschland,
GmbHR 2007, 474 ff.

Wilhelm, Jan: Umgehungsverbote im Recht der Kapitalaufbringung, ZHR 167 (2003), 520 ff.

Wilhelmi, Rüdiger: Der Wegzug von Gesellschaften im Lichte der Rechtsprechung des EuGH zur
Niederlassungsfreiheit – Zugleich Besprechung von EuGH, Schlussanträge des Generalanwalts Poiares Maduro vom 22.5.2008 – Rs. C-210/06 – Cartesio, DB 2008 S. 1257, DB 2008,
1611 ff.

Wilms, Tobias: Die englische Ltd. in deutscher Insolvenz – Nach Centros, Überseering und
Inspire Art, Baden-Baden 2006

Winkelbauer, Wolfgang: Zur strafrechtlichen Relevanz von Untreue und Konkursdelikten beim
Geschäftsführer einer Kommanditgesellschaft, JR 1988, 33 ff.

– Strafrechtlicher Gläubigerschutz im Konkurs der KG und der GmbH & Co KG, wistra 1986,
19 ff.

Worm, Eva-Maria: Die Strafbarkeit eines directors einer englischen Limited nach deutschem Strafrecht, Baden-Baden 2009

Zerres, *Thomas*: Deutsche Insolvenzantragspflicht für die englische Limited mit Inlandssitz, DZWIR 2006, 356 ff.

Ziemons, Hildegard: Freie Bahn für den Umzug von Gesellschaften nach Inspire Art?! –Zugleich Besprechung EuGH, Urt. v. 30.9.2003 – Rs. C-167/01, ZIP 2003, 1885 – Inspire Art, ZIP 2003, 1913 ff.

Zieschang, Frank: Strafbarkeit des Geschäftsführers einer GmbH wegen Untreue trotz Zustimmung sämtlicher Gesellschafter?, in: Festschrift für Günter Kohlmann zum 70. Geburtstag, Köln 2003, S. 351 ff. (zit.: FS-Kohlmann)

Zimmer, Daniel: Nach „Inspire Art": Grenzenlose Gestaltungsfreiheit für deutsche Unternehmen?, NJW 2003, 3585 ff.

Zimmer, Daniel: Internationales Gesellschaftsrecht – das Kollisionsrecht der Gesellschaften und sein Verhältnis zum internationalen Kapitalmarktrecht und zum internationalen Unternehmensrecht, Heidelberg 1996

Zippelius, Reinhold: Rechtsphilosophische Aspekte der Rechtsfindung, JZ 1976, 151 ff.

Zuleeg, Manfred: Der Beitrag des Strafrechts zur europäischen Integration, JZ 1992, 761 ff.

BUCHTIPPS STUDIEN ZUM WIRTSCHAFTSSTRAFRECHT

○ Cobet, Hans
Fehlerhafte Rechnungslegung. Eine strafrechtliche Untersuchung zum neuen Bilanzrecht
Band 1, 1991, 140 S., br., ISBN 978-3-89085-544-8, 19,43 €

○ Hamann, Hartmut
Das Unternehmen als Täter im europäischen Wettbewerbsrecht
Band 2, 1992, 260 S., br., ISBN 978-3-89085-619-3, 32,72 €

○ Stöckel, Joachim
Der strafrechtliche Schutz der Arbeitskraft
Band 3, 1993, 230 S., br., ISBN 978-3-89085-778-7, 24,54 €

○ Weerth, Jan de
Die Bilanzordnungswidrigkeiten nach § 334 HGB unter besonderer Berücksichtigung der europäischen Bezüge
Band 4, 1993, 236 S., br., ISBN 978-3-89085-881-4, 39,88 €

○ Grub, Maximilian
Die insolvenzstrafrechtliche Verantwortlichkeit der Gesellschafter von Personenhandelsgesellschaften
Band 5, 1995, 204 S., br., ISBN 978-3-8255-0006-1, 39,88 €

○ Schwinge, Christina
Strafrechtliche Sanktionen gegenüber Unternehmen im Bereich des Umweltstrafrechts
Band 6, 1996, 300 S., br., ISBN 978-3-8255-0059-7, 50,11 €

○ Schünemann, Bernd (Hg.)
Strafrechtssystem und Betrug
Band 7, 2002, 250 S., br., ISBN 978-3-8255-0153-2, 27,90 €

○ Moosmayer, Klaus
Einfluß der Insolvenzordnung 1999 auf das Insolvenzstrafrecht
Band 8, 1997, 246 S., br., ISBN 978-3-8255-0176-1, 30,88 €

○ Luipold, Ann
Die Bedeutung von Anfechtungs-, Widerrufs-, Rücktritts- und Gewährleistungsrechten für das Schadensmerkmal des Betrugstatbestandes
Band 9, 1998, 220 S., br., ISBN 978-3-8255-0211-9, 40,80 €

○ Protzen, Peer Daniel G.
Der Vermögensschaden beim sog. Anstellungsbetrug
Band 10, 2000, 384 + IV S., br., ISBN 978-3-8255-0278-2, 40,80 €

○ Penzlin, Dietmar
Strafrechtliche Auswirkungen der Insolvenzordnung
Band 11, 2000, 270 S., br., ISBN 978-3-8255-0292-8, 40,80 €

○ Berger, Sebastian
Der Schutz öffentlichen Vermögens durch § 263 StGB. Zur Anwendbarkeit des § 263 StGB ...
Band 12, 2000, 334 S., br., ISBN 978-3-8255-0307-9, 40,39 €

○ Martens, Jürgen
Subventionskriminalität zum Nachteil der Europäischen Gemeinschaften
Eine Untersuchung zu Straftaten nach § 264 StGB ...
Band 13, 2001, 340 S., br., ISBN 978-3-8255-0319-2, 30,58 €

○ Stein, Henrike
Die Regelung von Täterschaft und Teilnahme im europäischen Strafrecht am Beispiel Deutschlands, Frankreichs, Spaniens, Österreichs und Englands
Band 14, 2002, 450 S., ISBN 978-3-8255-0327-7, 39,80 €

○ Papakiriakou, Theodoros
Das griechische Verwaltungsrecht in Kartellsachen.
Band 15, 2002, 380 S., br., ISBN 978-3-8255-0339-0, 38,80 €

○ Ludwig, Martin
Betrug und betrugsähnliche Delike im spanischen und deutschen Strafrecht
Band 16, 2002, 500 S., br., ISBN 978-3-8255-0352-9, 45,90 €

www.centaurus-verlag.de

◌ *Papakiriakou, Theodoros*
Das europäischen Unternehmensstrafrecht in Kartellsachen.
Band 17, 2002, 380 S., br., ISBN 978-3-8255-0359-8, 38,20 €

◌ *Peter M. Röhm*
Zur Abhängigkeit des Insolvenzstrafrechts von der Insolvenzordnung
Band 18, 2002, 388 Seiten, br., ISBN 978-3-8255-0373-4, € 31,70

◌ *Klein, Kerstin*
Das Verhältnis von Eingehungs- und Erfüllungsbetrug
Band 19, 2003, 288 S., br., ISBN 978-3-8255-0390-1, 31,90 €

◌ *Maiazza, Robert*
Das Opportunitätsprinzip im Bußgeldverfahren unter besonderer
Berücksichtigung des Kartellordnungswidrigkeitesrechts
Band 20, 2003, 318 S., br., ISBN 978-3-8255-0394-9, 33,90 €

◌ *Niewerth, Carsten*
Die strafrechtliche Verantwortlichkeit des Wirtschaftsprüfers
Band 21, 2004, 322 S., br., ISBN 978-3-8255-0452-6, 29,50 €

◌ *Christian Wagemann*
Die Geschichte des Betrugsstrafrechts in England
und den amerikanischen Bundesstaaten
Band 22, 2005, 582 S., br., ISBN 978-3-8255-0517-2, 34,50 €

◌ *Knaut, Silke*
Die Europäisierung des Umweltstrafrechts.
Band 23, 2005, 464 S., br., ISBN 978-3-8255-0532-5, 33,90 €

◌ *Bender, Johannes*
Sonderstraftatbestände gegen Submissionsabsprachen.
Band 24, 2005, 376 S., br., ISBN 978-3-8255-0533-2, 30,90 €

◌ *Arnold, Stefan*
Untreue im GmbH- und Aktienkonzern
Band 26, 2006, 290 S., br., ISBN 978-3-8255-0637-7, 27,90 €

◌ *Burger, Stefan*
Untreue (§ 266 StGB) durch das Auslösen von Sanktionen zu Lasten von Unternehmen
Band 27, 2007, 350 S., br., ISBN 978-3-8255-0640-7, 29,90 €

◌ *Rodrigo Aldoney Ramirez*
Der strafrechtliche Schutz von Geschäfts- und Betriebsgeheimnissen
Band 28, 2009, 392 S., br., ISBN 978-3-8255-0705-3, 32,90 €

◌ *Strelczyk, Christoph*
Die Strafbarkeit der Bildung schwarzer Kassen.
Band 29, 2008, 248 S., ISBN 978-3-8255-0709-1, 27,90 €

◌ *Vergho, Raphael*
Der Maßstab der Verbraucherwartungen im Verbraucherschutzstrafrecht
Band 30, 2009, 380 S., ISBN 978-3-8255-0731-2, 30,00 €

◌ *Wunderlich, Claudia*
Die Akzessorietät des § 298 StGB zum Gesetz gegen Wettbewerbsbeschränkungen (GWB)
Band 31, 2009, 327 S., ISBN 978-3-8255-0752-7, 28 €

◌ *Arens, Stephan*
Untreue im Konzern
Band 32, 2010, 333 S., ISBN 978-3-8255-0764-0, 26,90 €

◌ *Labinski, Carsten*
Zur strafrechtlichen Verantwortlichkeit des directors einer englischen Limited
Band 33, 2010, 373 S., ISBN 978-3-86226-025-6, 29,00 €